善治安心

沈国麟等/著

中国网络理政的理念和实践

图书在版编目（CIP）数据

善治安心：中国网络理政的理念与实践/沈国麟著.—北京：华夏出版社，2017.10（2019.3 重印）
ISBN 978-7-5080-9336-9

Ⅰ．①善… Ⅱ．①沈… Ⅲ．①电子政务-研究-中国 Ⅳ．①D630.1-39

中国版本图书馆 CIP 数据核字(2017)第 247467 号

版权所有　翻印必究

善治安心：中国网络理政的理念与实践

作　　者	沈国麟
策划编辑	马　颖
责任编辑	马　颖
出版发行	华夏出版社
经　　销	新华书店
印　　刷	北京华宇信诺印刷有限公司
装　　订	北京华宇信诺印刷有限公司
版　　次	2017 年 10 月北京第 1 版　2019 年 3 月北京第 4 次印刷
开　　本	700×1000　1/16 开
印　　张	14.75
字　　数	220 千字
定　　价	49.80 元

华夏出版社　地址：北京市东直门外香河园北里 4 号　邮编：100028
网址：www.hxph.com.cn　电话：（010）64663331（转）
若发现本版图书有印装质量问题，请与我社营销中心联系调换。

本书为复旦大学新闻学院上海市高峰学科新媒体研究课题成果，上海市曙光计划项目成果，复旦大学卓越人才计划项目成果

目录
Contents

导论 中国网络理政的历史逻辑和现实挑战

一、天命、德行和民心 /1

二、组织和认同:现代政党的兴起 /9

三、新中国成立后的政党、国家和社会 /16

四、互联网时代带来的治国理政新命题 /21

第一章 中国网络理政的逻辑和内涵

一、中国互联网社会的发展 /1

二、挑战治理:网络社会形成的压力 /8

三、"互联网+治理"的中国理念 /16

四、中国网络理政的目标和内涵 /21

第二章 安全:网络空间的主权声张和安全防卫

一、互联网面临的安全威胁 /34

二、独立与防御:中国对网络主权的声张 /48

三、网络安全的防护和应对:中国与他国的实践比较 /54

四、案例分析:中国网络实名制的实践 /63

第三章 开放:从信息公开到数据开放

一、信息化社会中的政府信息公开:理论和范畴 /74

二、中国信息公开的实践：与他国的比较 /79

三、从信息公开到数据开放 /96

四、案例分析：上海数据服务网 /99

第四章 回应：网络民意与政府回应

一、网络民意：内涵与过程 /107

二、互联网时代的政府回应 /113

三、中国政府网络回应的制度建构 /119

四、中国政府网络回应的行为评估 /122

五、案例分析：2015年深圳滑坡事件 /133

第五章 协商：中国网络协商的理念和实践

一、中国共产党政治协商的传统和实践 /144

二、西方协商民主的理念与实践 /149

三、中国在互联网环境下的协商实践 /155

四、案例分析："我爱北京"城管政务维基 /166

第六章 服务：互联网与服务型政府的构建

一、服务型政府的理念和实践 /173

二、从电子政务到数字政府：互联网时代西方服务型政府的发展 /179

三、中国政府网络服务行为分析和评估 /185

四、案例分析：武汉交警微信服务平台 /194

结论 允执厥中：互联网时代的群众路线 /203

文献汇总 /209

导论　中国网络理政的历史逻辑和现实挑战

欲动天下者，当动天下之心，而不徒在显见之迹。

——毛泽东：《给黎锦熙的一封信》（1917年）

"周虽旧邦，其命唯新"①，拥有五千年灿烂文明史的中国自晚清以来，经历三千年未有之大变局，一百多年的现代化探索之路唯艰唯辛。在中国政治、经济、文化全面转型的过程中，中国又迎来了互联网社会。互联网作为一种新的传播交往工具，对中国转型产生了巨大的影响，而且这种影响直接关系到中国政党、国家和社会三者关系的重构和调整。中国的治国理政也越来越离不开互联网这个工具和平台。网络理政，即是利用互联网来治国理政。中国数千年的政道治道在网络理政中究竟是变还是未变？中国辛亥革命以来现代国家的建设任务在互联网时代究竟命运如何？

一、天命、德行和民心

执政需要合法性的支持。在传统中国，合法性来自于天命。君主统治国家，其命授之于天。尧舜时期就有"天命有德"和"天讨有罪"②之说。《商书·汤誓》中记载，商汤伐夏桀时说，"有夏多罪，天命殛之"，"予畏上帝，不敢不正"③。到了商代，商人把先王与上帝联系在了一起，称先王为帝④。上

---

① 《诗经·大雅·文王》。
② 《尚书·皋陶谟》。
③ 盛洪. 天命与民权. http://www.aisixiang.com/data/42207.html，采集时间：2011-07-14.
④ 赵诚. 甲骨文与商代文化[M]. 沈阳：辽宁人民出版社，2000：46-48.

帝就是天，就是那只看不见的手。商朝的君王与上帝是合一的，政治领导人就是天，祖神与天帝合一，君命即是天命。如何才能觉察天命这只"看不见的手"呢？商人用占卜等形式来告示天命。所谓"国家大事、在祀与戎"，巫师和祭司通过观天象占甲骨等方式觉察天命，君主根据天命来昭告天下。

周朝的兴起推翻了商王执政赖以依靠的合法性。周朝继承了天命的说法，但革新了天命背后的一整套观念。周朝的天命观念以"有德"为得天下的正当理由[1]。不管是《史记》，还是《资治通鉴》，都记载了纣王如何荒淫无道，导致民不聊生。因此，武王伐纣，是替天行道，师出有名。"周虽旧邦，其命维新"，以周公为首的统治集团对中国政治的合法性进行了革命性的解释，即君主——统治者的合法性虽然是天命而授的，但能不能承接天命，还是看其有没有德，而判断其有没有德的依据，在于统治者是否真正得民心。周公集团通过"德"的概念重新定义了天命的归属理由，修改了殷商独占天命的祖神与天帝合一的传统，把天命概念转化为"惟德是辅"的无私普遍的天道[2]。从周朝开始，整个社会的思想开始"重民轻神"。能够"配天"的人君，从他身上放射出来的"德"，就会像太阳一般"光被四表，格于上下"，使百姓昭明，万邦协和。这道"德化"的太阳之光，还可以越出中国的范围，感动"蛮夷"，促成"来远人"的现象[3]。周公认为，上天降"天命"，即将统治人间的权力交给商人，是因为商人的祖先商汤是一个有德之人，而周人之所以夺商人之权，取代了商的统治，是因为商人的子孙纣王失去了"王"的道德，而周文王、武王却具备了这种品格，天命于是发生了"转移"。由此看来，有德、无德是检验权力是否正当的标准[4]。

这里的"德"，包括了私德和公德。私德指的是君主个人的道德品行和规范，公德指的是君主在执政中体现出的政治道德，执政是否真正为老百姓考虑。"圣王同民心而出治道。"私德与公德是联系在一起的，更重要的是公德。

---

[1] 赵汀阳. 惠此中国 [M]. 北京：中信出版社，2016：48.
[2] 同上：106.
[3] [美] 孙隆基. 中国文化的深层结构 [M]. 广西师范大学出版社，2004：300.
[4] 《孟子·公孙丑》。

体现公德的地方就是是否以民为本，为民着想，这种公德被称为民本。因此，中国执政者的合法性来自依照"伦理道义"对"百姓"承担"责任"。不仅是皇帝本人，整个官僚集团在政治上强调"道义"，以德服人；在私德上强调扶老携幼的家庭伦理道德；在行政上强调"责任"，即以照看百姓福利为"本"。一旦治国集团的顶层"入奢"，失公心而谋私利，不再遵从民本思想，绩优原则就被侵蚀，分工制衡也被侵蚀，这个职业治国集团就会腐朽、分裂，王朝也在内外交困中崩溃，国家就衰落。这是中国王朝更替、国家兴衰的根本原由[1]。士大夫的传统官僚依靠圣人之道来治理天下，强调德治，兼掌教化，成为子民的道德表率。

民本就是以民为本，其核心论点是治理国家以庶民为本，是中国古代关于君民关系的核心思想。历代思想家、名君、名臣都有关于民本的阐述。如"怀保小人，惠鲜鳏寡"[2]"克明德慎罚，不敢侮鳏寡"[3]"恤民为德""皇祖有训，民可近，不可下，民惟邦本，本固邦宁"[4]。孟子对民本思想的阐述非常经典："民为贵，社稷次之，君为轻。是故得乎丘。民而为天子，得乎天子为诸侯，得乎诸侯为大夫。"[5]"王曰：'贤者亦有此乐乎？'孟子对曰：'有。人不得，则非其上矣。不得而非其上者，非也；为民上而不与民同乐者，亦非也。乐民之乐者，民亦乐其乐；忧民之忧者，民亦忧其忧。乐以天下，忧以天下；然而不王者，未之有也。"[6]荀子在"重民"方面丝毫不亚于孟子，他认为："天之生民，非为君也。天之立君，以为民也。"[7]君民关系是水与舟的关系，水可以载舟，水也可以覆舟，君主离开民众的拥戴和支持，便意味着政治前途的葬送，"马骇舆，则君子不安舆；庶人骇政，则君子不安位。……《传》

---

[1] 潘维．中国共产党的民本"新路"[J]．人民论坛·学术前沿，2012（4）：66-71．
[2] 《尚书·无逸》．
[3] 《尚书·康诰》．
[4] 《尚书·五子之歌》．
[5] 《孟子·尽心章句下》．
[6] 《孟子·梁惠王下》．
[7] 《荀子·大略》．

曰：君者，舟也；庶人者，水也，水则载舟，水则覆舟。此之谓也"①。另外，《管子》《吕氏春秋》对民本思想都有论及。《管子》："人主能安其民，则民事其主，如事其父母。故主有忧则忧之，有难则死之。人主视民如土，则民不为用。主有忧则不忧，有难则不死。故曰：莫乐之，则莫哀之；莫生之，则莫死之。"②《吕氏春秋》："安危荣辱之本在于主，主之本在于宗庙，宗庙之本在于民。"③君主、国家既然以民为本，那么，治国的各种举措，都要考虑顺从民心，反映民意。"故凡举事，必先审民心，然后可举"④；"先王先顺民心故功名成，夫以德得民心以立大功名者，上世多有之矣；失民心而立功名者，未之曾有也"⑤。先秦诸子的民本思想在往后两千多年的时间里，都有回应和反响，如贾谊、司马迁、刘向、王充、唐太宗、魏征、程颐、程颢和黄宗羲等诸多思想家都对"贵民""重民"的思想有所阐述。

如何才能以民为本呢？《吕氏春秋》认为必须用仁、义治理民众，用爱、利安定民众，用忠、信引导民众，"古之君民者，仁义以治之，爱利以安之，忠信以导之，务除其灾，思致其福。故民之于上也，若玺之于途也，抑之以方则方，抑之以圜则圜。若五种之于地也，必应其类而藩息于百倍。此五帝三王之所以无敌也"⑥。"闻诛一夫纣矣，未闻弑其君"之类的"民本思想"经由后世儒家由此发展出一套"仁政"学说：儒为帝王师，教君行仁政，君命来自"天意"，而"天意"非神意，"天听自我民听"，"顺天应民"之类的说法，都强调行政正义原则的重要性⑦。汉代的贾谊在批评秦朝施政得失的《过秦论》中说："仁义不施，而攻守之势异也。"⑧另外一个典型的例子是刘邦和项羽。刘邦攻占一地，特别会做人，约法三章，不扰民，赢得了民心；而项羽

---

① 《荀子·王制》。
② 《管子·形势解》。
③ 《吕氏春秋·务本》。
④ 《吕氏春秋·顺民》。
⑤ 同上。
⑥ 《吕氏春秋·适威》。
⑦ 秦晖.传统十论[M].复旦大学出版社，2008：173.
⑧ 贾谊.过秦论.

攻占一地，烧杀抢掠，无所不用其极，使得民怨沸腾，失去了民心。历代史书对执政者评判标准之一就是是否得民心，历代执政者均标榜自己爱民如子。道德—民心—天意—天命，失德—失民心—失天命，是中国古代政权更迭的基本规律①。民心往往被当作反映"天意"的一面镜子，"天意"常常被解释为人心、民意。

民心对任何执政者而言都是一个大问题。任何人、任何执政者的执政都需要获得民心的支持。《尚书》中记载："舜命龙作纳言。"纳言即"听下言纳于上，受上言宣于下"的喉舌②。后世又建立了外朝询民的制度。据《周礼·小司徒》云："凡国之大事，致民；大故，致余子。"何为致民？孙诒让《正义》曰："致谓聚众也；百姓即谓年三十以上为正徒卒者也。凡民皆于王门及国门。"又《小司寇》："掌外朝之政，以致万民而询焉，一曰询国危，二曰询国迁，三曰询立君。"③先秦时期的统治者设官授职了解社会动态。其一设官采民诗。民间诗歌是民众根据当时社会有感而发的思想外在反映的结晶。因此西周之时，设置了采诗官行人、遒人，到民间采诗。"春秋之日，群居将散，行人振木铎徇于路，以采诗献之，太师比其音律，以闻于天子。"④小司寇"掌外朝之政，以致万民而询焉：一曰询国危，二曰询国迁，三曰询立君"。⑤乡大夫掌"大询于众庶，则各帅其乡之众寡，而致于朝"⑥。其三置乡校。春秋时期的郑国人经常会聚于乡校，议论执政。然明对执政者子产说："把乡校毁了如何？"子产说："干什么？人们早晚来这里聚游，议论执政的好坏。他们认为好的，我就照着办；他们认为坏的，我就改正……为什么要毁掉它呢？"于是郑国保留了议论执政的民众舆论阵地，以利于国家的长治久安。其四立谏议。从文献上讲，最初论及这个问题的是周初的政治文告。进谏与

---

① 王绍光. 理想政治秩序：中西古今的探求 [M]. 生活·读书·新知三联书店，2012（7）：201.
② 《尚书·舜典》。
③ 张创新. 中国政治制度史 [M]. 清华大学出版社，2009：72.
④ 《汉书·食货志》。
⑤ 《周礼·秋官司寇·小司寇》。
⑥ 《周礼·地官卷》。

纳谏，在《尚书·夏书》的《牧誓》《酒诰》《召诰》中都有一定的涉及。《诗经·民劳》篇中最早提出了"谏"这个概念："王欲玉女，是用大谏。"春秋之世，许多人认为国之兴衰，关键在于能否任用谏臣，"兴王赏谏臣，逸王罚之"①。战国时代，诸子对进谏与纳谏问题进行深入讨论，除了道家以外，几乎一致认为进谏与纳谏与否直接关系到国家兴衰存亡②。

自东汉以降，士人清议成为民意的重要表现形式。钱穆先生认为中国的清议传统始于东汉："士人在政治、社会上势力之表现，最先则为一种清议，此种清议之力量，影响及于郡国之察举与中央之征辟，隐隐操握到士人进退之标准。而清议势力之成熟，尤其由于太学生之群聚京师。……其言论意气，往往足以转移实际政治之推移。"③太学生是那些并未入仕或者准备入仕的读书人。赵园认为："清议略近于士论"，"是一种由士人（已仕与未仕之士）议论构成的言论场"。④由于儒家传统重视"天听自我民听、天视自我民视"，因此，读书人常常依托德行批评权力，成为中国议政传统⑤。清议的主要内容是关于政治，清议的"议者"一般指远离权力中心的人或者中下层的士人，体现的是非官方性质。自东汉以降，清议成为中国传统政治的议政传统，但历朝历代表现出了不一样的形态，如东汉太学生的议政、魏晋时期的清谈玄学、明朝东林党人的讽议朝政。唐小兵认为清议在传统中国具有以下特征：首先，从内容上来看，清议大多数是对实际的政治事务和政治人物的评论，尤其注重对当朝的政治官员的评判；其次，从身份或主体上来看，清议的发出者是具有一定"民间性质"的士子，也就是一个庞大的官僚预备阶层，因此可以说，清议或者舆论从一开始就跟知识分子的政治参与分不开；最后，从功能上看，清议在东汉乃至其后的历代王朝，具有影响士人进退的能力，清议往往具有一种道德判定的功能，而这种道德话语往往与士人的政治命运牵连在一

---

① 《国语·晋语六》。
② 张创新.中国政治制度史[M].清华大学出版社，2009：75.
③ 钱穆.国史大纲上册（修订本）[M].北京：商务印书馆，1996：176-179.
④ 赵园.明清之际士人的"清议"批评[J].开放时代，1999(2)：66-71.
⑤ 任剑涛.现代建国与政治清议传统的复苏[J].探索与争鸣，2015（4）：44-50.

起，难以厘清。因此，可以说清议是传统中国德行政治伦理的"表达与实践"的集大成者①。

如果说清议是士人的议论，则民间言论更多表现为民间诗歌和谶言。古代的谶言形式多种多样，但最常见、最值得注意的是以诗歌的形式出现的谣谶，因为它们便于传播，因此影响也最大。在史书中，首次有意识地、系统地记载谣谶，并加以解说的是班固的《汉书·五行志》，它记载了自先秦至汉的重要谣谶。其中有几段是关于汉代的谣谶并结合史实作了解释，比如书中记载汉元帝时童谣："井水溢，灭灶烟。灌玉堂，流金门。"果真成帝建始二年三月戊子，北宫中的井泉水位上升，并溢出南流。班固解说道："井水，阴也，灶烟，阳也；玉堂、金门，至尊之居：象阴盛而灭阳，窃有宫室之应也。王莽生于元帝初元四年，至成帝封侯，为三公辅政，因以篡位。"也就是说汉元帝时的童谣是王莽篡汉的谣谶。又载成帝时的歌谣："邪径败良田，谗言乱善人。桂树华不实，黄爵巢其颠。故为人所羡，今为人所怜。"《汉书》《后汉书》《晋书》《宋书》《南齐书》《隋书》《宋史》《金史》和《元史》等史书的"五行志"都记载了有关的诗谶，往往还结合史实，作了一些阐释。此外在其他的笔记、小说、诗集以及类书等文献中，也记录了大量的谣谶②。谣谶的产生神秘恍惚，起自市井街巷，道听途说，大多是无知孩童的游戏之语，或者是刍荛狂夫的荒唐之言。古代的所谓"谣"，指没有音乐伴奏的歌声。《左传》僖公五年《正义》说："徒歌谓之谣，言无乐而空歌，真声逍遥然也。"《尔雅·释乐》说："徒歌谓之谣"。"谣"也指在道路上吟唱的诗歌，《国语·周语》说："行歌曰谣。"也就是"道路行歌"的意思。这种"谣"既无音乐伴奏，又非产生于歌馆楼台，故更是反映民间心声的天籁。那么为什么大多数的诗谶是以童谣的形式出现呢？在古人的观念中，这些童谣之所以代表神意，是因为它们乃荧惑星之精降临变成童子而为的，故具有神谕的意义③。

---

① 唐小兵. 现代中国的公共舆论[M]. 北京：社会科学文献出版社，2012：30.
② 吴承学. 中国古代文体形态研究[M]. 北京：北京大学出版社，2013.
③ 同上。

中国古代的民众与君王之间有森严的等级和遥远的距离，当时的政治体制和通信条件都使民众直接向帝王反映某种信息或要求具有巨大的困难，但在中国历史上也不乏民众直接向中央或帝王申诉冤屈和要求的事例，如汉代的缇萦救父，明末黄宗羲为父申冤等。西晋之后，逐渐形成了登闻鼓制度。依据这一制度，民众如果有冤情在地方各级衙门得不到申诉，可以到京师击登闻鼓告御状。到了武则天时期，在登闻鼓的基础上，又设立东南西北四个铜匦，进一步为民众向帝王输入信息创造了条件。此后宋明诸朝对唐代形成的，以登闻鼓与铜匦为媒介的民众向帝王申诉冤屈的制度皆有不同程度的继承和发展。如宋朝就既有登闻鼓院又有匦院，而且从这一渠道反映问题的主要是普通民众①。另外，官吏的任命与升降，在有的朝代也以乡里的议论里选为准，如汉代吏部会根据地方的群众舆论与公共意见来判定官吏合格与否②。

舆论是需要载体的。唐代出现了邸报，这种最早的古代报纸形式专门用于登载朝政公报，或者作为中央政府公开发布宫廷新闻的载体，直接向民众宣布，但几乎没有民众的意见反映在邸报上。宋代的进奏院状直接向全国各州、军一级地方机构抄送文告，基本上是中央与地方之间的文书传达。但宋代，朝报已经可以在市集上公开出售。甚至在北宋末年，出现了民间"小报"，南宋甚至出现了小报记者，实际上是情报贩子，一般都是中央各官署的下级官员、大吏的差官和新贵的家人，也有进奏院的官吏，分别探听宫廷、中央机关和各级官署的内部消息③。明代出现了抄报行，专门为官府抄送邸报，不仅供应外地官府的邸报，还为京官们抄送邸报。到了明代末年，出现了与近代报刊最为接近的古代新闻传播工具——京报，由北京的民营报房定期印刷出版、公开销售于民间。到了清中叶以后，京报发展形式完备，日趋盛行。综上所述，虽然中国古代已经出现了传播政治信息的工具，但这些传统形式的公报传递更多的是政府的公报，具有内部参考资料性质，限于政府

---

① 黄纯艳.下情上达的唐宋登闻鼓制度 [A].邓小南主编：政绩考察与信息渠道：以宋代为中心 [M].北京：北京大学出版社，2008：221-223.

② 钱穆.中国历代政治得失 [M].北京：九州出版社，2012：54.

③ 黄瑚.中国新闻事业发展史 [M].上海：复旦大学出版社，2007：8.

内部各个部门、层级之间流通，即使在民间公开出售，也只是向民众传递官府的信息，很少登载民间舆论，更没有民间舆论因为登载在政府官报上而影响政府决策的例子。

二、组织和认同：现代政党的兴起

金观涛、刘青峰在《超稳定结构》中认为：中国封建社会利用宗法一体化结构，建立了控制整个社会的管理系统，分散在小农社会的老百姓通过整个官僚体系与皇权发生联系[①]。中国传统社会的宗法制度凭借血缘关系对民众进行管辖和组织。一方面，广大的基层民众通过家族组织起来；另一方面，利益和意见无法集中表达，即使表达也无法传达给最高的执政者。直到现代政党的出现，这一现象才有所改观。

晚清以降，内部遭遇太平天国之乱，外部面对帝国主义的蚕食和入侵，中国的内忧外患不断加深，中国开始经历"三千年未有之大变局"。不管是洋务运动、戊戌变法，还是清末从朝廷开始的新政，都是建构现代政治、摆脱民族危机的尝试。虽然依然有清廷高高在上，但是国家权力体系摇摇欲坠，为新社会组织的出现开放了空间，社会团体和组织有可能通过掌握国家政权来实现其利益和愿望。

1894年孙中山在檀香山创立兴中会，1905年又在日本东京创立中国同盟会，有政纲，有组织，初步具有了现代意义上的政党特征。在1905年至1909年间同盟会和立宪会展开了以中国是否实行资产阶级民主共和国方案为中心的大论战。同时，革命党人还通过数十起武装斗争等暴力手段，企图推翻腐朽的清廷统治者。直至辛亥革命最终推翻帝制。

帝制被推翻了，传统的官僚体制和宗法制度也逐步瓦解。中国社会面临着"旧邦再造"的新命，广大民众的自发反封建专制斗争空前活跃，参政议

---

① 金观涛，刘青峰.兴盛与危机：论中国社会超稳定结构[M].北京：法律出版社，2011：71.

政的愿望也空前强烈,在这样的条件下,现代政党像雨后春笋般得以萌芽、诞生和发展。学者张玉法统计,民国初年政党与政党性组织共为312个,其中具有健全政纲或某一方面政纲者即达35个①。这些政党或领导革命、创建共和或响应共和、参与议会选举,构成了民国政党政治的一幅波澜壮阔的画面。

亨廷顿认为:"在现代化国家中,谁有了政治组织,谁就控制了未来。"②中国在迈向现代化国家的过程中,现代政党显然是最有效的政治组织。孙中山提出了拯救民主共和的方案,即通过政党的整合,在中国这样一个没有现代化发展和现代阶级力量的社会,迅速建立一个能够担当领导现代化发展和建构民主共和的主体力量。为此,他领导和推动了第一次国共合作,并由此对国民党进行改组,希望国共合作之后的政党力量能够成为中国社会的中坚力量,承载起中国社会的转型和整合,推动中国的现代化发展和民主化建设③。

在宗法制度被打破的条件下,政党成为民众的组织者和表达者,并且领导广大民众建设现代国家。但如何领导呢?在推翻帝制的革命者看来,无党则无国。辛亥革命后,不管是国民党和共产党都力图以政党的力量来领导国家现代化,两者均依靠了现代政党的两大功能:组织和动员。

就组织而言,中国现代政党并不是像西方政党那样从宪政制度中去夺取权力,而是在中国接近分崩离析的状况下,如何把社会重新组织起来。民国初年,各个政党都在争取赢得议会多数,进而控制和影响国家政权。1924年孙中山借鉴俄共组织模式改组国民党,建立了一套新的党务组织体系。孙中山认为,俄国革命的成功,一是以主义治国,二是"将党放在国上"。他说:"俄国完全以党治,比英美法之政党握权更进一步",可为楷模。国民党自1924年改组以后,虽是多种社会力量的政治联盟,但其党员主体一直是知识分子,知识分子中,又主要是青年学生。国民党改组之初,在全国各地开

---

① 张玉法.民初政党的调查与分析.中国近现代史论集19编[A].台湾:台湾商务书馆,1986:176.

② 塞缪尔·亨廷顿.变革社会中的秩序[M].北京:华夏出版社,1988:444.

③ 林尚立.建构民主——中国的理论、战略与议程[M].上海:复旦大学出版社,2012:89.

展党务的主要是知识青年①。国民党也像所有的列宁主义政党一样,试图建立一个具有广泛群众性的政党组织。1924年改组后,国民党逐渐建立了从中央党部、省党部、县党部至区党部、区分部的各级组织。国民党党务组织的发展亦如风起云涌,一日千里。到1927年初,国民党党员人数号称100万以上②。但是王奇生考察了20世纪20年代国民党组织的实际运作情形,发现国民党改组后,党的组织结构依然散漫如故。国民党只是袭用了列宁主义政党的组织形式,却未能很好地吸收其组织内蕴③。这个时期国民党组织的缺失,最主要表现在重上层,轻下层,基层组织大多有名无实。1927年国民党开始执掌全国政权以后,政纲政策改弦更张。其中一个明显的蜕变就是党与工农民众割裂开来。民众运动被禁止,民众团体受控制。国民党由一个具有广泛群众基础的革命党,转变为一个以官僚政客为主体的执政党④。国民党执政以后没有触动既存的社会结构,其控制只能及于政治表层,而未能深入社会内部。国民党不是派遣和选拔政治上合格的党员进入各级政治和社会权力机构中去改造和建立新的立足点,也不是培养党员成为社会各界的楷模,以赢得民众的信仰和拥护,而是不加甄别地网罗旧的社会权势力量或具有权势潜能的人加入国民党。国民党从来不是也始终未能建立一个具有严密渗透性和强大内聚力的政党组织体系⑤。

黄仁宇认为:"中国的当代史可以简明地条列:国民党和蒋介石制造了一个新的高层机构;中共与毛泽东创造了一个新的低层机构,并将之突出于蒋之高层机构之前。"⑥与国民党相比,中国共产党在新民主主义革命时期,展现出了强大的组织优势和动员底层民众的能力。在《团体的训练和革新的事

---

① 王奇生.论国民党改组后的社会构成与基层组织[J].近代史研究,2000(2):43.
② 刘范.如何才能做一个国民党的党员.现代青年,1927年1月4日.另见 吴倚沧先生之国民党现状报告.1927年1月15日 广州民国日报.转引自王奇生.论国民党改组后的社会构成与基层组织.近代史研究,2000(2):59.
③ 同①:60.
④ 王奇生.党员、党权与党争[M].上海:上海书店出版社,2009:103.
⑤ 同上:358.
⑥ 黄仁宇.中国大历史[M].北京:三联书店,2007:325.

业》中，李大钊指出："俄罗斯共产党，党员六十万，以六十万人之活跃，建设了一个赤色国家。这种团体的组织与训练，真正可骇。""我们的社会腐败到这个样子，终日口说改革，实际上的改革，半点没有。这总因为我们团体的训练不充足，不能表现民众的势力，而从事革新的运动。"所以我们现在要"急急组织一个团体。这个团体不是政客组织的政党，也不是中产阶级的民主党，乃是平民的劳动家的政党"。先受党的训练，即"党化"，然后再运用党的力量来"破旧立新"，这反映了当时激进知识分子对中国问题的一个基本设计①。在广大的农村地区，中国共产党与国民党的一大区别就是：党的组织深入农村基层，几乎每一个村都拥有党员②。中国共产党的革命走的是农村包围城市、武装夺取政权的道路，因此，中国共产党夺取全国政权，走的是先有基层政权，后有中央政权，由分散到集中、从局部到全国的发展道路。各根据地政权建设，是开辟人民政权道路的重要实践③。中国共产党在县以下的层次建立了一个全新的政治结构。这个结构包括四个系统：政权、军事、群众团体和党组织。以政权为例，县以下要设置乡长、村长和各级人民代表；军事设置地方武装和民兵；群众团体设置农民抗敌会、工人抗敌会、青年抗敌会和妇女抗敌会等。这些不同系统的组织后面是农村支部和区分部，各级党部的负责人只可以指挥同级的政权机构、军事武装以及群众组织④。

中国共产党把一批知识分子转化为党的中上层干部。共产党比国民党更具备对激进青年的吸引力。1939年中共中央做出大量吸收知识分子的决定⑤。到1940年年底，共产党中层干部中已有85%是知识分子⑥。20世纪40年代

---

① 周良书．"五四"精英与近代中国政党政治．北京师范大学学报（社科版），2012（1）：105–111．
② 陈永发．中国共产革命七十年（上册）[M]．台北：联经出版公司，2009：359．
③ 中共中央党史研究室．中国共产党历史 一卷（上册）．北京：中共党史出版社，2011：328．
④ 陈永发．中国共产革命七十年（上册）[M]．台北：联经出版公司，2009：354．
⑤ 毛泽东．大量吸收知识分子 [A]．毛泽东选集（一卷本）[M]．人民出版社，1991：581．
⑥ 陈云．关于干部工作的若干问题 1940（11）[A]．陈云文选（1926—1949）[M]．人民出版社，1984：145．

初，中国共产党组织一下子超出了井冈山时期的规模，开始了一个不断膨胀的历程。共产党可以从农民中吸收党员并将它们变为基层干部，和国民党相比，就不再发生缺少基层干部管理农村的问题了[1]。在中国，一旦农民可以成为一体化结构组织者，缺乏基层干部、政府管理难以深入广大农村的困难立即克服，使得拥有近五亿人口的农业大国可以有效地组织起来[2]。

在动员方面，中国现代政党都用到了现代舆论工具。现代传播媒体的出现使得在执政者和广大民众之间孕育了一个言论空间，而这个言论空间也是公共的精神空间，谁能够主导这个精神空间，谁就可以主导大多数人的精神，或者说谁能够主导这个精神空间，谁就获得了权力的合法性和社会动员能力，所谓"鼓天下之动者存乎辞"[3]。清廷一直想控制报刊舆论，可是晚清国势衰弱，政府羸弱不堪。虽然慈禧太后复政后下谕："莠言乱政，最为生民之害，前经降旨将官报局《时务报》一律停止。近闻天津、上海、汉口等处，仍复报馆林立，肆口逞说，妄造谣言，惑世诬民，罔知顾忌，亟应设法禁止。"大有借口康梁，将报馆一网打尽之意[4]。但逃亡国外，仍然可以在国外议论国事，清廷鞭长莫及。而舆论之事，一旦开口，便势不可当。晚清政府本身面对内忧外患，也是疲于应对，对民间办报舆论，很难控制。据统计，从1895年到1898年，全国出版的中文报刊有120种左右[5]。"中华民国"建立以后，虽然北洋军阀政府或收买或查封报馆、批捕报人，但北洋时期，全国报纸仍然蓬勃发展。

如果说晚清舆论依赖于知识分子个人或者民间团体，民国开始，则现代政党登上历史舞台，开始利用现代报刊宣传自己，争夺民众。舆论成为各个政治党派与民众之间的重要联络渠道，也成为各派政治力量争夺主导的领域。

---

[1] 金观涛，刘青峰.开放中的变迁：再论中国社会超稳定结构[M].法律出版社，2011：340-341.

[2] 同上：342.

[3] 《周易·系辞上》。

[4] 戈公振.中国报学史[M].北京：中国传媒大学出版社，2016：165.

[5] 方汉奇主编.中国新闻事业通史(1卷)[M].北京：中国人民大学出版社，1992：364.

现代政党通过对社会思想教育、民众利益表达等形式，把自身以及有共同利益和共同目标的各种社会力量团结和组织起来，实现社会思想观念、目标追求、行为规范的协调与整合。这些政党和组织均重视舆论宣传，各政党都用自己的宣传工具，进行政治动员，在一定程度上深化了民国初年民主共和的政治发展。近现代政党实现自身现代化，通过增强对公众的宣传，扩大政党影响力。因为现代化首先表现为思想意识的革新与进化，而这主要靠政党向全社会灌输新的思想，对国民进行思想启蒙。中国近代以来各进步政党的产生与发展，大多以思想发动、舆论宣传为先导。通过思想发动、舆论宣传，为实现政党的政治目的服务。

《民报》是同盟会早期的刊物，孙中山在《发刊辞》中第一次提出了民族主义、民权主义和民生主义的政治纲领。孙中山还在1900年正式创办了革命派的第一个机关报《中国日报》。十年内战期间，中国国民党着重对原有报刊进行整顿与调整，在1928年前后初具规模。至1932年前后迅速加强，形成了以《中央日报》、中央通讯社和中央广播电台为主干的，从中央到地方的庞大的新闻事业网络[①]。这个网以直属中央的党报为骨干和经络，以地方党报覆盖全国各地。1934年3月，国民党中央宣传委员会主任邵元冲在国民党新闻宣传会议上说所谓新闻统制："一方面要希望自己的新闻宣传发生有力的表现，一方面要应付反党反宣传的新闻。"[②] 国民党自己的新闻宣传体现在以党治报，规定非国民党的新闻事业必须接受国民党的思想指导与行政管理。应付反党反宣传的新闻，则体现在凡是反对国民党的新闻宣传，一律以危害"国家""民族"利益为由予以取缔和镇压[③]。

中国共产党从创建之初就非常重视宣传的工作。1921年中国共产党第一次全国代表大会明确党对宣传工作的绝对指导："一切书籍、日报、标语和传

---

① 方汉奇主编.中国新闻事业通史（2卷）[M].北京：中国人民大学出版社，1996：244.
② 国民党中央宣传委员会新闻科报告 本党新闻政策之确立与实施.新闻宣传会议记录[M].1934（3）.转引自方汉奇主编.中国新闻事业通史（2卷）[M].北京：中国人民大学出版社，1996：277.
③ 同①：276.

单的出版工作，均应受中央执行委员会或临时中央执行委员会监督。每个地方组织均有权出版地方通报、日报、周刊、传单和通知。不论中央或地方出版的一切出版物，其出版工作均应受党的领导。任何出版物，无论是中央的或地方的，都不得刊登违背党的原则、政策和决议的文章。"①《向导》是中国共产党的第一个政治机关报。它一创刊就紧紧围绕着党的"二大"提出的反帝反封建军阀的任务展开宣传②。在城市中，无产阶级报刊是代表群众利益，相信群众的伟大创造力，诚心诚意地依靠群众办报。这一优良传统无产阶级报刊一问世就表现出来。共产主义小组创办的工人报刊，多次刊登启事，欢迎广大工人投稿（这在以前的报刊上很少见），已显示出依靠群众办报的思想。党成立后进一步发展了这一传统③。在中国共产党领导下农民运动也蓬勃兴起，党领导的各地农民协会大都出版了自己的刊物。1925年7月在彭湃领导下海丰农民协会出版了《海丰半月刊》。1926年1月，广东省农民协会在广州出版了机关刊物《犁头》，由广东省农民协会常委罗绮园主编④。在延安根据地时期，中国共产党创办了《解放日报》等一批报刊。另外，墙报（壁报）、黑板报，当时在延安也是一种重要的新闻舆论工具，是延安报刊的必要组成部分。这是一种基层报刊，有公办的，有群众办的。群众办的，由政府予以帮助指导。延安的墙报、黑板报几乎到处可见⑤。中国共产党宣传的宗旨首先是宣传了中共中央的各项政策，其次是为争取民族解放和人民民主革命的胜利，最后是塑造广大人民群众对共产党的认同，包括对马克思主义、社会主义和共产主义的认同，对共产党之于中国前途主张的认同，对共产党领导创建现代国家的认同。

　　组织和动员——堪称中国现代政党领导建设现代国家的两大法宝。政党

---

① 中共中央宣传部办公厅、中央档案馆编研部.中国共产党宣传工作文献选编（1937—1949）[M].北京：学习出版社，1996：325.

② 方汉奇主编.中国新闻事业通史（2卷）[M].北京：中国人民大学出版社，1996：87.

③ 同上：111.

④ 同上：103.

⑤ 同上：524.

的存在就发挥着利益聚合、简化需求的功能。政党将不同利益需求分门别类，经过去粗取精、去伪存真、由表及里的过程，不同集团和个人的政治利益诉求最终以政党的名义表达出来。这不仅使政治系统容易识别，便于接受，而且有利于减轻压力，保持政治稳定。

三、新中国成立后的政党、国家和社会

1949年中国共产党赢得了全国政权。从革命党转变成执政党，考验着中国共产党的政治整合能力。毛泽东这样讲道："全国同胞们，我们应当进一步组织起来。我们应当将全中国绝大多数人组织在政治、军事、经济、文化及其各种组织里，克服旧中国散漫无组织的状态，用伟大的人民群众的集体力量，拥护人民政府和人民解放军，建设独立民主和平统一富强的新中国。"① 这番话表明，中国共产党要把曾是一盘散沙的中国凝聚成一个强大的现代国家。

在西方，政党居于社会势力与政府之间，一方面将公民的要求加以归纳、提炼，传达给政府；另一方面，将政府的政策加以解释，传达给社会公众。这里所谓"代表"，其实就是将发散的民意整合为不多的几条要求，使政治体系能更有效地做出回应②。而在中国，1949年中华人民共和国成立后，中国共产党面临着最大的任务是如何构建一个拥有主权的现代民族国家。与西方政党不同的是，中国共产党在国家和社会之间不是桥梁，而是主心骨。中国共产党建构国家，国家发展社会。

新中国建立后，中国共产党全面领导国家与社会，党同时成为国家和社会的领导核心。对于国家建设来说，这种核心的实际作用体现在三个方面。其一，整合了社会。党通过组织网络，把整个社会整合为一个有机整体。其二，提供了领导。现代化需要领导核心，需要指导力量。中国共产党承担了

---

① 新中国成立以来毛泽东文稿（1册）[M].中共中央文献出版社，1992：11-12.
② 王绍光.民主四讲[M].生活·读书·新知三联书店，2014：170.

这个使命，成功地推进了中国社会的进步和发展。其三，保证了发展。中国共产党通过其组织体系、人才队伍和政策供给，有效地保证了中国社会的变革与发展①。中国共产党是执政党，对于国家和社会的作用，主要通过作为国家制度的实际操作者的党员以及相关的党的组织来实现。党自身对社会的领导更是如此，1951年中共中央决定利用党员、党的基层组织和各级党委，在全党建立对人民群众的宣传网的事实说明了这一点②。新中国成立以后，中国共产党迅速建立起了一个立体的、涵盖上层和下层结构的组织网络。在中央层面，为组织和管理中央政府机构内的党员而设立的党委会，加强党中央对中央人民政府的领导，而在中央政府内设立党组；在基层，建立了各级党委会、党总支和党支部。通过这个组织网络，党和国家的政治权力就能十分有效地渗透到社会的各个角落。所以党的组织网络，实际上也是中国社会的权力组织网络。实际上，国家权力的运作有自己的组织体系，即基于国家政治制度所形成的制度的组织体系，如从中央到基层的各级政府以及各种派出机构和组织。但是在党的组织网络渗透进各级政府以及各种政府部门和机构的体制条件下，国家权力运行的制度组织体系所能产生的实际作用，在很大程度上取决于党的组织网络对制度组织体系组织控制和功能替代的程度③。党与国家、党与社会、国家与社会的关系都是在这个权力组织网络的基础上形成的。也就是说，这个权力组织网络对党与国家、社会以及国家与社会具有重要的影响，甚至是决定性的影响④。在这种领导方式下，党和政府的关系具有很强的内在统一性，党是决策核心，政府是政策执行主体。党对国家领导所形成的党和国家的这种关系，决定了国家全面主导社会是在党对国家全面领导的基础上实现的。

社会主义全面改造完成之后，随着社会主义经济制度的全面确立，党在各种社会组织中的领导地位全面确立，同时国家对社会的全面主导也日益凸

---

① 林尚立.中国共产党与国家建设[M].天津：天津人民出版社，2009：26.
② 新中国成立以来重要文献选编（2册）[M].北京：中央文献出版社，1992：1-5.
③ 同①：160.
④ 同上。

显出来。国家迅速建立起权力高度集中的计划经济体制,国家对各种社会资源进行统一的调度和分配,通过行政手段"把所有的经济成分都统一于国家计划经济框架之中,使经济成为政治的附庸"①。计划经济的建立,对中国社会结构、国家与社会关系产生了深远的影响。首先,国家权力成为配置社会资源的主导力量。整个国家的经济运行通过中央政府制订计划、各级政府层层分解,实现对生产资料的配置,进而决定社会经济、文化发展,规训全社会的生活方式和价值选择。其次,计划经济实行一元制的所有制结构,即生产资料的公有制。国家垄断了生产资料的所有权,中央政府在资源分配中居于绝对的主导地位,地方缺乏自主性,社会成员的生活资料实行平均主义方式的配给制。如此,国家权力垄断了几乎所有的社会资源,社会被国家权力完全掌控,为社会规定了一整套运作机制和制度规则,社会成员依附于国家权力而存在,达到了国家与社会的一体化。

国家以单位制、身份制、户籍制等方式组织整个社会,个人被编排进不同的工作单位、街道、公社、党群组织、工会等,形成对个体的全方位管理,个体与国家之间形成依附和被依附的关系。单位制和计划经济相结合,形成了一个"超稳定"的科层制结构。个体被重新组织到国家主导的集体体制之中,社会资源的分配被层级化,所有的层级对应相应的权力,而居于巨大的权力网络顶端的国家权力对社会和个体进行全方位的干预,国家与社会高度一体化,国家和社会的关系呈现出强烈的"强国家—弱社会"甚至"无社会"的特征。

在中央集权下,国家对社会形成了比较强的控制。就中国来说,由于中央集权直接与计划经济体制相呼应,直接为计划经济的运作和实现服务,所以在这种中央集权下,国家对社会形成了比较大的控制力量。但是在党政合一,以党代政的条件下,这种中央集权就很容易转化为党的中央集权。在中央集权条件下,党就必然在国家对社会强大控制的基础上,对社会形成强大

---

① 邓正来,景跃进.建构中国的市民社会[C].邓正来.国家与社会:中国市民社会研究[M].北京:北京大学出版社,2008:33.105-111.

的控制，从而使党、国家和社会三者之间的权力关系变成党、国家和社会"三位一体"的关系①。这种强控制再加上战略指导思想上的失误，导致中国虽然启动了社会主义现代化进程，但是限制了现代社会在中国的发育和发展，从而也限制了现代国家的健康成长，没有形成国家—社会之间良好的互动关系。相反，却在大跃进之后，一步一步走向社会组织和秩序的严重破坏，阻断了中国的现代化进程，导致整个国家陷入多重的危机之中。

1978年中共十一届三中全会决定"以经济建设为中心"并实行"改革开放"的基本国策以来，中国致力于解决政府和市场的关系问题，即市场从政府计划中解放、"剥离"出来，还市场以主体地位，最终建立完善的市场经济体制。经过三十五年的经济改革，政府与市场的关系正在逐渐理顺，市场在改变社会结构方面发挥了巨大的作用，社会逐渐发育，从"大政府"中一步步"剥离"。中国社会从以计划经济为特征的总体性社会向以市场经济为特征的多元社会转变。

十一届三中全会后，党中央从如何防止"文革"的悲剧再度发生的角度，对我国政治体制进行了理性反思，并以"党政分开"为取向，围绕"如何放权"，积极推进党和国家权力关系的改革。在经济体制改革的过程中，"放权"是主要内容和手段。放权的过程，也是政党、国家和社会逐渐分离的过程，此前政党、国家全面掌控社会的党国一体、党政一体、国家和社会一体的格局逐渐被打破。从结构层面来看，一元化的政党国家逐渐转型为开放多样的政党—国家—社会体系②。改革开放后政党国家与社会关系的内在政治逻辑演变为："党领导国家，国家主导社会，而社会决定党的领导。"③

政党、国家、社会的逐渐分离，使得社会从政党和国家中独立出来，获得了极大的自主性和成长的活力。"在国家与社会一元的条件下，社会是作为国家的社会而存在的，人们在社会中所形成的团体与组织，是国家权力运行

---

① 林尚立.中国共产党与国家建设[M].天津：天津人民出版社，2009：160.

② 刘建军，周建勇，严海兵.创新与修复——政治发展的中国逻辑1921—2011[M].北京：中国大百科全书出版社，2011.

③ 林尚立.党内民主[M].上海：上海社会科学院出版社，2002：110.

的产物，不是社会自身运行的结果。但在国家与社会二元分化的条件下，一个具有相对自主性的社会逐渐形成，人们在生产和生活中所形成的团体与组织，不仅各自相互独立，而且也能作为独立的力量直接面对国家权力。"[1] 政党国家和社会关系变化，主要表现在三个方面：政党国家控制范围缩小，在人们的日常生活、文学艺术和科学研究等方面，社会的自主性明显增强；在仍需国家控制的领域，国家控制的力度减弱，控制的方式在变化，以"原则性控制"为主；控制手段的规范化在加强。相应地，个人对国家的依附性降低，相对独立的社会力量逐步形成并与国家进行互动，民间组织社会化程度增强[2]。

中国自1978年改革开放引致的社会结构转型，最具代表性的就是社会分层的新现象。社会分层（social stratification）是社会结构中最主要的社会现象，因而也是社会变迁中的焦点问题。三十余年的改革开放进程，也是中国社会剧烈的社会分化过程。中国的社会结构发生了根本性的改变，出现了不同的阶层和利益群体。"1978年以前的中国社会存在一个三级式阶层结构——根据社会成员的社会身份的不同而将其划分为干部、工人、农民三个高低有序、等级分明，既相互联系又相互区别的阶层。"[3]1978年以后，"两个阶级、一个阶层"则分化为十大阶层[4]。首先自20世纪90年代中期以来，一个包括贫困农民、进入城市的农民工、城市中以下岗失业者为主体的贫困阶层形成了一个相当规模的弱势群体，这一群体在市场竞争中和社会政治中处于弱势地位，进而形成一个阶层之间、城乡之间结构断裂的两级社会[5]。进而到21世纪初，中国的社会阶层结构发生了巨大的分化，由原来的"两个阶级一个

---

[1] 林尚立.政党、政党制度与现代国家——对中国政党制度的理论反思[C].陈明明.共和国制度成长的政治基础.上海：上海人民出版社，2009：2.

[2] 罗兴佐.中国国家与社会关系研究述评[J].学术界，2006（4）：259-262.

[3] 刘祖云.社会转型与社会分层——20世纪末中国社会的阶层分化[J].华中师范大学学报（人文社会科学版），1999，38（4）：1-9.

[4] 陆学艺.当代中国十大社会阶层分析[J].学习与实践，2002（3）：55-63.

[5] 孙立平.20世纪90年代中期以来中国社会的结构演变[A].孙立平.现代化与社会转型[M].北京：北京大学出版社，2005：242-286.

阶层"分化为十大社会阶层,且各阶层之间的社会、经济、生活方式及利益认同的差异日益明晰化,这种结构正在趋于稳定①。李强认为:2008年改革开放三十年时,中国社会已经是一个"碎片化"社会:改革开放前工人、农民、干部、知识分子构成的"整体型社会聚合体"逐渐解体,被以"碎片化"、多元化为特征的社会利益群体所代替②。

四、互联网时代带来的治国理政新命题

中国在现代化的过程中迎来了互联网社会。互联网作为一种新型的传播交往工具,具有信息量大、开放性、自由、平等、匿名等特点,对执政党的执政和国家治理产生了挑战。挑战同时也是机遇。能否在新的传播环境下,提升治国理政的水平,继续推进现代国家和社会的建设,是摆在中国面前的新课题、新使命。在互联网时代,中国的网络理政形成了什么样的体制机制?这样的体制机制在现实中的实践存在着什么样的特点和挑战?中国的网络理政与其他国家的实践相比,有何异同点?中国网络理政的理想图景究竟应该是什么样的?这些都是本书要探讨的问题。

本书的第一章纵览了中国互联网社会的发展,探讨互联网技术对于信息生产和传播方式、社会交往和认同的影响,网络社会对治理产生了什么样的压力,从而论述"互联网+治理"的中国理念以及中国网络理政的目标和内涵。

第二章探讨了网络理政的安全机制,列举了互联网面临的安全威胁,中国对网络空间主权的声张,并在与他国实践的比较上考察中国对于网络安全的防护和应对,最后本章分析了中国网络实名制的实践这一案例。

第三章探讨了网络理政的开放机制,从理论和范畴的角度梳理了信息化社会中的政府信息公开,并在与他国的比较中探讨中国信息公开的实践以及

---

① 陆学艺.当代中国十大社会阶层分析[J].学习与实践,2002(3):55-63.
② 李强.从"整体型社会聚合体"到"碎片化"的利益群体——改革开放30年与我国社会群体特征的变化中国[J].社会经济发展战略,2008(5):15-17.

在大数据时代如何从信息公开转向数据开放，并以上海数据服务网这一案例分析了上海在数据开放方面的实践。

第四章探讨了网络理政的回应机制，从网络民意的内涵与过程出发，探讨政府在网络上如何回应民意，并探讨了中国政府网络回应的制度建构和行为评估，最后以深圳滑坡事件这一案例来分析政府的网络回应行为。

第五章探讨了网络理政的协商机制，回溯了中国共产党政治协商的传统和实践，与西方协商民主作了比较，并探讨了中国在互联网环境下的协商实践，最后以"我爱北京"城管维基来分析中国网络协商的实践。

第六章探讨了网络理政的服务机制，梳理了服务型政府的理念和实践，比较了西方政府从电子政务向数字政府的转变，并分析和评估了中国网络服务行为，最后以武汉交警微信服务平台作为案例分析了互联网时代政府对公众的服务行为。

本书由沈国麟策划和组织撰写。各章的撰写人如下：导论，沈国麟；第一章，沈国麟、张华；第二章，沈国麟、樊祥冲；第三章，程浩然；第四章，魏以宁、沈国麟、丁岑星；第五章，沈国麟、戴雯斌；第六章，沈国麟、钟怡、丁岑星、吴格尔、王姝然。2014年复旦发展研究院传播与国家治理中心设立了网络理政研究小组，由沈国麟任组长，分别在2014年和2015年研究和评估了中国省级政府网络理政的行为，并在2016年评选了中国网络理政十大创新案例，本书是这些研究的总结性成果，也是上海曙光学者项目、复旦大学卓学计划和复旦大学新闻学院上海市高峰学科新媒体研究课题"中国网络理政的理念和实践"的成果。

第一章 中国网络理政的逻辑和内涵

中国共产党作为中国的现代政党，不管是建党之初还是新中国成立之后，都面临着创造和建设现代国家的艰巨任务。在新民主主义革命时期，中国共产党主要依靠组织和认同来动员社会，赢得军事胜利，从而获得了领导权和执政权。新中国成立以后和改革开放以前，在计划体制和单位体制的作用下，社会民众利益要求相对单一，社会相对稳定。而改革开放之后，尤其是社会主义市场经济体系确立之后，随着各种利益主体的形成，原先由党和国家力量整合为一体的社会意识开始分化，出现了多元化的趋势。新的社会利益阶层不断对现有的政治体制、经济体制和社会体制提出新的要求和冲击。在信息时代的背景下，互联网为中国缔造了一个非常不同的政治环境。中国互联网社会的发展究竟对中国的治理形成了什么样的挑战？互联网时代的中国治理体现出了什么样的理念？中国网络理政的目标和机制究竟是什么？

一、中国互联网社会的发展

1994 年，中国建成了第一个全国性 TCP/IP 互联网——CERNET 示范网，并获准加入互联网，完成全国联网工作。至此，中国接入了互联网，以后的飞速发展使得中国逐渐成为一个网络大国。截至 2016 年 12 月，我国网民规模达 7.31 亿，普及率达到 53.2%，超过全球平均水平 3.1 个百分点，超过亚洲平均水平 7.6 个百分点。中国网民规模已经相当于欧洲人口总量[①]。互联网已经成为中国人日常生活不可或缺的一部分，中国已经迈入了互联网时代。

---

① 中国互联网络信息中心. 中国互联网络发展状况统计报告. 2017 年 1 月 22 日发布.

陈韬文认为："互联网比传统的大众媒体，例如报纸和电视，具有相对更多的流动性和延展性。"① 诚然，互联网刚刚兴起的时候，人们总喜欢把互联网同传统媒体相比较，认为互联网是一种新的媒介形式。然而，随着互联网技术日新月异的发展，互联网已经越来越成为中国社会的一种基础设施。互联网为整个社会提供了一个操作系统，各种社会活动离开这个操作系统会变得寸步难行。互联网在信息传播、人际交往、社会关系和价值认同方面都对中国社会产生了方方面面的影响。

1. 互联网再造了信息生产和传播的模式。与以往的传统媒体相比，互联网是一种截然不同的传播形态。特别是生产、获得和传播信息的方式已经与以往有了较大的改变。在以传统媒体为主要传播平台的环境下，由于传统媒体有层层把关，且有版面、节目播出的时间限制，信息（新闻）的传播有一定的时间滞后性。可是在互联网时代，特别是移动互联网时代，一则新闻可以在霎时间由个体或者一个地方扩散到全国乃至全球，而且信息量呈几何级地增长。人们已经越来越依靠移动设备来获知信息了。2016 年有 91.8% 的网民通过互联网来即时通信，有 82.2% 的网民通过互联网来了解新闻②。此其一。

其二，互联网赋予了个人传播的权力。互联网解放了个体，内容发布的成本大大降低，导致了个人媒体的崛起。内容的接受者同时也是内容的生产者。互联网是所有人对所有人的传播。在传统媒体时代，只有传统媒体这样的机构才能传播信息和新闻，传统媒体之外传播的信息一般被称为小道消息和流言。但互联网消解了传统媒体采写传播新闻的专业性，特别是消除了个人传播信息和新闻的障碍，从而使得传播新闻已经不再是传统媒体的特权了。新闻传播从传统媒体传播的特权转变为信息传播生态系统的一部分。传播者已经不是单一的新闻机构的专业人员，而是各种正式的非正式的组织和个人。

---

① Joseph Man Chan. Administrative Boundaries and Media Marketization: A Comparative Analysis of the Newspaper, TV and Internet Markets in China, in Chin-Chuan Lee, ed., *Chinese Media, Global Contexts*（London and New York: RoutledgeCurzon, 2003）: 169.

② 中国互联网络信息中心. 中国互联网络发展状况统计报告. 2017 年 1 月 22 日发布.

互联网成了公共性和私人性的转化空间。以往的私人写作有可能变为一个公共事件，而当下谁都可以传播新闻。从最早的门户网站，到后来的博客主、公民记者，再到后来的社交媒体个人账户，一条新闻可以不经过专业化的加工和编辑迅速传播开来，成为各大媒体的头条，并可能超越国界，成为世界瞩目的焦点。

其三，互联网再造了传播渠道和终端。在互联网时代，传统媒体的商业模式已经被彻底颠覆了。报纸、广播、电视的广告逐年下滑，以至于传统媒体都难以维持生计。互联网传播所依赖的第一层基础设施（电信基站）、第二层基础设施（搜索引擎、微信、微博、门户网站、QQ号以及APP应用等）和第三层基础设施（手机、PC机、阅读终端），传统媒体都控制不了。以往传统媒体可以控制内容的生产和发行，但现在互联网媒体在内容生产和发行方面都在挤对传统媒体的权力和市场。甚至互联网媒体完全可以主导内容的生产和发行。从最早的门户网站开始，到后来的搜索引擎，再到社交媒体，互联网媒体在一步一步地蚕食传统媒体的广告份额。在互联网时代，信息传播工具已经泛媒介化了。将来，支付宝平台会涌现第一流的财经新闻，滴滴平台会涌现第一流的社会新闻。凡是能够连接到互联网的屏幕都可以成为信息传播的终端接受器。信息传播进入"多屏时代"。

其四，互联网时代信息可以协同生产和传播。互联网的核心精神之一就是分享，同时这种分享使得每个人都可以成为作者。"众包"是美国的两位记者在2005年发明的新词，意思是利用互联网将工作打包分配出去，其关键在于，分包时并不知道接包人是谁，这正是"众包"区别于"外包"的地方，更有意思的是，接包人的目的可能并不是为了报酬，而是为了公益、兴趣，或者寻求一种帮助他人的满足感①。众包是通过互联网，在全球范围内利用整合分散的、闲置的、廉价的劳动力、技能和兴趣等资源，为软件业和服务业

---

① 涂子沛.数据之巅：大数据革命，历史、现实与未来[M].北京：中信出版社，2014：282.

提供一种新的劳动力组织方式①。在互联网时代，信息的生产和传播也形成了众包模式。例如，维基、知乎等网上的知识社区，信息和知识是在协同中创造和传播的，并且不断地在更新变化。

2. 互联网影响了社会交往的方式。 马克思说：人的本质不是单个人所固有的抽象物，在其现实性上，它是一切社会关系的总和②。社会关系是社会交往所构成的。互联网影响了人与人的交往方式。在前互联网时代，人通过熟人介绍或者通过大众传媒的传播认识新的朋友，而在互联网时代，人们可以通过社交媒体交到新的朋友，认识陌生人；在互联网之前的社会，人们通过电话、传真和写信沟通，而互联网时代，人们可以通过电子邮件、网络聊天、社交媒体等与他人进行联络。82.5%的网民用户对互联网加强了与朋友的联系表示认同，有65.4%的网民用户表示通过互联网认识了很多新的朋友③。互联网激活了以个人为社会传播基本单位的社会状态，因此导致社会资源的连接和社会交往游戏规则的改变。每一个社交媒体的账户都是网络中社会交往的一个结点。网络聊天工具的发展使得人们可以在一个一个结点上认识新的朋友、与老朋友保持联系。互联网重塑了朋友圈，改变了交流方式。在人们应用互联网连接世界时，互联网实际上重塑了人们与世界接触的方式，延伸了人们的日常社会交往④。传统意义上社会不同阶层之间的沟通因为互联网而变得可能。例如，领导人可以直接在网上倾听民意，普通民众也可以通过省长信箱、市长信箱直接发邮件给官员反映情况，甚至可以通过APP直接向中纪委举报官员的不法行为。商界、学界的精英分子可以通过开设社交媒体账号"圈粉"来吸引普通民众，频繁发布观点成为意见领袖。在互联网上，人与人的交往具有一种打破传统社会分层的可能性。传统意义上的金字塔社会结构

---

① 涂子沛. 数据之巅：大数据革命，历史、现实与未来 [M]. 北京：中信出版社，2014：284.

② 马克思. 马克思恩格斯选集（1卷）[M]. 北京：人民出版社，2012：56.

③ 秦英. 互联网与个人社会关系网络. http://blog.sina.com.cn/s/blog_5101b9050100cpk4.html，采集时间：2009-03-09.

④ [美]格雷厄姆（Graham, M.），[美]达顿（Dutton, W.H.），著. 胡泳，徐嫩羽，于双燕，胡晓娅，译. 另一个地球：互联网+社会，[M]. 北京：电子工业出版社，2015.

可能会变为扁平化的社会结构。

互联网影响了社会交往,也再造了社会的组织方式。想法相同的人们现在拥有了找到对方、聚集起来并互相合作的能力。互联网上由用户分享的信息、图片和视频永远比传统机构和媒体的照片更快、更多、更全。社交媒体只是提供了聚合和分享的平台,没有主动组织,没有报酬支付,管理成本极低,用户自己在社交媒体上自我组织以达到共享、合作乃至集体行动。这种非机构性群体已经对传统组织形成了重大挑战。技术的作用在于通过消除信息的地方局限和集体性反应所面临的壁垒这两大障碍,从而改变公众反应的范围、力度,尤其是持续的时间。互联网极大地降低了民众政治参与的成本,为民众平等自由地参与政治提供了新的渠道和空间。许多群体性事件一开始都是在互联网上发酵,社交媒体成为线下组织动员的重要工具。由于分享和协调的成本已经瓦解,国际上,快闪族、恐怖分子、闪电战、愤怒的旅客、中东的激进分子……这些原本互不协调的弱势群体开始以更快的速度和更有效的方式共同工作,对抗强势对手。现在实时的协调也将更多地取代事先的安排,群体行为的组织过程可以是隐形的,而结果立即可见。互联网使得形成跨国界的网络社区成为可能。线上的网络社区也时时刻刻影响着线下的社会行为。特别是如今社会运动的发起和组织往往通过互联网来组织。互联网催生了一种更加简单便捷的,且不受时间和地点限制的组织动员模式,包括传播、联络、协同行动、利用资源、合法性确认和认同改变等。

正因为互联网有这样的组织方式,所以在互联网上会形成一定的网络集群——"一定数量的、无组织的网络群体,围绕特定的现实主题,在一定诱发因素的刺激下产生的,以意见的强化与汇聚为特征的,具有现实影响力的网民聚集"[1]。这种网络集合体,具有自发性、自组织性、松散性和不可预期性等特点。具体形式有:(1)网络社区,这种社区一般指网上的论坛围绕着特定的主题聚积起相当数量的网民,发表自己的看法和意见,参与专题讨

---

[1] 杜骏飞,魏娟. 网络集群的政治社会学:本质、类型与效用[J]. 东南大学学报(哲学社会科学版),2010(1):43—50.

论和线上活动。一些网络社区拥有上百万甚至上千万的用户，甚至会发起网络集体行动。2016年1月20日下午，百度第一大吧"李毅吧"宣布开展"FB(Facebook，脸谱网)圣战"，"帝吧"远征不到一个小时就建立起了庞大有序的作战系统，以QQ群为阵营的十几支纵队，仅管理人员就达到了90多人。由帝吧组织的网民在当天晚上7：00集体翻墙进入Facebook，7：00—7：15之间攻击三立新闻Facebook页面，7：15—7：30攻击苹果日报Facebook页面，随后攻击蔡英文的Facebook页面。网民在这些页面大量排队留言，内容包括表情包、山川和美食图片、国歌、"八荣八耻"中英文版文字等，刷屏三立新闻、苹果日报等台湾媒体的脸谱网粉丝页，最终导致三立新闻、苹果日报和蔡英文关闭了脸谱网的评论页。参与者自身将此行动称为开展"文化交流活动"。这一网络事件后续被称为"帝吧出征FB"事件，导火索是台湾地区艺人周子瑜的台独言行引发中国网友的强烈不满。帝吧征讨的对象是台独。之所以选择三立新闻和苹果新闻是因为这两家媒体有鲜明的台独立场，而蔡英文则是刚当选的民进党台湾地区领导人。作为中国最红火的网络社区——百度贴吧，为有相同价值观和文化认同的网民，提供了沟通的渠道和社区。

（2）网络集群也可以发展成为线下行动。社会交往形式因为互联网受到影响甚至得到改变，从而使得社会组织方式也经历了解构与重构的过程。特别是社交媒体的兴起，使得人们可以通过新的传播工具来组织自己。美国学者加雷特（Garrett）认为，从动员结构上看，互联网降低了参与成本，有助于集体认同的建构，因而能够促进动员，同时加速运动的扩展，并提供新的行动方式；从政治机会方面看，互联网有助于跨国行动，因此对国家内部的集体行动有影响，对政府的治理行为产生一定的压力；从框架建构方面看，社会运动的组织者可以通过互联网来建构框架，而不必依赖主流媒体。另外，互联网技术还可以使社会运动的理念在全球传播[①]。周海晏通过研究中国当下的环保运

---

① R. K. Garrett. Protest in an information society: A review of literature on social movements and new ICTs. Information, Communication and Society, 2009（2）：202-204.

动发现：互联网产生了超越组织传播、传统媒体的大规模动员作用，PX事件发端于网络，网络催生了环保运动。中国发生在各地的PX项目群体性事件很大程度上依赖于互联网的组织动员功能，通过网络意见领袖的议程设置和引导，通过利益相关方在互联网上的话语竞争以及广大网民在网上的围观，使得PX项目群体性事件形成了线上和线下的互动，最终上升为对政府的抗议行动[①]。

3. 互联网重构了认同。传统的基于地域、社群和阶层所划分的受众通过互联网重新进行自我身份的建构。互联网改变了人们的交往和交流方式，文化交流也在新的技术条件下加速，它不再仅仅是经济流通的附属品，其本身在社会交往中产生了自己的逻辑而发生变化。观点和意见在互联网环境下以超越过去的速度和力度发生着碰撞、合作与自我形塑。网民由于职业、兴趣、爱好、阶层的不同，使多种文化、多种价值和各种思潮纷纷在网络交汇，从而产生多元多变多样的价值体系，无法避免不同价值观念的对抗和冲突。认同分为两类：自我认同与社会认同。自我认同就是个体自我的呈现，与个体在社会结构中的地位及扮演的角色紧密相连；社会认同是与群体相关的认同，是群体在社会化和文化涵化过程中形成的一致性认同，主要表现为一种社会和文化的过程[②]。就自我认同而言，新一代的网民通过各种网络语言建构了新的自我身份认同，如2012—2013年网络热词"屌丝"的流行反映出年轻网民创造和传播网络新语词来建构自我身份，也反映了中国年轻人的网络亚文化。通过网民的话语实践生产出来的"屌丝"，其语言身份建构与解构的背后，是网民与社会流行价值观的博弈[③]。这样的亚文化，其实也是在慢慢建构网络时代的价值观，也是青年一代价值观通过互联网的一种呈现。就社会认同而言，互联网使得网民自身对于所在的社区、城市乃至民族和国家都产生了影响。一方面，互联网促进信息在全球流通，网民们因为接触的信息非常多元，而强化了

---

① 周海晏. 新社会运动视域下中国网络环保行动研究[M]. 上海：华东理工大学出版社，2014.

② 孙英春. 大众文化：全球传播的范式[M]. 中国传媒大学出版社，2005：102-108.

③ 李明洁. "屌丝"的身份建构与价值观博弈[J]. 中国青年研究，2016（3）：88.

自己地球村民的身份概念，从而对民族和国家的认同产生了影响；另一方面，互联网孕育了网络民族主义。网络民族主义的动员机制是一种开放性、系统性的机制，它包括网内动员机制以及网络社会与网外社会的联动机制①。民族主义在互联网上开花结果，网民们在网络上聚集，观点和情绪互相影响，从而导致网络极化，激发了民族主义。

社群的概念已突破原有的地域限制，变得更加多元和复杂。文化认同也因为社交媒体的大批涌现，受到来自民间和商业力量的影响。AcFun 和 Bilibili 是当前国内两个主要的二次元群体聚集平台。由于 AB 站被二次元文化群体广泛认可，使得这两个在线视频网站成为二次元青年亚文化的象征性代表，而这两个网站也对青年网民的文化认同推波助澜。相较传统的主流文化，二次元文化由于主要流行于 ACGN② 爱好者群体内，因此被视作一种亚文化现象。很多人喜欢二次元是因为能够在其中找到共鸣、治愈和爱③。平台企业从互联网上获取数据，了解受众的喜好，将自己的文化产品以不同的价值观和表现形式包装、出售给不同的文化群体，不同的文化群体也在特定平台上形成了群体规范和价值观。

二、挑战治理：网络社会形成的压力

社会的网络结构其实早就出现了，但互联网将网络的本质推向了一种极致，它凸显了各种形态网络的一个共同意涵——建构人类交换、交往之关系。为了形容信息时代整个社会交往和社会关系的结构，卡斯特提出了网络化社会："信息化社会，意即知识生产、经济生产力、政治—军事权力以及媒体传播的核心过程，都已经被信息化范式所深深转化，并且连接上依此逻

---

① 王军.网络民族主义与中国外交[M].北京：中国社会科学出版社，2011：247.
② ACGN 即 Animation 动画、Comic 漫画、Game 游戏和 Novel 小说。
③ 艾瑞咨询.2015 年中国二次元用户报告 —— 价值观篇.http://www.199it.com/archives/390053.html，2015-09-30.

辑运作的财富、权力与象征的全球网络。"① "信息时代的特征正在于网络社会,它以全球经济为力量,彻底动摇了以固定空间领域为基础的民族国家或所有组织的既有形式。"② 在卡斯特看来:传统观念认为社会是由互相叠合的层次构成,技术与经济是地下室,权力位居中间楼层,文化则在阁楼上③。社会机构的组织方式主要依靠垂直的等级体系,例如政府、军队、教会。这些社会机构主要依靠各种命令与控制体系,通过纪律与直接控制的方式来调动各种资源。这样,位于顶层的私人网络能够将自身的利益与价值观强加到大众身上④。

互联网作为现代信息技术的重要代表,是信息化社会的重要工具。互联网打破了工业化社会的垂直结构。信息社会并不是这个新科技范式的上层结构。它立足于抽象的信息处理的物质力量与社会寻求有意义的文化认同二者之间的历史紧张关系⑤。卡斯特把这样的新社会结构称之为网络化社会。这样的社会"并不仅仅建立在网络的基础上,而是建立在电子技术支持的网络之上,具备驾驭各种复杂情况的能力,能够通过各种规模、各种复杂程度的网络来协调各种功能,完成各种任务"⑥。卡斯特把网络社会的特点归纳为五个特性:"第一个特性乃是信息便是其原料。第二个特性则是新技术效果无处不在。因为信息是所有人类活动的一部分,我们个人与集体存在的所有过程都直接受到新技术媒介的'塑造'(但当然不是'决定')。第三个特性则指涉了任何使用这些新技术的系统或关系的网络化逻辑,网络的形态似乎能够良好适应日趋复杂的互动,以及源自这种互动的创造性力量的不可预料发展,这

---

① [西]曼纽尔·卡斯特.网络社会的崛起[M].夏铸九,王志弘,等译。北京:社会科学文献出版社,2003:24.

② 同上,3.

③ 同上,32.

④ [西]曼纽尔·卡斯特,马汀·殷斯.对话卡斯特[M].徐培喜,译.北京:社会科学文献出版社,2015:29.

⑤ [西]曼纽尔·卡斯特.千年终结[M].夏铸九,黄慧琦,等译.北京:社会科学文献出版社,2003:70.

⑥ 同④,30.

种形态学上的构造，也就是网络。第四个特性与网络化有关，但称得上是个独立的特性即信息技术范式以弹性为基础，经过重新排列其组成，不仅所有的过程都可以逆转，组织与制度也可以修正，甚至是彻底改变。第五个特性是特定的技术逐渐聚合为高度整合的系统，没有新旧之分。"① 以互联网技术为支撑的网络化社会是开放的，这种开放性引起的竞争不再仅仅是国与国的问题，而是企业之间、社会组织之间、个体之间的问题。所以，真正的问题在于：全球财富与知识网络中那些有价值的节点会在什么地方建立对它们有利的环境？网络化社会的运作方式是去中心化的，但这并不是说它就不存在节点。事实恰恰相反，网络建立在节点以及它们之间互相关联的基础之上。问题的关键在于，这些节点可以根据新的任务与目标进行重构，可以随着它们获得或失去知识和信息的多少来增加或减少自身的重要性②。网络社会是流动的。

学者黄旦认为，网络社会的特征包括：第一，网络社会是全球化社会，形成地方与全球的张力；第二，网络社会以一种二元模式运作，亦即在多媒体沟通系统中或是"出现"或是"缺席"；第三，网络社会自然也存在权力，不过这种权力不再完全来源于结构或者单一实体。网络中的权力不仅是流动的，而且信息与媒体权力机制及运行结果极其复杂③。这样的社会与工业化社会是完全不一样的社会结构，可以说构建了另一个社会关系的"范式"。

互联网已经成为网络化社会的基础设施了，就像水利对于农业化社会，电力对于工业化社会。而互联网对于网络化社会，不仅是提供了一种运行平台，更是在政治、经济和文化等各个方面对社会进行了再造，并且对治理体系和形态形成了压力，挑战了既有的政治秩序。

---

① [西]曼纽尔·卡斯特.网络社会的崛起[M].夏铸九，王志弘，等译.北京：社会科学文献出版社，2003：83-84.

② [西]曼纽尔·卡斯特，马汀·殷斯.对话卡斯特[M].徐培喜，译.北京：社会科学文献出版社，2015：32.

③ 黄旦，李暄.从业态转向社会形态：媒介融合再理解[J].现代传播，2016（1）：13-20.

1. 组织和认同：网络社会的执政压力

互联网从组织和认同两个方面对执政党提出了挑战。从组织而言，互联网降低了组织和参与社会运动的成本，能够促进社会运动的动员，加速运动的扩散，提供了新的行动方式①。学者研究了近10年的中国网络事件，发现"监督政府公权力"以及"倡导公共行动"是网络事件最为重要的两项诉求，透视出来中国互联网作为社会监督者(watch dog)和公民倡导者(civic advocator)的角色特征，而这两个角色在一定程度上区别于传统媒体作为党和政府的喉舌的角色。58.2%的网络事件除了线上活动之外还有线下活动，体现了网络世界和真实世界的互动。线上活动方式包括BBS论坛争论、写博客、发布或转发微博、人肉搜索、内容再生产(视频、漫画、文学)、在线拍卖或募捐、建立行动网站、在线签名请愿和黑客攻击某网站等，线下行动包括联署签名、捐款捐物、网民调查团、打砸抢、静坐游行(集体购物、散步)、建立基金和起诉等②。线上行动往往与线下行动是联系在一起的。甚至一些组织化程度并不高的社会群体和无组织的下层阶层，也成功地组织了集体行动，挑战了组织良好的利益集团的权力，尤其是挑战了国家的权力③。新中国成立以来，中国共产党依靠各级党组织（特别是基层党组织）对社会的组织受到了互联网的挑战。新的信息技术可以使人们自发组织起来，形成集体行动，挑战政府权力。

就认同而言，互联网的开放性使得价值观出现了多元化的局面。网络上的每一种言论背后都有价值观的倾向。学者们通过对网络事件的分析，发现网络舆论场与已有的道德文化价值观形成了冲突。一些新媒体事件，一方面更多地体现在对个人价值观的追求上，是对传统社会文化、道德、价值观等

---

① Kelly R. Garrett.Protest in An information Society: A Review of Literature on Social Movements and New ICTs. *Information, Communication & Society*, 2006, 9（2）：202–224.

② 钟智锦，曾繁旭.十年来网络事件的趋势研究：诱因、表现与结局[J]. 新闻与传播研究，2014（4）:53–65.

③ 郑永年.技术赋权：中国的互联网、国家与社会[M]. 邱道隆，译.东方出版社，2014（4）:105.

的颠覆;另一方面,从根本上反映出社会个体成员与国家的权利义务关系的微妙改变①。中国共产党所面临的不再是政治效能感低下、盲目追随单一意识形态的社会大众,信息技术的发展加强了民众获取有关政治议程信息的能力,也扩大了公民为政治过程做贡献的途径,这使得民众变得更加理性和现实,他们往往根据自身需求和社会利益来参与政治②。互联网上各种社会思潮互相争论、互相激荡。社会思潮多以社会存在的矛盾为切入点,标榜自己为底层群体代言。社会思潮是社会存在的镜像反映和缩影,有着深厚的现实生活根基。多数社会思潮不再囿于理论层面,而是围绕现实生活问题,从社会时政热点切入,与人们的现实境遇紧密衔接。教育、医疗、生态、就业和收入差距等民生问题成为当下社会思潮的核心议题③。新自由主义、民主社会主义、历史虚无主义、宪政主义、文化保守主义、消费主义、个人主义、民粹主义和新儒家主义等社会思潮在互联网上的生产和传播,一定程度上消解了主流价值观和意识形态体系,对执政党的认同产生了巨大的挑战。

2. 网络化社会和官僚体制

网络社会对垂直的政府官僚体制形成了挑战。官僚制是德国社会学家马克斯·韦伯通过对工业社会的观察归纳出来的建立在法理权威基础上的组织模式。官僚制有六个特点:(1)固定的劳动分工,即人员的专业化;(2)职员的等级制,即等级化;(3)指导个人行为的一系列规章,即规范化;(4)公、私财产和权力的分离,即法理化;(5)技术资格基础上的人员选择,即技术化;(6)对参与者而言的职位雇佣,即职位分工。归纳起来,官僚制具有以下优

---

① 师曾志,杨伯溆.近年来我国网络媒介事件中公民性的体现与意义[J].北京论坛会议论文集,2007 见杨国斌.悲情与戏谑:网络事件中的情感动员.邱林川,陈韬文.新媒体事件研究[M].北京:中国人民大学出版社,2011:44–45.

② 郑永年.技术赋权:中国的互联网、国家与社会[M].邱道隆,译.东方出版社,2014(4):38.

③ 毕红梅,李婉玉.移动互联网时代社会思潮的传播特征及引领路径——基于主流意识形态建设的视角[J].思想教育研究,2016(5):47–51.

点：第一是严格的效率取向，官僚制的优势是精确、迅速、明确、可持续性、保密、统一性和严格服从，因而富有效率。第二是注重法律和程序，韦伯认为，官僚制的理性体现在它的"形式主义"精神。形式化的、非人格化的普遍主义精神是组织文化的精髓，形式化的法律与明晰的规则确定了机构与个人的权限范围与职责内容，个人服从法律与组织规则，不掺杂个人私情。第三是专业知识与专业技术，官僚制要求组织内部的从业人员具有专业技术与专业知识背景，这对于提高组织效率和追求公平精神大有裨益。第四是官僚制的普适性，韦伯认为，官僚制"形式上可以应用于一切任务，纯粹从技术上看可以达到最高的完善程度，在所有这些意义上是实施统治形式上最合理的形式"[1]。但官僚制也有很多缺陷，主要表现在：第一，官僚制结构和规则本身会导致效率低下；第二，层级分明会导致体制僵化，不具有灵活反应能力；第三，等级制度会导致信息流通不畅，官僚成员会为了种种目的欺上瞒下，扭曲信息；第四，固定的劳动分工会导致各部门之间分工不合作，缺乏统一协调，最终导致组织失灵；第五，官僚制对个性的压抑导致整个体制往往缺乏创新，行动迟缓。

官僚制是工业时代的产物，是工业时代政府、企业和大型组织进行管理和治理所采用的基本体制，是工业社会各种社会组织中普遍的占主导地位的组织形态。这一组织模式对工业社会生产力的发展和社会的稳定起到了重要的作用。而作为信息时代产物的互联网，其所代表和推动的网络化结构对官僚制形成了挑战。在信息时代，官僚制的一些弊病暴露无遗。官僚制组织的发展使其机构规模膨胀、人浮于事、缺乏生机和活力、脱离社会环境、组织规模的无限制扩张等弊端与信息时代的网络化社会产生了很多矛盾，也与信息技术的飞速发展、社会环境的急剧变化产生了矛盾，致使官僚组织丧失了适应性，从而表现出整体的无效率。美国学者海蒂·玛丽·布拉什（Heidi Marie Brush）在《细胞式组织、网络与国家安全：跨国政治组织与互联网管理》中指出，将网络空间重新概念化为一种平滑、自组织的他结构或非机

---

[1] [德]. 马克斯·韦伯. 经济与社会[M]. 上卷. 商务印书馆, 1997：248.

构——这一说法与国家通过等级化、分层化结构进行管理、控制的努力相违背①。周雪光考察中国整个政治体制后认为:"我们看到了一统体制的组织形式——统一的官僚组织和观念体系——与不同区域、不同领域面临的实际问题之间的深刻矛盾。从一统体制的角度,中央政府权威需要以严密有效的组织制度和观念制度维护之,体现在权力、资源的向上集中,并通过中央政府政策指令在日常工作中的贯彻落实而延续和强化之。但从组织有效治理的逻辑来说,权力、资源和治理能力应该放在有效信息的层次上,即加强基层政府的能力,而这一思路与一统体制的基本原则相悖,由此产生了两者间的紧张和冲突。这一矛盾冲突正随着中国社会的多元发展而日益明朗化、尖锐化。"②官僚制是内在运作的有机体,其等级机构、文牍制度、职业生涯、正式和非正式权威、官员的思维行为方式都与网络社会产生了不可避免的矛盾。

官僚制以规章制度为本,按部就班,层级分明,循规蹈矩。而由互联网推动的网络社会使得任何一个节点都有可能是信息的发布者和传播者,甚至是组织者,而且节点是流动的。一个向上负责的官僚机构,其核心任务是高效率地完成自上而下的任务,信息的传递也是严格按照等级层次来进行的。但这样一个机构体制处在网络社会的结构中,内部信息的流动受到新的沟通工具的影响而变得"网络化"。官僚制中的个体也是网络社会中的个体。个体在网络社会的地位和权力从形式上、载体上、类型上都有所不同,也产生了与传统社会结构不同的分层状况,并在一定程度上影响着传统的社会结构形态。不同于传统社会结构等级的沟通模式也在影响着官僚制的运行。组织中的最高指令可以直接下达到最基层,基层的信息也可以瞬间传递到高层,从而置组织的大量中间层级于尴尬的境地,使中间层次的许多权力支配职能失

---

① 吴飞等. 国际传播的理论、现状和发展趋势研究 [M]. 北京:经济科学出版社,2016:298.

② 周雪光. 中国国家治理的制度逻辑:一个组织学研究 [M]. 北京:生活·读书·新知三联书店,2017:29.

效[1]。互联网促成政府内部进行变革,摒弃层层汇报、层层报批的管理体制,使得官僚制更加扁平化,以适应互联网时代的需求。政府转换其职能,将大量烦琐的行政管理和日常事务在网上实施,以降低政府管理成本,提高工作效率,即是政府简化内部管理流程,以适应网络社会的例子。

从官僚制和整个社会之间的沟通而言,社交媒体所具有的即时性和互动性给官僚体制带来了压力,传统的金字塔结构开始向扁平型发展。特别是在突发性事件中,官僚制本质上就不善于处理突发性状况和偶然性事件,但快速的信息传播要求相对应的政府回应与作为,要求政府自身进行改革,通过在政府机构内部建立相应信息系统以加快信息传播,减少部门壁垒的限制以及众多纸质文档的烦琐[2],同时也要求政府结构趋向扁平化,以避免信息传播层级过多带来的失真和缓慢[3]。尤其是在危机管理过程中,对政府部门快速发布相关信息的要求增强;政府部门需要根据多方面的群众意见对现行工作进行方案调整与及时反馈[4]。有学者在分析2006年到2013年的50个网络群体性事件的基础上,对于政府回应的标准做出更细致的划分,研究表明政府的主动性、时效性、透明度和公正性越高,事件的解决效果越好[5]。以时效性为例,人民网舆情监测室就曾提出处置突发事件的"黄金四小时原则",说明政府及时发布权威信息是有效平息舆情的关键[6]。要做到主动性、时效性、透明度、公正性,这是对政府的官僚机制运行提出的改革要求。

---

[1] 张康之. 论官僚制组织的等级控制及其终结 [J]. 四川大学学报(哲学社会科学版),2008(3):5–11.

[2] 梅琼林,聂静虹. 新媒介环境中的公共政策制定 [J]. 探索与争鸣,2009:64–67.

[3] 王彤. 微博舆论的形成及其管理分析 [J]. 学理论,2011(25):100–101.

[4] Jaeger, P. T., Shneiderman, B., Fleischmann, K. R., Preece, J., Qu, Y., & Wu, P. F. Community response grids: E-government, social networks, and effective emergency management. *Telecommunications Policy*,2007,31(10):592–604.

[5] 杨立华,程诚,刘宏福. 政府回应与网络群体性事件的解决——多案例的比较分析 [J]. 北京师范大学学报(社会科学版),2017,(2):110–124.

[6] 李鹤. 处置突发事件的"黄金4小时法则" [J]. 学习月刊,2010(10):47.

三、"互联网 + 治理"的中国理念

网络社会不仅推动的是政府自身的改革,更是推动整个国家和社会关系的调整和重构。在对中国政府的改革进行观察的时候,学者们表达了大致相同的认识,即认为中国政府的改革是与建立起完善的社会自治体制联系在一起的,政府在改革中的努力方向"既要克服内部的部门主义、视野狭隘和各自为政的弊病,提高对涉及不同公共部门、不同行政层级和政策范围的复杂问题的应对能力,又要调整与社会和市场的横向关系,以政府为纽带,发挥其战略协作的作用,构建政府与市场和社会通力合作、运转协调的治理网络"①。

治理理论不管在西方还是在中国,是最近几十年颇为热门的一个词。在世界范围内,治理理论成为公共管理理论的主流。与传统的统治概念不同,"统治的思想与等级化的权力、垂直和自上而下的指挥关系,以及以整齐划一的方式推行的意志等概念联系在一起,与国家整体性的思考紧密相关"②,而"治理是与新的软权力配合使用的一种新政治鸡尾酒"③,即多元主体之间的谈判式合作以及协商安排的方式。"如果说治理是一种权力,那它表现为一种柔性且有节制的权力。"④"治理的实质在于建立在市场原则、公共利益和认同之上的合作。它所拥有的管理机制主要不依靠政府的权威。而是合作网络的权威,其权力向度是多元的、相互的,而不是单一的和自上而下的。"⑤ 在治理理念下,国家治理的治理主体除了政府之外,还包括市场和企业、社会和公私机构以及超国家和次国家等机构组织,各主体形成了一个巨大的"治理网络"。治理是上述机构之间的合作,强调的是一种多行为主体的合作管理过

---

① 刘伟. 论"大部制"改革与构建协同型政府 [J]. 长白学刊,2008(4):47.
② [法] 让 – 皮埃尔·戈丹. 何谓治理 [M]. 钟振宇,译. 北京:社会科学文献出版社,2010:14.
③ 同上,97.
④ 同上,4.
⑤ 俞可平. 治理和善治:一种新的政治分析框架 [J]. 南京社会科学,2001(9):40–44.

程。治理主体、治理机制和治理效果是构成国家治理体系的三大要素①。

治理理论体现的是一种全新的管理模式，其特征在于，第一，治理主体的多元化，或称为多元治理。第二，在治理模式中，政府虽然不是唯一的权力主体，但仍然扮演着重要的角色，起着其他治理主体如非政府组织、非营利组织、社区组织、公民自组织等无法替代的作用②。第三，在治理模式中，治理主体主要通过合作、协商、确立认同和共同的目标等方式实施对公共事务的管理。治理的实质是建立在市场原则、公共利益和集体行动基础上的合作③。第四，"在治理和善治的框架中，国家与社会之间趋向交融与整合，日渐步入分工、合作、监督、制衡的状态，成为一种新型的国家与社会关系。它结束了国家与社会关系的你死我活、非此即彼的由统治与被统治所引发的'零和博弈'状态，开启了合作互补、共生共存、相互依赖的双赢历程"④。中国特有的政治关系格局决定了中国的现代治理则是从政党—政府—社会关系逻辑展开。党是现代国家治理的主导性力量，政府是现代国家治理的执行力量，社会是现代国家治理的基础性力量。中国的治理体现出了"政党主导—政府转型—社会成长"的特点。

1. 政党主导

在中国，治理以政党为主导。"推进国家治理体系和治理能力现代化"是在中国共产党十八届三中全会上提出来的。正如本书导论中所指出的，中国现代化建设的逻辑是政党建构国家，国家打造现代社会。中国共产党是领导全国各族人民进行社会主义现代化建设的主导力量，由此决定了中国的发展道路不同于西方的"社会造国家、国家造政党"的道路，而是一条"政党造国家、国家造社会"的道路。

---

① 俞可平. 论国家治理现代化[M]. 北京：社会科学文献出版社，2014:152.
② 费长山. 论政府在公民意识发展中的责任[J]. 政治与法律，2010（4）：58-66.
③ 俞可平. 全球治理引论[J]. 马克思主义与现实，2002（1）：20-32.
④ 顾爱平. 论企业社会责任的三种维度及其引导与规范[J]. 政治与法律，2010（3）：67-74.

三者当中，作为执政党的中国共产党，是三者的核心。十一届三中全会以后，党和国家的领导体制经历了深刻的变革，顺应了以市场经济为基础的经济体制改革。中国共产党由革命党渐渐向执政党转变。这一转变过程中，革命时期，党的政治任务是革命动员、组织人民群众进行社会革命和政治革命，而社会主义建设时期，党的政治任务和合法性基础转向了经济社会建设和国家治理。党和国家的关系发生了变化，党加强自身建设，推进党内民主，反腐倡廉，发挥集体领导机制，民主科学决策，提高执政能力和执政合法性。

中国共产党作为执政党，是维护中国政治系统与社会系统的重要力量。21世纪以来，中国社会矛盾、社会事件层出不穷，需要执政党创新治理理念、措施和机制，以便更加有效地治理国家。任勇认为：以政党为主体进行治理成为现代国家治理的一个重要特征。在中国的环境下，中国共产党的治理推动了当代中国国家治理的有效实现。中国以政党治理优化国家治理是通过长期的制度积累、价值凝聚以及组织革新等路径逐步实现的，这在改革开放后体现得尤为明显。其中，制度积累是基础，价值凝聚是核心，组织革新是保证[①]。

从2002年中国共产党的十六大报告明确提出了"党领导人民治理国家"的理念，到2007年，中国共产党的十七大报告中进一步提出："要坚持党总揽全局、协调各方的领导核心作用……提高党科学执政、民主执政、依法执政水平，保证党领导人民有效治理国家。"再到2013年，中国共产党十八届三中全会通过《中共中央关于全面深化改革若干重大问题的决定》，指出，"全面深化改革的总目标是完善和发展中国特色社会主义制度，推进国家治理体系和治理能力现代化"。中国的国家治理目标和方案都是由中国共产党作为执政党提出的，可见中国的治理首先是以政党为主导的。

2. 政府转型

政府是治理的执行机构。自改革开放以来，中国政府的角色在市场经济

---

① 任勇.以政党治理优化国家治理的中国经验[N]. 人民日报，2017-05-23.

体制建设和社会建设、政治建设的过程中面临着转型的压力和需求。法治型政府、责任型政府、回应型政府、服务型政府等概念不断涌现。在治理体系中，作为国家治理主体之一的中央政府和地方各级政府，其职责是协调、影响、导向和整合，这其中，政府职能转型就成为关键。

俞可平认为：中国政府管理体制改革的目的是实现九个目标，即民主、法治、责任、服务、优质、效益、专业、透明和廉洁。这些目标，体现了政府改革创新的必然趋势："从管制政府走向服务政府""从全能政府走向有限政府""从人治走向法治""从集权走向分权""从统治走向治理"。几十年来，"从中央到地方的各级政府，在决策机制、机构设置、政府职能、行政审批、绩效管理、责任追究、政务公开、权力监督、公共服务、电子政务和公民参与等许多方面，做了大量的改革创新，取得了重大成就"[1]。同时，中国国家治理的行为和方式发生了变革，中央政府的治理能力，中央与地方在治理体系中地方自治性的提升，以及国家—市场—社会这三者关系重新建构，意味着中国国家治理的现代化初具规模[2]。一方面，政府职能不能无限扩张；另一方面，政府要提供高质量的服务进行有效的管理。政府转型体现了中国治理实践中政府与社会关系的重构。公共服务型的政府在经济发展方面是市场规则的制定者与执行者，在社会发展方面，是公共服务的规划者、组织者和引导者。

3. 社会成长

治理理论认为政府不是治理的唯一主体，各种社会机构都应参与到治理体系中，这样才能实现"善治"。在中国的治理体系中，社会改革和社会建设是基础。国家和社会关系的调整与转变，社会分层和利益分化日益明显，社会矛盾、社会问题、群体性事件不断出现，这不仅需要完善政府与社会之间的良性运转关系，也需要社会全面成长起来。

---

[1] 俞可平.改革开放30年政府创新的若干经验教训[J].国家行政学院学报，2008（3）:19–21.

[2] 同上。

中国改革开放三十年深刻改变了中国社会的结构形态、组织方式和生活方式，社会组织由此蓬勃发展。中国的社会发育体现为两个方面：其一是社会个体的独立与自主，这为中国公民社会的成长提供了最为坚实的现实基础；其二是社会民间组织的发育和成长，这不仅大大改变了中国社会的组织方式和活动方式，而且也使得社会成为能够与政府和市场合作的治理力量。如果说社会个体的独立与自主为政治改革提供了逻辑起点，那么社会民间组织的发育和成长则为政治改革提供了重要动力要素和支持力量[1]。在改革开放之后，尤其是在社会主义市场经济体制确立之后，社会组织开始作为公开的社会力量出现在社会和政治舞台，并不断得到发展。十七大以来中央政府就开始不断释放积极发展社会组织的政策信号，十八大后国家更是将发展社会组织纳入社会治理创新的重要范畴。中国社会并不是在被动地"被治理"[2]，而是以自己不断地成长和成熟参与到国家治理过程中去。在近些年来，随着中国社会多元化、群体分化和社会自组织能力的增强，社会也逐渐成为国家治理的主要力量。社会只有成长，并且转化为一种组织化的社会力量，通过社会的自发调节和政府机构的有效管理，才有足够的地位和力量参与到国家治理中去。

郑永年总结互联网对于国家和社会的影响时认为：第一，互联网对国家和社会都进行了赋权，因为这二者都从互联网的发展中受益。国家能够利用互联网来提升它的治理，而提升了水平的治理则能够对社会有益。第二，互联网的发展产生了分权的效果，也就是说，它的益处以分权的方式扩散。即使存在着"数字鸿沟"，但互联网的发展不仅使中间阶层和上层阶层受益，也有助于中下阶层努力改善自身经济和社会福利。第三，互联网为国家和社会靠近（或摆脱）对方创造了一个新的基础结构。这是开展政治的一个新论坛。与其他的环境相比，互联网更能够对国家进行约束。第四，互联网在国家和

---

[1] 林尚立. 建构民主 [M]. 上海：复旦大学出版社，2012:334.
[2] 周雪光. 中国国家治理的制度逻辑：一个组织学研究 [M]. 北京：生活·读书·新知三联书店，2017 :439.

社会之间制造了一种递归关系，相互改造二者之间的互动。换句话说，国家和社会在互联网上的互动，最终重塑了国家和社会①。其实，从中国的治理理念而言，互联网对政党、政府和社会三者都形成了挑战和赋予了权力。互联网在组织和认同两个方面对中国共产党形成了挑战，中国共产党也利用互联网加强了自身的建设和治理以及对整个国家的领导；互联网对政府的官僚机制形成了挑战，同时政府也利用互联网技术改革转型，加强责任型政府、回应型政府和服务型政府的建设；互联网还为社会的组织和成长提供了组织工具和沟通平台。

互联网的出现和普及是中国现代化转型中的一次重要机遇。与西方不同的是，中国经历的是"压缩的现代化"（compressed modernization）②。中国没有时间和机遇按部就班地进行现代化转型，中国的现代化进程必然是许多因素互相叠加互相压缩的过程。中国治理转型没有完成又迎来了互联网时代，体现了中国在现代化过程中的叠加效应。互联网是在中国的现代治理转型过程中出现的，互联网的繁荣发展和政党主导、政府转型和社会成长重叠在了一起，加速了中国推进国家治理体系和治理能力现代化的过程。

四、中国网络理政的目标和内涵

互联网对中国政治体系的挑战集中体现在网络问政上。自从互联网成为中国的主要交流渠道以来，"问政于网"成为网民向政府提问、质疑、要求解答的重要途径。网络问政把网民的利益诉求反映给了政府，也迫使政府应对网民的压力做各种各样的反应和姿态。网民可以绕过上访机制、层层官僚机制等组织体系，通过互联网直接向政府提出质疑。而政府如果对需要马上回

---

① 郑永年. 技术赋权：中国的互联网、国家与社会 [M]. 邱道隆，译，东方出版社 2014（4）:15.

② Chang, Kyung-Sup 2009, *Compressed Modernity in Perspective: South Korean Instances and Beyond*. Unpublished paper, Seoul 转引自贝克，邓正来，沈国麟. 风险社会与中国——与德国社会学家乌尔里希·贝克（Ulrich Beck）的对话 [J]. 社会学研究，2010（5）:208-246.

应、及时引导的事情不立即做出回应，依然拖拖拉拉，等到网上舆论已经众声喧哗、纷纷扰扰时才发出声音，则政府面临的舆论压力会越来越大，甚至线上舆论发展成为线下的群体性事件，使得政府处于更加被动的状态，从而影响公众对政府乃至执政党的认同。

网络问政是网民借助互联网向政府传达见解、表达诉求和提出问题，促使政府解决问题，其过程是"倒逼改革"。政府迫于网络的压力做出的回应和改革行动固然体现了政府的适应能力，但直到网络上的压力达到一定程度后才出现的改革使得政府总是被互联网的舆论压力牵着鼻子走，总是处于被动应对的局面，在实践层面上，网络问政对政府步步紧逼，长此以往，政府的公信力不但不会得到改观，反而会有所下降。政府公信力的下降直接影响到执政党的执政基础。

正如习近平总书记在2016年4月19日在网络安全和信息化工作的座谈会上强调："各级党政机关和领导干部要学会通过网络走群众路线，经常上网看看，潜潜水、聊聊天、发发声，了解群众所思所愿，收集好想法好建议，积极回应网民关切、解疑释惑。善于运用网络了解民意、开展工作，是新形势下领导干部做好工作的基本功。"① 各级党政领导通过网络了解民情，回应网络关切成为平日工作的重要内容。在理论层面上，在国家治理体系和治理能力现代化的背景下，关于治理的理论成为政治学、公共管理领域方面的热点②。实践和理论两方面都推动中国从网络问政转向网络理政。

从网络问政到网络理政，体现在：第一，网络问政是广大网民问责政府，向政府反映问题和表达利益诉求，网络理政则是政府要解决这些问题和协调利益冲突；第二，网络问政是政府被动地接受网民的质疑，而网络理政是政府主动与网民沟通、咨询网民意见和建议，利用互联网实现善治；第三，网络问政仅仅停留在政策问询的层面和阶段，而网络理政则是贯穿政府施政、理政

---

① 习近平.在网络安全和信息化工作座谈会上的讲话.http://news.xinhuanet.com/2016-04/25/c_1118731175.htm，采集时间：2016-04-25.

② 薛澜，张帆，武沐瑶.国家治理体系与治理能力研究：回顾与前瞻[J].公共管理学报，2015（3）:1-12.

第一章
中国网络理政的逻辑和内涵

的自始自终。

中国网络理政指在执政党主导下的国家和社会通过互联网，实现公共事务有效治理、公共利益全面增进的活动与过程。国内已有从平台机制设计[①]和网络空间政府行为的转变[②]等角度来探讨政府应该重视网络上的民意，形成网络社会治理的认知自觉。笔者认为应该把"网络理政"提高到国家治理的高度，从网络问政到网络理政，是执政理念的有效变革、也是国家治理方式的重要转变。在当今中国，互联网构建的网络化社会已经成为社会秩序的核心范畴，网络理政成为现代国家治理的重要组成部分。网络理政的构建过程也是中国国家治理现代化的过程。下文将从中国的理念、目标和机制分别展开论述。

1. 理念：政党主导下的国家与社会关系的重构

国家和社会的关系是社会科学研究的重要研究范畴。国家[③]与社会之间存在着辩证关系，既矛盾又统一，既对立又互相依存。就对立冲突而言，国家对社会施加影响并且想控制整个社会，而社会通过各种方式抵抗国家的控制；就依存合作的角度而言，国家与社会之间可以形成协调发展和良性互动，从而使国家利益、社会利益和个人利益共同实现。互联网上的国家与社会关系一定程度上是现实中国家与社会关系的反映。自从互联网成为中国的重要沟通工具以来，互联网的开放性和便捷性使得国家与社会之间的冲突在互联网这个平台上凸显出来。"网络问政"是伴随互联网的成长而出现的一个极有中国特色的政治现象，现有的政治制度设计框架内人民权利表达、参政议政的制度渠道相对缺乏，同时，转型中的中国社会问题不断增多，民众的公民

---

① 马跃明. 从网络问政到网络理政 [J]. 今日浙江，2015（3）:42-43.
② 虞崇胜，刘远亮. 从网络问政到网络理政：中国政府的网络认知自觉 [J]. 天津行政学院学报，2015（4）:52-58.
③ 国家的本质至少可以从4个方面进行界定：(1) 地域（country）；(2) 人口或民族（nation）；(3) 主权（sovereignty）；(4) 国家权力机构（state 或 government），本文指的是第4方面。

意识不断增强，民众参政议政的愿望也更为强烈，此时互联网的出现，恰好给民众提供了常规制度之外的利益表达平台①。学者张欧阳发现国内研究更多关注网络民主对社会政治秩序的破坏作用，理论探讨大多是为政府如何监管网络言论出谋划策："网络能够激发人民参与政治事务的热情以及直接表达的功能对我国现行社会体制的冲击就显得更具破坏性"②，而破坏的结果是政府与网民陷入"破坏—压制"的冲突循环之中。国家（政府）与社会（互联网）的冲突被西方学者评价为中国互联网监管中的"永不停止的猫鼠游戏"——政府不停地监测互联网，随时压制可能出现的危险③。互联网的兴起体现了"社会权力制约国家权力的过程"，或者说用社会权力来平衡国家权力的过程。例如，在网络群体性事件中，国家（政府）总是处于一个被动的地位，政府形象受到损害，政府公信力不断下降。从这个角度而言，互联网凸显甚至激化了国家和社会原本存在的矛盾和张力。互联网成为社会对抗国家的一种工具，原本的国家权力太强大了，而互联网为社会和个人反抗国家权力赋予了权力，从而改变原来"强国家—弱社会"的结构模式。

中国的网络理政体现的是政党主导下的国家—社会关系的重构。党是决策核心，政府是政策执行主体。政党领导国家，使得执政党和政府的关系具有很强的内在统一性，在网络问政中形成对政府的质疑、政府公信力的下降其实也使执政党面临着危机。因此，在网络理政的理念之下，政党要在互联网的环境中，主导国家与社会的有机结合、相互协作。互联网作为一种新的技术交往工具，已经重塑了人类的交往方式。国家和社会本来就不仅仅是零和博弈、此消彼长的关系。互联网成为协调国家和社会关系的平台和工具。在国际上，以米格代尔（Joel S. Migdal）、埃文斯（Peter B. Evans）、奥斯特罗姆（Elinor O. Strom）为代表的学者提出了国家在社会中、国家与社会共治、

---

① 师曾志，金锦萍编著. 新媒介赋权：国家与社会的协同演进[M]. 北京：社会科学文献出版社，2013（9）：62.

② 张欧阳. 网络民主研究综述及发展趋向[J]. 学术探索，2013（4）：19-23.

③ Assafa Endeshaw. Internet Regulation in China: The Never-ending Cat and Mouse Game. *Information & Communications Technology Law*，2004，13（1）：41-57.

公与私合作伙伴关系等理论，认为国家与社会存在合作与互补的关系，二者是互相形塑的①。尤其是埃文斯所编辑的《国家—社会协同》（State-society Synergy）一书中认为，国家和社会可以加强各自在发展中的角色力量，从而构建良性的互动协同关系，共同促进发展②。在互联网这个平台上，网络理政促进国家和社会产生良性的互动，形成良性的共生关系。网络理政使得政府获得更多的合法性和民意支持，也使得社会获得更多的利益表达机会，而不再是国家一味以压制社会的态度来重塑"国家—社会"关系，而是形成"强国家—强社会"的格局，网络理政也体现了在互联网这个平台上国家与社会的共治，从而达成国家和社会的适度平衡。

2. 目标：建设数字政府、推动数字治理

重构国家和社会的关系的重要任务是促进政府转型。改革开放以来，随着社会主义市场经济的发展，中国政府也在经历着转型过程。转变政府职能是政府转型的核心命题。在国家和社会关系重构的背景下，如何处理政府与市场、政府与企业、政府与社会的关系一直成为政府改革的重要命题。而改革开放以来，政府开始由全能型政府向有限政府转变，由管制型政府向服务型政府转变，依法行政、建设服务型政府已成为今后政府职能转变和行政改革的目标。政府职能在行政体制中占有重要地位，是确定各级政府和部门权力范围与职责的基础。30年来，我国政府职能的转变经历了一个民主职能不断加强、经济职能日益强化、社会管理职能逐步凸显的演变过程③。建设一个服务型政府一直是近几届政府的施政目标。2003年召开的党的十六届三中全会《中共中央关于完善社会主义市场经济体制若干问题的决定》强调：增强政府服务职能，首要的是深化行政审批制度改革，政府职能从"全能型"转向

---

① 李姿姿. 国家与社会互动理论研究述评[J]. 学术界，2008（1）:270—277.

② Peter Evans. State-society Synergy: Government and social capital in development. Berkeley: University of California.

③ 蒋健. 改革开放以来我国政府职能转变的逻辑进路[J]. 攀登，2008（5）:105.

"服务型",政府决策建设突出规范化,增强透明度和公众参与度。党的十八大报告提出,要按照建立中国特色社会主义行政体制目标,深入推进政企分开、政资分开、政事分开、政社分开,建设职能科学、结构优化、廉洁高效、人民满意的服务型政府。2005年,温家宝总理提出:要"创新政府管理方式,寓管理于服务之中,更好地为基层、企业和社会公众服务"①。而到了2015年,李克强总理强调,要全面推进依法治国,加快建设法治政府、创新政府、廉洁政府和服务型政府,增强政府执行力和公信力,促进国家治理体系和治理能力现代化②。

十多年来,政府一直在提倡建设服务型政府。中国的政府转型还处于进行时,同时又进入了互联网时代。互联网的普遍应用一方面促使政府转型加快进程,另一方面,推动建设数字政府,来最终实现有限政府、法治政府和服务型政府的目标。

数字政府是在数字信息环境下,依托数字信息技术进行服务、决策和管理的政府,是真正体现了"以公民为中心"的服务型政府,在制度上对人民民主、政治参与和公民权利进行保障。数字政府也是一个平台型政府。从世界范围而言,发达国家都在建立数字政府方面加大努力。例如,美国白宫主导建设21世纪的新平台——数字政府,来为公众进行更好的服务,包括建设一个数字化服务创新中心和顾问团队,建立一个跨部门治理机制以改进数字化服务的提供,统一政府部门的资产管理和采购工作等。英国政府成立了"政府数字服务小组",专门负责定制公众的数字服务,提升在线政府服务的规模和质量③。在我国,《国民经济和社会发展第十三个五年规划纲要(草案)》提出:"牢牢把握信息技术变革趋势,实施网络强国战略,加快建设数

---

① 中共中央文献研究室.十六大以来重要文献选编(中)[M].北京:中央文献出版社,2006:789—790.

② 李克强谈切实加强政府自身建设.人民网,http://politics.people.com.cn/n/2015/0305/c1024-26641844.html,采集时间:2016-06-14.

③ [英]马克·格雷厄姆,威廉·H.达顿.另一个地球:互联网+社会[M].北京:电子工业出版社,2015.

字中国，推动信息技术与经济社会发展深度融合，加快推动信息经济发展壮大。"数字政府的建设是网络强国战略的重要支撑。建设一个开放、透明、负责任的数字政府，可以大幅度提高行政效率，节约成本，改善公共数据的可用性和可获取性，为公民提供更好的服务，让互联网发展的成果惠及每个中国人。

数字政府超越电子政务。电子政务是把政府事务用数字的方式来进行运转，而数字政府是构建数字环境下的政府运作形态，是对以往政府运作方式的全面革新。在信息技术发展到大数据、云计算、物联网和智能终端的条件下，原先电子政务的思路如信息公开、活动交流、政务服务等已经远远不能满足时代的需求了。数字政府是借助于最新的数字技术，让政府和社会更好地互动，更进一步地挖掘信息，了解公众的需要和需求，引入更多的参与机制。

建设数字政府是为了推动数字治理。20世纪末，西方学者赋予"治理"以新的含义，主张政府放权和向社会授权，实现多主体、多中心治理等政治和治理多元化，强调弱化政治权力，甚至去除政治权威，企望实现政府与社会多元共治和社会的多元自我治理[①]全球治理委员会的定义具有很大的代表性。该委员会于1995年发表了一份题为《我们的全球伙伴关系》的研究报告，并在该报告中对治理做出了如下界定：治理是各种公共的或私人的个人和机构管理共同事务的各种方式的总和，是使相互冲突的或不同的利益得以调和并且采取联合行动的持续的过程。它既包括迫使人们服从的正式制度和规则，也包括各种人们同意或认为符合其利益的非正式的制度安排。它有四个特征：治理不是一整套规则，也不是一种活动，而是一个过程；治理过程的基础不是控制，而是协调；治理既涉及公共部门，也包括私人部门；治理不是一种正式的制度，而是持续的互动[②]。我国学者俞可平则认为：从政治学理论看，统治与治理主要有五个方面的区别。其一，权力主体不同，统治的主体是单一的，

[①] 王浦劬.国家治理、政府治理和社会治理的含义及其相互关系[J].国家行政学院学报，2014（3）:11-17.

[②] The Commission on Global Governance. Our Global Neighborhood: The Report of the Commission on Global Governance. Oxford University Press, 1995 : 2-3.

就是政府或其他国家公共权力;治理的主体则是多元的,除了政府外,还包括企业组织、社会组织和居民自治组织等。其二,权力的性质不同,统治是强制性的;治理可以是强制的,但更多是协商的。其三,权力的来源不同,统治的来源就是强制性的国家法律;治理的来源除了法律外,还包括各种非国家强制的契约。其四,权力运行的向度不同,统治的权力运行是自上而下的;治理的权力运行可以是自上而下的,但更多是平行的。其五,两者作用所及的范围不同,统治所及的范围以政府权力所及领域为边界;而治理所及的范围则以公共领域为边界,后者比前者要宽广得多①。归纳中外学者的定义,现代治理是一种多元治理主体之间的合作共治,意味着参与治理的各个主体之间形成权力网络,并不依赖政府权力和发号施令,并且体现了多元性和自主性。

数字治理是互联网环境下对治理的一种创新。互联网是沟通的大平台,数字政府是平台化的政府,数字治理是平台化的治理。数字治理理论的提出者帕特里克·邓利维(Patrick Dunleavy)看到了数字技术和信息系统对于政府部门改革的重要性。在英国,政府的信息系统创造的价值超过 GDP 的 1%。他主张数字治理是促进权力运行的共享、逐步实现还权于社会、还权于民的善治②。数字技术的普及使得沟通、服务、治理成本大大降低,从而使得治理变得更为开放,治理也从过去的以政府为中心真正转向以公民为中心。第一,数字治理对政府提出了更高的要求:政府不仅仅是把部分政务放到网上,提供一些简单的信息,而是时时刻刻了解公民的需求,真正以公民为中心;第二,数字治理要求政府结构趋向扁平化,过于强调科层等级制的政府系统在互联网时代难以采取有效迅速的治理行为,互联网时代要求政府对其自身的结构做出相应的改革,特别是改革政府的公共服务供给方式,提高服务质量,降低服务成本,满足公民的需要,提升政府的公信力,从而为发展提供新的动力③;第三,数字治理要求不同政府部门之间能够协同合作,保持一致的政策

---

① 俞可平. 推进国家治理体系和治理能力现代化 [J]. 前线, 2014 (1):5-13.

② Patrick Dunleavy. Digital Era Governance: IT Corporations, the State, and E-Government. Oxford: Oxford University Press, 2006.

③ 丁元竹. 由电子政府到数字政府的根本性转变 [J]. 人民论坛, 2013 (12):62.

目标，达到合作无间的目标治理行动；第四，数字治理以公共理性为精神原则，实现公共利益。罗尔斯认为：所谓公共理性就是指各种政治主体（包括公民、各类社团和政府组织等）以公正的理念，自由而平等的身份，在政治社会这样一个持久存在的合作体系之中，对公共事务进行充分合作，以产生公共的、可以预期的共治效果的能力[①]。从现代公共管理的角度来看，公共理性是公共管理主体与所处社会实现的高度沟通化并获得社会高度认同的观念和价值[②]。在互联网这个平台上，公民、各类社团和政府组织等都有各自的理性，都有自己的利益表达，网络理政需要在这样的一个公共平台上体现公共理性，实现公共利益的最大化。数字治理是在公共理性的指导下，各类政府组织与各类社会组织、公民进行沟通、协调，实现公共利益和社会正义。

3. 中国网络理政的内涵

中国的网络理政是治理的创新，其内涵远比利用互联网维持社会稳定要宽泛，具体而言，包括安全、开放、回应、协商和服务。

（1）网络安全

随着互联网的普及，网络安全作为非传统安全正逐渐受到重视。互联网的安全分为基础设施安全、数据和信息安全两部分。基础设施安全主要包括自然灾害、人为事故、网络安全漏洞、网络恐怖主义、云安全、物联网安全和无线局域网安全七个部分。数据和信息安全则包括个人信息安全、企业信息安全、网络色情信息、网络暴力和政治安全五个部分。中国立法明确使用"网络空间主权"的表述，并就主权适用于网络空间安全治理提出了自己的主张。中国政府近年来连续出台的《中华人民共和国国家安全法》和《中华人民共和国网络安全法》表明中国已经把网络安全上升到国家战略的高度，采取措施，设置高级别的协调机构、维护网络基础设施、打击网络犯罪和网络

---

① 罗尔斯.公共理性观念再探，公共理性与现代学术[M].北京：生活·读书·新知三联书店，2000.

② 秦德君.国家公共管理中的公共理性[J].上海行政学院学报，2003（1）:47-54.

恐怖主义，并且参与到国际治理中去。

（2）数据和信息开放

数据和信息是一种公共产品。它是国家治理、社会生活的重要组成部分，是对公民知情权的保障。关于政府运行、生产、生活的重要信息只有政府才拥有，因此政府有责任也有义务向全社会公开权威的数据和信息。互联网成为重要沟通平台后，在互联网上公布数据和信息节约了很多行政成本，减少纸张印刷、交通邮电等方面的成本。其次，公众通过互联网获取信息的途径更方便，公众可以通过网络很容易地接触到政府法规、条例、命令政策等各种信息。通过网络公开政府信息，充分保证了权利与义务的履行。大数据时代使得信息开放走向数据开放。2015年9月初，国务院印发《促进大数据发展行动纲要》，指出，2018年底前，要建成国家政府数据统一开放平台，率先在信用、交通、医疗等重要领域实现公共数据资源合理适度向社会开放。在此之前，广东、辽宁、四川等省份均已有地方政府成立大数据管理局，拟由政府牵头，统筹公共数据开放，推动产业发展[①]。数据和信息在互联网上公开的要求是及时、全面、客观和准确。时间上要定时，机制上要有保障。数据和信息公开是为了建构信息政府，形成数据征求、挖掘利用和服务的体系，置政府行为于民众的压力之下，为透明政府提供保障。

（3）政府回应

政府回应指政府对公众接纳政策和公众提出诉求要做出及时的反应，并采取积极措施来解决问题。政府回应不仅仅是对公民要求的及时和负责的反应，还包括定期地、主动地向公民征询意见、解释政策和回答问题。政府回应包括三个机制：第一，政府应该主动就公共政策公开征询网民的意见，探求网民的反应，并对公共政策的制定进行及时的调整；第二，政府对网民的诉求进行及时的回应和回复，并且采取积极措施来解决问题；第三，政府在危机事件处理过程中，应存在问责行为。大数据时代为公共需求的精准识别提供了

---

① 国务院印发促进大数据发展行动纲要. 新华网，http://news.xinhuanet.com/finance/ 2015-09/05/c_1116464516.htm，采集时间：2016-07-16.

技术条件，识别需求后就要进行回应。在已有的实践层面，中国政府网开通了总理"留言板"，使得一般网民可以在互联网上随时向总理问询相关事宜，政府回应从定期与网民交流互动发展到了常态化的建言收集。

（4）网络协商

协商民主的核心要素是协商与共识。协商民主有助于矫正代议制民主的不足，同时也有助于不同层面的政治共同体的政治实践，协商民主倡导公民直接的政治参与。公民与官员之间就共同相关的政策问题进行直接面对面的对话与讨论[①]。互联网为协商民主提供了基本的渠道和平台。网络协商民主的机制设计要注重线上线下的互动。一方面，在互联网上网民可以相对自由地发表言论，公开交流，把关人相对而言较少。但另一方面，互联网上发表的言论容易失去理性，走极端，变成个人私愤的宣泄。在这种情况下，网络协商需要以下几种机制：第一，有专门的机构（政府所属机构或者相关的专业组织）把网络言论进行科学的归纳分析；第二，线上线下的互动机制，即线上的观点和线下的协商能够结合起来。特别是需要有一些相关的社会组织（如智库）组织相关的政府部门和代表性的网民或者网络团体就一些公共议题进行民主协商，达成共识。

（5）网络服务

网上政务办事大厅运用现代新的技术构建服务型政府。利用互联网来进行政务服务的机制应该包括：第一，利用网络对公众进行各类政务服务；第二，部门之间在互联网上的协同服务；第三，公众对政务服务质量的反馈机制。网民在判定政府机构的服务范围、服务标准、服务质量是否达到规定的要求等方面可以在互联网上向政府反馈，以驱动政务服务的创新。政府与公民对公共生活的合作管理，应该提供在线的公共服务，即以公民为中心的政府。政府可以根据公众不同的需求提供个性化的服务，并将需求者和服务提供者匹配起来，构建以用户为中心、服务为导向的政府。网络政务服务机制的目标是建立"整体政府"（也称"一站式政府"），要求加强政府各部门之间、政府与非政府机构之间的有效合作以实现协同治理。2016年4月26日，国务院办公厅正

---

① 陈家刚.协商民主：概念、要素与价值[J].中共天津市委党校学报，2005（3）：54-60.

式发布通知，提出全面推广以"一号"申请、"一窗"受理、"一网"通办为典型经验的"互联网＋政务服务"，通过强化政务服务达到部门间互联互通、数据共享、协同联动①。公民可以获取更广泛的政务服务，拥有更高的公民参与度，可进一步整合政府运作，降低成本，并提高政务服务的质量和效率，这些好处使得政府对将电子政务转型为数字治理有了更为迫切的需要。

  安全是保障，开放是原则，回应是态度，协商是过程，服务是目标。五种机制也分别体现了五种理念，共同构成了网络理政的内涵，凸显了政党主导下国家和社会协调合作的一面。安全是国家对整个互联网基础设施、数据和信息安全的保障，信息和数据开放是政府向公众的主动开放，回应是政府回应公众的质疑和需求，协商需要政府和公众共同参与协商和治理，服务则是在互联网环境下构建服务型政府的目标。网络理政是执政党在互联网新媒体迅猛发展的条件下，加强与社会各界的沟通，随时了解社会的基本动态和利益诉求，宣传和解释自己的执政理念和方针政策，以及主动征求对解决有关问题的建议。网络理政下的数字政府建设，是借助最新的数字技术提高执政能力与水平，让各界人士借助互联网更好地参与到国家和社会的治理中来，最终实现社会的公平与和谐。在党的十八届三中全会的文件中，"治理"一词被提到有24次之多，网络理政中的"理"更多的是治理的意思。在当今时代，互联网作为一种新的交往方式和平台，治国理政能够也应该运用互联网来保障和实现人民的利益。网络理政其实就是扩大人民民主，丰富民主形式，拓宽民主渠道，发展更加广泛、更加充分、更加健全的人民民主，真正实现人民当家作主。

---

① 实施推广"一号一窗一网"打造信息惠民服务升级版. 新华网，http://news.xinhuanet.com/info/2016-04/27/c_135316873.htm，采集时间：2016-04-27.

第二章 安全：网络空间的主权声张和安全防卫

2017年5月12日，黑客利用基于445端口传播扩散的SMB漏洞致使多台电脑感染WannaCry勒索病毒，很多重要文件被加密，必须支付高额赎金才能将其解锁。这起大规模勒索病毒网络爆发事件至今已袭击全球150多个国家和地区，包括教育、电力、能源、银行、交通、医疗等多个行业均受到不同程度的影响，中国也成为此次勒索病毒爆发的重灾区。在互联网与人类生活相关度越来越高的今天，一旦网络遭遇安全威胁，将严重扰乱人类正常的工作和生活秩序，甚至造成不可估量的损失。互联网连接了全人类，但同时也带来了安全问题。

作为非传统安全，网络安全越来越受到各国的重视。中国自1994年加入国际互联网以来，也一直受到互联网的各种安全威胁。起初是整个网络面临的威胁，后来是网络上信息内容面临的威胁，现在又是数据频频出现安全问题。

数据安全可以泛指各类数据的安全问题。随着互联网、物联网、云计算等技术快速发展，越来越多的数据生成、存储，全球数据量呈现爆炸式增长。IDC（Internet Data Center，互联网络数据中心）预计，到2020年全球数据量将增加50倍[1]。数据量的爆发式增长是一把双刃剑。人们既可以从海量的数据中把握趋势、发现规律，为科学决策提供信息参考；但是稍有不慎，万一数据安全出现问题，隐私数据发生泄露，将会对国家、社会和人民带来不可估量的威胁。所以，随着数据的爆发式增长，数据安全问题越来越成为学者们的研究重点。

信息安全可泛称各类信息安全问题。具体来说，所谓信息安全，是指保

---

[1] 郭三强，郭燕锦. 大数据环境下的数据安全研究[J]. 科技广场，2013（2）：28-31.

障国家、机构、个人的信息空间、信息载体和信息资源不受来自内外各种形式的危险、威胁、侵害和误导的外在状态和方式及内在主体感受[①]。随着信息化社会的来临，进入 21 世纪后，信息安全成为各国所关注的重点。

不同于数据安全和信息安全。网络安全指网络所带来的各类安全问题，范围比信息安全和数据安全更广。国际标准化组织对网络安全的定义是：微数据处理系统采取和采用的技术和管理的安全保护，保护计算机硬件、软件和数据不因偶然和恶意的原因遭到破坏、更改和泄露。也就是说网络安全的定义是通过采取一些有效的措施，保证计算机网络系统正常运行，做到确保网络数据的保密性、可用性和完整性[②]。数据安全、信息安全和网络安全都属于非传统安全领域，人们有时候会将三者混用，但是这三个概念有着很大的不同。数据安全的所指对象是数据，信息安全的所指对象是信息。信息是指有一定含义的数据，或者说人类可以直接理解的内容。数据则是信息的载体，把信息进行转化以便于保存和处理。而网络安全涉及的范围更广，它的所指对象是整个互联网，既指网络中的硬件和软件，也指储存在网络中的数据和信息。

一、互联网面临的安全威胁

根据互联网的构成，笔者将互联网的安全分为基础设施安全、数据和信息安全两部分，并对每部分进行细分。基础设施安全主要包括自然灾害、人为事故、网络安全漏洞、网络恐怖主义、云安全、物联网安全、无线局域网安全七个部分，数据和信息安全则包括个人信息安全、企业信息安全、网络色情信息、网络暴力、政治安全五个部分。

[①] 王世伟.论信息安全、网络安全、网络空间安全[J].中国图书馆学报，2015(2)：72-84.

[②] 薄澄宇.国际政治领域的网络安全[A]."决策论坛——科学决策的理论与方法学术研讨会"论文集（上）[C].2015：24-25.

1. 基础设施安全

网络基础设施的定义并没有统一的概念，参照电信网、计算机网的定义，网络基础设施是支撑计算机网络正常运行的物理性结构，通过软硬件设施等通信信道，以实现在两个或更多的规定的端点之间提供连接传输的网络通信体系[①]。就像物理基础设施是由交通、供水供电、文化教育等共同组成的一样，网络基础设施也是由骨干网、城域网、局域网这样层层搭建才使得任何一台联网的计算机能够随时同整个世界连为一体。一个国家的网络基础设施越发达，对网络的依赖程度就越高，受到网络攻击的风险也越大。因此，网络基础设施的保护已成为确保国家安全的重要任务。

（1）自然灾害

自然灾害具有突发性、偶然性、非持续性，一般是对非关键节点造成破坏，而且能够在极短的时间内进行抢修恢复。比如常见的台风、地震对网络基础设施的破坏。虽然这类自然灾害发生的概率较小，但是目前的科学技术还不能阻止这类自然灾害的发生。2014年夏，台风"威马逊"让海口民众苦不堪言。这号称"40年一遇的台风"令民众对海南省基础设施建设产生了质疑。7月22日早餐，一些海口网友在微信朋友圈抱怨称，台风过后海口不少居民区一片漆黑，民众排长队到处找水，手机电话网络中断。

（2）人为事故

主要是由人为因素引发的事故。同自然灾害一样，人为事故也具有偶然性，它破坏非关键节点，并且能够在短时间内修复，不会造成长期影响。典型的例子就是"北美电网停电"事件。

2013年8月14日，美国东北部和加拿大部分地区发生大面积停电事件。大约14时14分开始，整个计算机系统发生故障无法获取任何信息，警报功能也失灵。随后，电子监控系统发生故障，无法远程操控设备，主服务器断

---

① 朱虹.基于公共产品理论的网络基础设施产权问题研究[J].情报科学,2006（1）:119-123.

线。在将近一个多小时的时间里，没有操作人员注意到计算机的故障。事故原因为一系列偶然事件的叠加，该事故是北美历史上最大规模的停电事故，经济损失高达300亿美元，5000万人的生活受到影响，大停电至少造成8人死亡，21座发电站受损。

（3）网络安全漏洞

网络安全漏洞是指计算机在硬件或者协议上存在缺陷，这些缺陷的存在导致网络的恶意攻击者在未经授权的情况下对计算机网络进行侵入，从而窃取存储在计算机当中的信息，甚至对整个网络系统进行破坏[①]。从互联网诞生至今，虽然网络安全防护不断升级，但网络安全漏洞仍然大量存在，严重影响网络安全。我国某安全检测平台数据显示，2015年共扫描各类网站231.2万个，其中，存在安全漏洞的网站有101.5万个，占扫描总数的43.9%；存在高危安全漏洞的网站有30.8万个，占扫描总数的13.3%[②]。

在计算机的所有设备中，不同设备所产生的漏洞类型有所不同。对于安全漏洞可以从不同维度对其进行分类。1）基于利用位置分类，可以分为本地漏洞和远程漏洞。2）基于威胁类型分类，可以分为获取控制、获取信息和拒绝服务三类。3）基于技术类型分类，可以分为内存破坏类、逻辑错误类、输入验证类、设计错误类、配置错误类[③]。2017年4月14日，黑客组织Shadow Brokers在网上放出了一大批据称是美国国家安全局（NSA）使用的网络间谍工具。这批间谍工具显示，NSA可能入侵了SWIFT银行间信息系统，对中东和拉丁美洲银行间的资金往来进行监控。除此之外，曝光文件中还列出了大量此前未知的Windows系统零日漏洞（zero day），几乎涵盖了除Windows10

[①] 李萌.网络安全漏洞及防范对策.http://www.xchen.com.cn/gllw/wlaqlw/694913.html，采集时间：2016-12-02.

[②] 中国网站安全报告（2015）.https://wenku.baidu.com/view/cedc1dd9af45b307e97197a8.html，采集时间：2016-02-29.

[③] FreebuF.科普：安全漏洞的概念及分类（一）.http://sec.chinabyte.com/164/12946664.shtml，2014-05-12，采集时间：2017-06-01.

之外的大部分Windows系统①。据BBC新闻4月15日报道，如果这批间谍工具被确认来自NSA，将是NSA自2013年斯诺登事件之后遭遇的最严重的泄密事件之一②。网络安全漏洞并不是显而易见的，只能凭借技术手段去发现并修补。而对于那些未能发现的安全漏洞，则往往成为黑客入侵的潜在隐患。虽然近些年网络安全防护技术不断升级，但是黑客的技术手段也在不断进步。一些黑客利用网络安全漏洞近距离或者远程控制他人网络、窃取他人信息、破坏他人网络，往往还能做到神不知鬼不觉。

（4）网络恐怖主义

网络恐怖主义研究的先驱多萝西·丹宁（Dorothy E. Denning）在20世纪80年代曾给出一个经典的定义"网络恐怖主义(Cyberterrorism)就是互联网与恐怖主义的结合体"③。此后，学者们对网络恐怖主义的定义不断完善，但是目前国际社会对网络恐怖主义尚未有统一的概念。作为恐怖主义犯罪的最新表现形式，网络恐怖主义的终极目标依然是制造社会恐慌，破坏社会和平。网络恐怖主义只不过是恐怖主义在互联网上的延伸，恐怖组织利用互联网这一新媒体继续扩散恐怖主义。因此，通过网络开展的一切暴力、恐怖活动均可列入网络恐怖主义范畴。根据互联网在不同事件中所起到的不同作用，具体可将其分为两大类，一类是作为攻击目标的互联网，如以攻击国家关键基础设施和政府系统为目标的网络入侵行为。二是作为战略动员工具的互联网，网络所起的作用主要是帮助恐怖组织鼓动宣传、招募人员、筹集钱款、策划事件等。

近年来，"伊斯兰国"（IS）等恐怖组织不仅在世界各地策划了多起恐怖袭击，而且为了实现其目的，已召集并培养了一大批精通网络技术的新生代恐怖分子，给网络安全埋下了极大的隐患。恐怖组织招募人员，并利用网络实

---

① 安晶. 黑客组织曝光"漏洞之母"：美国国安局被指入侵全球银行系统 [N]. http://www.jiemian.com/article/1249981.html，采集时间：2017-07-01.

② Dave Lee.US government' monitorted bank transfers.BBC News, April 16, 2017.

③ Denning, D.E.Activism, hacktivism, and cyberterrorism: The Internet as a tool for influencing foreign policy. *Networks and netwars: The future of terror, crime, and militancy*, 239, 2001：288.

施恐怖犯罪网的伎俩主要归纳为以下几种：1）瞄准年轻人，洗脑传教。年轻人是伴随着互联网成长起来的一代，相比于其他年龄层的人，他们能熟练地使用网络，学习接受新事物的能力也更强。随着互联网的发展，网络的匿名性、即时性和广覆盖性方便了网络恐怖活动的开展，因此恐怖组织将互联网作为其活动的主要平台之一。所以伴随着互联网成长起来的年轻人成为其重点传"教"对象。如何吸引年轻人呢？青少年正处于人生观、价值观和世界观形成的时期，心智发展尚不成熟，容易受到误导。恐怖组织正是利用这一点，通过大量注册社交媒体账户，利用社交媒体进行宗教教唆和传播恐怖血腥图片视频，还会改编网络游戏，通过暴力的网络游戏吸引年轻人。一旦这些年轻人被暴力画面和宗教教唆吸引，很容易在恐怖分子的诱导中迷失，将网络和现实混淆，在现实中做出暴力之举。2013年4月15日，美国波士顿科普里广场发生爆炸，爆炸发生时正值马拉松比赛。据统计，此次爆炸共造成3人死亡，183人受伤，17人情况危急。主要嫌疑人察尔纳耶夫兄弟便是通过Facebook接受极端思想，按照网上公布的《"圣战"战士个人行动手册》在自家厨房制作简易爆炸装置①。2）逃避追捕，隐身于网。在开展恐怖活动后，恐怖组织必然受到各方的声讨和追捕，为了暂时躲避各方的追捕压力，恐怖分子会选择在网络上进行"隐身"，销声匿迹一段时间，待风声稍过，再卷土重来。恐怖组织凭借对网络技术的娴熟运用，极大缓解了其面临的军事、财政、组织和追捕压力②。2015年11月，《连线》杂志披露伊斯兰国制作的《网络安全行为手册》，详细介绍其网络使用方法：强调优先使用推特并提供12条安全建议；使用加密社交软件，使用加密手机，利用隐蔽性强、难以追踪身份的"暗网"技术，使用服务器位于瑞士的安全电子邮箱服务ProtonMail，使用阅后即焚应用软件等③。恐怖分子还研发出了"圣战的秘密2"等多种软件，即使上述软件都被禁止，恐怖分子依然可以利用这些软件，而且这些软件都

---

① 赵晨. 网络空间已成为国际反恐新阵地 [N]. 光明日报, 2017-06-14:14.
② 同上。
③ Kim Zetter.Security Manual reveals the opsec advice ISIS givesrecruits.*Wired*, 2015-11-19.

会将文字转化成计算机代码，防止安全人员破译。3）利用网络进行攻击恐怖威慑。除去在现实世界中的恐怖袭击，恐怖分子还利用互联网进行恐怖活动。网络安全从来都不是绝对的，存在着大量的网络安全威胁，他们正是利用互联网上的安全漏洞，发起攻击，营造恐怖氛围，扰乱生活秩序。比如攻陷大量推特账户、篡改网站内容、入侵政府官网等，都取得了显著的恐怖主义震慑效果，给正常生活造成了极其恶劣的影响。

（5）云安全

云安全（Cloud Security）是网络时代信息安全的最新体系。它融合了并行处理、网络计算、未知病毒行为判断等新兴技术和概念，通过网状的大量客户端对网络中的软件行为的异常检测，获取互联网中的木马、恶意程序的最新信息，传送到Server端进行自动分析和处理，再把病毒和木马的解决方案分发到每一个客户端[1]。保密性、完整性和可用性依然是云安全问题的核心。

作为近几年刚刚兴起的事物，云因其存储量大、方便等优点越来越多地被人们所使用。随着越来越多的用户把大量的私密信息存储在云端，云的安全性变得至关重要。瑞星、卡巴斯基、360安全卫士等都推出了"云安全"解决方案。作为一种新兴事物，云所面临的安全问题如下。

传统的安全问题依然存在。具体包括以下几个方面：1）基于政治因素和经济利益驱动，对我国境内网站进行有组织有计划的攻击。在传统互联网上，我们的网站经常受到境外不法分子的攻击，这种趋势依然存在于云时代。2013年第三季度我国境内被篡改的政府网站219个，被植入后门的政府网站1106个，许多钓鱼网站都瞄准了政府信息网站。2）木马、僵尸程序、DDoS攻击、信息泄露等突出的安全事件处于高发态势。2011年全年共发现890余万个境内主机IP地址感染了木马或僵尸程序，较2010年大幅增加78.5%。多家省部级政府网站都遭受过流量转嫁攻击。涉及公民信息和个人隐私的信息泄露事件和违法犯罪活动呈现增长趋势。3）新技术和新应用的不断推陈出新也带来新的安全风险，云计算、三网融合、移动互联网、下一代互联网和大

---

[1] 余娟娟.浅谈"云安全"技术[J].计算机安全，2011（9）：39-44.

数据等新技术和新应用所带来的问题将会越来越多地呈现出来。

云计算引入新的安全问题。在安全控制方面,云计算与其他IT环境相比并没有很大不同。但是,在服务模型、运营模型以及用于提供服务的相关技术等方面,云计算会引入与以往不同的风险。

云计算由于其基于网络、集中管理、弹性交付和共享服务等特征,在获得了业务灵活性和效率优势的同时,也带来了安全方面的隐患。云计算的服务和数据面临着硬件故障、网络攻击、恶意软件、身份仿冒、数据窃取、应用与系统漏洞、错误的操作与使用等多方面的威胁,一旦处理不慎,将会导致服务不可用、数据泄露等事故。由于云计算普遍面向大量用户提供服务,用户与信息资源高度集中,因此安全事故将导致严重后果,为用户和服务提供商带来不可估量的损失。

云计算的服务基于网络交付,因此,传统IT系统中各个层次所面临的安全问题,如存储安全、网络安全、系统安全、数据安全和应用安全等,在云计算环境中仍然存在,并且由于开放网络和共享的特征被放大等原因,需要更加严密的防护措施才能有效应对。与传统模式相比,云计算具有资源虚拟化、多租户共享使用服务、服务能力弹性交付等特征,这些特征给云计算的安全带来了新的威胁与挑战。

虚拟化安全包括两个方面的问题:一是虚拟技术本身的安全,如虚拟机漏洞等;二是虚拟化引入的安全问题,如虚拟网络的监控管理。多租户共享带来了隔离性问题,一旦租户之间的隔离性失效,用户可能侵入其他用户数据或干扰其他用户运行。弹性交付会带来可伸缩性问题,如何在满足动态可伸缩性的同时保证安全策略的有效实施,也是云计算面临的安全挑战[①]。

2014年8月31日,大量名人私密裸照被首先匿名发布在4chan网站,之后Reddit和Tumblr等各大网站相继出现。9月2日,有报道称,攻击者利用"寻找我的iPhone"服务存在的一个漏洞,暴力破解iCloud登录密码。相

---

① 崔进.云计算安全问题多东软云安全有妙招.https://sanwen8.cn/p/1baM3Uy.html,2016-04-30,采集时间:2017-6-30.

关攻击脚本也在互联网上被共享传播。iCloud 是 iPhone 手机中最为网民熟知的一个服务，当启用 iCloud 服务之后，可以很方便地在多个设备之间共享照片、视频和工作。苹果随后称已经修补漏洞。本次事件的国际代号为"The Fappening"，超过 100 位名人的照片被爆出，其中包括奥斯卡影后詹妮弗·劳伦斯和名模凯特·阿普顿等。

奥斯卡影后信息泄露，大尺度照片视频被网友疯传。这种风险对所有正在使用智能设备（iPhone / iPad、安卓手机、平板电脑、智能电视）的人都存在，每一个智能设备的使用者，都可能面临和奥斯卡影后一样的尴尬。对于使用云服务的网民来讲，如果使用者习惯于在不同场合使用相同的邮箱账号和密码登录云服务，账号被盗的概率相当高。就好比家里所有的锁共用一把钥匙，一旦钥匙丢掉，所有的锁都会被打开。

（6）物联网安全

物联网（The Internet of things）是指日常物品（如电视、冰箱、空调、灯光）都与网络连接，允许发送和接收数据。物联网总的体系结构通常由执行器、网关、传感器、云和移动 APP 五部分组成。根据业务形态，物联网主要分为工业控制物联网、车载物联网、智能家居物联网，不同业务形态对安全的需求不尽相同[1]。

世界上的万物只要插入一个小小的感应芯片，就能够智能化，发送和接收数据，实现人与物、物与物之间的交流互通。物联网应用前景十分广阔，全球都将物联网视为信息技术的第三次浪潮，是未来各国竞争的关键。2009年，美国将新能源和物联网列为振兴经济的两大重点。在中国，2009 年物联网被正式列入国家五大新兴战略性产业之一，写入"政府工作报告"。随着智能家居和可穿戴设备的发展，物联网正在渐渐渗透进人们的日常生活中。根据嘉特纳公司（Gartner）报告预测，2020 年全球 IOT 物联网设备数量将高达260 亿个。但是由于大部分物联网终端具有资源受限、拓扑动态变化、网络环

---

[1] Freebuf. 物联网安全风险威胁报告.http://www.tuicool.com/articles/zY3Ufqn，采集时间：2017-07-03.

境复杂、以数据为中心以及与应用密切相关等特点,与传统的无线网络相比,更容易受到威胁和攻击,而且当所有的设备都联网之后,所有的接入点都将成为风险引入点。接入点越多,被攻破的入口就越多,智能设备制造商缺乏安全意识和投入,物联网已经埋下极大隐患,是个人隐私、企业信息安全甚至国家关键基础设施的头号安全威胁①。

云安全联盟(cloud security alliance)发布的白皮书《Security Guidance for Early Adopters of the Internet of Things》中提到 IOT 带来如下新的挑战:1)增加的隐私问题经常让人感到困惑;2)平台安全的局限性使得基本的安全控制面临挑战;3)普遍存在的移动性使得追踪和资产管理面临挑战;4)设备的数量巨大使得常规的更新和维护操作面临挑战;5)基于云的操作使得边界安全不太有效②。

2015 年 8 月,两名安全专家演示了控制一台"被黑"Jeep 切诺基的方法,他们先是用电脑远程调高了车载音响的音量,然后开启了空调、雨刮器,甚至可以控制油门和刹车。无独有偶,一款叫 OwnStar 的设备也被开发出来,它能够利用漏洞向通用、宝马、奔驰和特斯拉 ModelS 身上的应用程序发送指令,这对于高速行驶中的汽车而言,将是生死攸关的安全问题③。

(7)无线局域网安全

移动互联网和物联网的迅猛发展驱动数据流量的重心从有线向无线网络加快转移,促进了无线市场的蓬勃发展。以 Wi-Fi 为代表的无线局域网(WLAN)技术给用户提供了有线网络无可比拟的可移动、漫游的便利,而且随着其移动互联网的发展已经成为人们日常生活必不可少的无线接入方式,也在向物联网、车联网等领域不断延伸。但在 WLAN 业务系统日渐壮大的同

---

① Freebuf. 物联网安全风险威胁报告.http://www.tuicool.com/articles/zY3Ufqn,采集时间:2017-06-05.

② 中国区块链技术和应用发展白皮书(2016)是由工业和信息化部信息化和软件服务业司以及国标委指导,中国区块链技术和产业发展论坛编写,于 2016 年 10 月 18 日发布,是区域链技术的第一个官方指导文件。

③ 邱小庆.物联网安全威胁剧增,如何拓展移动化能力.http://news.yesky.com/hotnews/390/248046390.shtml,采集时间:2017-07-02.

时，也不断暴露出各种安全问题。

WLAN系统面临安全风险和问题主要包括以下几点：1）容易侵入，无线局域网很容易被发现，打开手机就可以搜索到附近的无线局域网。虽然大多数无线局域网都设有密码保护，但是这些密码保护并不是绝对安全的，"Wi-Fi万能钥匙"便能够破解密码，分享给陌生人。这也就使得陌生人很容易访问他人的无线局域网，如果访问者心怀不轨，可能会对无线局域网进行攻击等。2）信息泄露，一些场合如公共的无线局域网，只需要输入手机号获取验证码，就可以凭借验证码进行登录，这些手机号便会在商家留下记录，一些不良商家为了盈利会把用户手机号卖掉，导致用户收到骚扰电话或诈骗电话。3）设备漏洞，无线局域网自身存在着安全漏洞，万一这些漏洞被攻破，无线局域网就可能会遭到入侵或控制，从而影响其正常功能。4）高级入侵，一旦入侵者攻破无线局域网，就可能会接连攻破与无线局域网相关的其他网络，严重者可能会造成整个网络的瘫痪。

2. 数据和信息安全

据数字安全领域的全球领先企业金雅拓（Gemalto）公司给出的数据显示：2016年上半年全球发生的数据泄露事件高达974起，数据泄露记录总数超过了5.54亿条之多，相比较于2015年，增长了15%[1]。2016年12月12日，中国社会科学院发布的《社会心态蓝皮书：中国社会心态研究报告（2016）》显示，84%的网民曾亲身感受到由于个人信息泄露带来的不良影响[2]。数据和信息安全包括个人数据和信息安全、网络色情、网络暴力和政治威胁等问题。

（1）个人数据和信息安全

据公安部透露，2016年4月至9月间，全国公安机关在打击整治网络侵

---

[1] 2016年十大数据泄露事件：社交网络成泄露重灾区. http://life.21cn.com/zaojiao/shopping/a/2016/1212/09/31774497.shtml，采集时间：2016-12-12.

[2] 社会心态蓝皮书：中国社会心态研究报告（2016）. 中国社会科学院发布，2016年12月12日.

犯公民个人信息犯罪专项行动中，累计缴获公民数据290余亿条，清理违法有害数据42万余条。我国公民个人数据信息泄露及侵犯公民个人数据犯罪形式严峻，且已形成专业化和产业化的黑色利益链条，成为电信诈骗、敲诈勒索、暴力追债、网络盗窃、恶意注册和非法查询个人信息服务等违法违规活动的源头。

以电信诈骗为例。近年来，我国电信诈骗案件持续高发，从最早的依靠短信群发软件，广泛撒网，到有组织、有计划地编写"剧本"，针对特定群体实施精准诱骗；从信用卡消费、中奖、退税、账户被冻结等，到支付亲人医药费、转移安全账户、激活助学金账户等，诈骗花样不断翻新，诈骗规模不断扩大，诈骗水平不断提高，诈骗手段日益隐蔽，导致受骗群众越来越多。

最广为人知的案例就是徐玉玉案。2016年，徐玉玉以568分的成绩被南京邮电大学录取，8月19日下午4点30分左右，她接到了一通171号段的陌生电话，对方声称有一笔2600元的助学金要发给她。在这通陌生电话之前，徐玉玉曾接到过教育部门发放助学金的通知。由于之前接到的教育部门的电话是真的，所以当时徐玉玉并没有怀疑这个陌生电话的真伪。按照对方要求，徐玉玉将准备交学费的9900元打入了骗子提供的账号。发现被骗后，徐玉玉万分难过，当晚就和家人去派出所报了案。在回家的路上，徐玉玉突然昏厥，不省人事，虽经医院全力抢救，但仍没能挽回她18岁的生命。

徐玉玉被骗身亡事件先是由沂蒙晚报网发布，后经澎湃新闻、南方都市报等媒体报道后在全社会掀起舆论浪潮，电话诈骗再次成为全社会关注的焦点。在强大的舆论压力下，公安部组织山东、福建、广东、四川等地警方联合侦查追捕，不到一个月时间，涉案的8名犯罪嫌疑人全部归案。警方初步查实，从2016年8月开始，在一个月时间内，其中6人以助学金骗术诈骗3万多元，最大的一笔就是徐玉玉案中的9900元。

徐玉玉案并不只是一般的刑事案件问题，还涉及更深层次的大数据时代个人信息泄露及其防范问题。第一，个人信息泄露严重。以徐玉玉为例，她家庭贫困，被骗前曾接到过教育部门发放助学金的通知。教育行业的信息安全能力普遍较低已是业内默认。在"360漏洞平台"上，最近两年内提交的相关教育机构的漏洞超过1100条。犯罪嫌疑人杜天禹轻松攻破了"山东省2016高考网上报名信息系统"所在网站，获取了全省考生的个人信息，通过QQ群，出售给本案另一个犯罪嫌疑人陈文辉，使后者成功实施诈骗。正是因为犯罪嫌疑人能准确说出被害人的姓名、住址、学校等信息，才完全取得了被害人的信任①。公众个人信息保护意识淡漠，也是骗子得手的原因。公众对各类软件的注册、各种活动等级身份信息等行为缺乏警惕，或者贪图一时小便宜随意泄露个人信息，而且在接到诈骗电话或骚扰电话时，随手挂断或者简单抱怨几句，并不会追究其根源，导致个人信息的长期"裸奔"。第二，防范打击电信诈骗行动收效不尽如人意。尽管近年来政府有关部门加大了对电信诈骗案的打击查处力度，也加大了对防范电信诈骗案知识的宣传力度，但电信诈骗案依然猖獗。以170/171开头的号段为主要服务平台的虚拟运营商，他们不自己建设通信网络，而是租用三大实体运营商的网络开展电信业务。由于实名登记不严、实际归属地不明等，这一号段颇受诈骗犯罪嫌疑人青睐，几乎成了约定俗成的"骗子专用号段"。第三，相关法律缺失。尽管近年来我国加快了对个人信息保护方面的立法实践，出台了《关于加强网络信息保护的决定》和《电信和互联网用户个人信息保护规定》等法律法规，但同现实需求相比仍存在一定差距。首先是立法缺乏系统性。关于保护公民个人信息的法律条文散见于多部法律法规中，缺少一部系统、综合的专门法律。其次是法律操作性不够强。比如虽然《刑法修正案》专门就保护公民个人信息做出了规定，对非法出售、提供或以窃取、收买等方式获取公民信息的犯罪行为起到了一定震慑作用，但由于绝大多数侵害公民个人信息的行为达不到定罪量刑的标准，因此也无法用刑法予以惩处。再次是配套体系不健全。关于保护公民个人信息的现行法律法规多为体现牵头抓总作用的《决定》和《规定》等，缺少配套法律法规和操作性强的实施细则。最后是执法机制滞后。

---

① 徐漪，沈建峰.大数据环境下个人信息泄露的防范与管控——基于徐玉玉被骗身亡事件的审视[J].产业与科技论坛，2017(16)（4）：207-209.

目前我国个人信息保护仍处于公安、工信、工商、商务及"一行三会"等多部委分段监管状态,"九龙治水"式的多头监管往往容易因信息沟通不畅而引发无序监管。

2017年6月1日起开始施行的《网络安全法》规定,国家实行网络安全等级保护制度。信息系统的安全保护等级分为5级,级别越高越安全。基于上级监管部门和政策的强制要求,政府机构、金融、电信、能源等行业和大中型企业、央企等对数据的分级保护较为规范。但由于等级保护制度对民营互联网并没有强制性,大部分民营互联网企业对此重视度不够;而当个人隐私数据被黑客用于诈骗和勒索,银行等金融机构在一定程度上也成了受害者[①]。

(2)网络色情信息

随着互联网的迅速发展,各类渠道产生的信息越来越多。互联网的匿名性、即时性和高度扩散性、网民的猎奇心理以及缺乏对网络活动进行有效监督和管理的措施,致使互联网内容安全风险增加,一条色情信息借助互联网的力量几分钟内便可以引爆网络。特别是近年来网络直播的兴起,各类直播平台如雨后春笋般出现,质量良莠不齐,一些主播利用直播平台传播淫秽色情信息,赚取不法收益。

2016年,被称为"网络直播元年","无直播不传播"成为常态,娱乐互动、新闻报道等领域中网络直播被广泛应用。根据中国互联网络信息中心(CNNIC)的报告,截至2016年6月,我国网络直播用户规模达到3.25亿,占网民总体的45.8%。真人秀聊天直播和游戏直播快速发展,网民使用这两类直播的比例分别为19.2%和16.5%[②]。然而,需要关注的是网络直播在丰富网络文化的同时,一些违背道德、违法违规的现象层出不穷。目前网络直播通过网友打赏的方式获利,粉丝可以给喜爱的主播送礼物,为了获取最大限

---

① 谈剑峰.聚焦信息安全,为互联网经济发展保驾护航,http://www.sh136.cn/article/201701/61422.html2017-1-19,采集时间:2017-07-03.

② 第38次中国互联网络发展状况统计报告[R].CNNIC,2016-08-03.

度的关注,增加点击率,出奇招、抓眼球、靠低级趣味博取眼球成了个别直播平台的"吸粉利器"。一些网红主播为提高人气,通过肢体和语言进行性挑逗、性暗示,有的主播只要粉丝礼物送得多还会提供一对一私密视频直播服务。

网络色情因其与互联网这一新的传播技术相结合,与传统色情业相比,具有以下新的特点:1)传播行为的隐匿性。网络色情的传播是通过网络服务器完成的,制作者只需要把色情信息传到服务器上,其传播就可以通过服务器和互联网自动进行。这使得对网络色情传播者的身份具有很好的隐匿性。2)网络色情信息的易获取性。网络色情包括各种类型,比如色情视频、色情图片、色情小说等。而且网络色情的传播或交易完全不受时空限制,只要可以上网,用户可以在任何时间、任何地点传播色情信息。3)网络色情传播的跨国性。互联网技术已经突破了地域限制,使得整个世界变成了一个"地球村"。这也为色情信息的跨国界传播提供了基础。因此,网络色情已经发展成为一个世界性的社会问题,需要全世界的共同防治与打击。4)网络色情内容的多媒体性。互联网上的色情材料可以借助数字化的技术手段,通过文字、图片、声音传播色情信息,甚至利用头像嫁接,表现淫秽不堪的场面[①]。2015年7月14日晚,一段拍摄于北京优衣库三里屯店不雅视频在微信朋友圈被大量转发,随后该视频被转发到微博平台,开始大规模发酵,2小时内转发量过亿。这种视频正是利用了广大网友的窥私欲,从而点击量得到爆发式增长,但是污染了网络环境,尤其是对青少年身心健康产生不良影响。

(3)网络暴力

网络暴力,是指利用电子邮件、社交媒体、论坛和网站等网络方式,对他人进行侮辱、恶意攻击等行为,它是现实社会中的暴力行为在网络中的延伸。相对于现实社会中的暴力,网络暴力的特殊性在于借助了互联网这一传播媒介,传播速度更快、影响范围更广。网络暴力真正引起全社会关注,则是始于2006年"虐猫女""铜须门"等事件。从现有的研究成果来看,社会学、传播学、法学及政治学等学科均有所涉足,且观点大都散见于各类新闻

---

① 鲁珺瑛. 网络色情的传播与控制 [D]. 湖北:华中科技大学,2004.

评论、案例分析中。不同于现实社会中的暴力，网络暴力具有以下特征：1）主体的不确定性。基于开放性、匿名性等特性，网络空间往往聚集着非组织化、陌生化群体，因此，在多主体参与的网络暴力事件中，一般很难确定具体行为主体。2）过程的易操作性。随着"复制""粘贴""剪切"等网络信息编辑技术的快速发展，任何掌握网络技术的行为主体都可以通过文字、图像、声音、视频等数字化形式实施网络暴力。3）后果的实在性和难控性。网络暴力以人格权益为行为客体，其后果都具有一定的人身依附性，并往往导致非虚拟性的后果。同时，由于网络交往的交互性和即时性特点，网络信息传播极具流动性、扩散性，其影响范围一般难以被人们掌控[①]。

（4）政治威胁

政治安全是国家安全的核心，维护和实现政治安全是当今中国改革和发展的重要战略目标。在2014年4月15日召开的国家安全委员会第一次会议上，习近平在讲话中提出了"总体国家安全观"，其中就以"政治安全"为根本，而且在2015年7月1日全国人大常委会颁布的《中华人民共和国国家安全法》中还将政治安全的这种"根本"地位予以法律层面的确定，这无不说明政治安全之于国家整体安全及转型发展的特殊意义。

由于互联网的高度开放性、无国界性，使得网民可以足不出户接触到世界上任何信息，这些信息良莠不齐，很容易对网络媒介素养较低的网民产生误导。网络信息产生的政治威胁包括：1）对国家统一的威胁，如台独、藏独等；2）对中国共产党执政合法性的威胁；3）影响社会稳定的威胁；4）影响社会主义核心价值观认同的威胁等。

二、独立与防御：中国对网络主权的声张

主权是现代政治学、法理学、国际法的一个核心概念。法国学者博丹把

---

① 姜方炳."网络暴力"：概念、根源及其应对——基于风险社会的分析视角 [J]. 浙江学刊，2011（6）:181–187.

主权定义为"共同体所有的绝对且永久的权力"[①]荷兰政治思想家雨果·格劳修斯（Hugo Grotius）1625年出版《战争与和平法》，认为主权是自己的行为不受另外一个权力的限制，也不能被任何其他人的意志视为无效的一种权力[②]。在博丹和格劳修斯的那个时代，现代国家还未产生，直到1648年《威斯特伐利亚和约》的签订产生了主权国家。居民、领土、政府和主权等四个建立近代民族国家的基本要素得到承认。主权伴随着国家理论的发展也不断地成熟。从霍布斯、卢梭、黑格尔到施密特都给予了国家主权以自己的解释。综合而言，主权是指一个国家代表其人民在其疆域内拥有的最高的权力，具有处理国内国际一切事物，而不受任何外来干涉的权力。

互联网诞生之初，被认为是一个无边界的空间，所有的人都可以聚集在这个空间里，自由自在地交流，构成一个互联网乌托邦。可是，在这一无边界空间中不断流动的信息、资源、观念和意识形态与原有的国际格局、地缘政治、国家的权力产生了矛盾和冲击，围绕着互联网的主权论争也随之而来。目前，互联网主权有网络主权、信息主权和数据主权等三个不同概念的范畴。

1. 网络主权、信息主权和数据主权

2015年7月1日第十二届全国人大常委会第十五次会议通过的《中华人民共和国国家安全法》，首次明确"网络空间主权"概念，规定："加强网络管理，防范、制止和依法惩治网络攻击、网络入侵、网络窃密等违法犯罪行为，维护国家网络空间主权、安全和发展利益。"[③]中国"防火墙之父"方滨兴认为，网络主权管辖的范围包括两个维度：其一是我国境内支撑网络的物理基础设施；其二是在我国境内基于网络物理设施所形成的空间。他概括了网

[①] [法]让·博丹.主权论[M].北京：北京大学出版社，2008:25.
[②] [荷]格劳修斯.战争与和平法[M].何勤华，译.上海：上海人民出版社，2005.
[③] 中华人民共和国国家安全法.http://news.mod.gov.cn/headlines/2015-07/01/content_4592594.htm，采集时间：2016-12-07.

络主权的4个方面:维护本国网络独立运营,无须受制其他国家的独立权;网络之上各主体互联互通、互相尊重的平等权;保护本国网络免于攻击和打压的防卫权;主权者对网络的维护管理权①。从本质上讲,网络主权并非是一种新的权力,而是国家主权在当下一种新的表现形式和主权范围,即一国能够独立自主地且不受别国干涉,管理与控制本国的互联网基础设施及网络空间②。简单而言,网络主权的重点便是独立自主管理自己国家的网络,不受他国操纵。

在传统媒体时代,国家认为只要管理好媒体本身,就能够控制信息在国境内外的流动。但信息时代的来临让人们把视线放到了内涵更加宽泛的信息上去。国际互联网的发展使得信息问题越来越引起国际关注。互联网区别于传统媒体之处在于,虚拟网络使得信息流通更加便利,从而更加难以控制。因此,由信息技术革命所造成的信息的自由流动把信息主权摆到了各国政府的面前。国际媒体空间由于互联网的普及而进行的重构,使得信息凸显为影响和重构我们这个时代、国家、社会的重要变量。

信息主权指一个国家对其政权管辖地域范围内任何信息的制造、传播和交易活动以及相关的组织和制度拥有的最高权力。信息主权之所以引起重视是因为在互联网时代,信息强国对于信息弱国的权力不平等。信息强国通过对于信息技术的垄断,主导整个国际互联网,从而威胁信息弱国的国家安全、国家主权和政权。在这种情况下,信息弱国更倾向于提出信息主权的问题。互联网域名由一家名为互联网名称与数字地址分配机构(简称ICANN)的非营利机构管理,但它是由美国商务部建立的,美国商务部对ICANN的所有决定拥有否决权。全世界共有13台根服务器,这13台根服务器中有10台(包括一台主根服务器)设置在美国。全世界在互联网方面对美国的依赖性很大。中国、俄罗斯、印度和其他的一些发展中国家不断地对美国独霸互联网

---

① 王远.网络主权:一个不容回避的议题[N].人民日报,2004-06-23(23).
② 高奇琦,陈建林.中美网络主权观念的认知差异及竞合关系[J].国际论坛,2016(5):1-7,79.

控制权提出挑战，国际社会不止一次地在信息社会世界峰会上提出希望接管ICANN的部分职能，而美国也不断地否决将互联网控制权移交给联合国机构的建议。直到2016年10月1日，美国商务部下属机构国家电信和信息局把互联网域名管理权完全交给ICANN，两者之间的授权管理合同在10月1日自然失效，不再续签。

互联网技术的发展日新月异，转眼间我们又迎来了大数据时代。数据和信息的区别在于数据（data）是按一定规则排列组合的物理符号，表现形式为数字、文字、图像和计算机代码，而数据经过一定的工具加工整理成为信息。在今天的互联网时代，人们大量的活动在互联网虚拟空间里留下了大量的数据，而数据要经过加工和解读才成为能被人们使用的信息。大数据在物理学、生物学、环境生态学等领域以及军事、金融、通信等行业存在已有时日，却因为近年来互联网和信息行业的发展而引起人们关注。互联网公司在日常运营中生成和累积了大量的用户网络行为数据。这些数据的规模是如此庞大，以至于不能用G或T来衡量，大数据的起始计量单位至少是P（1000个T）、E（100万个T）或Z（10亿个T）。

问题是谁拥有如此之多的数据？是用户本身？是某几家互联网公司还是民族国家？媒介技术的发展其实是不断冲击、弱化主权国家的过程。在早年的印刷时代，报纸杂志只能在一定区域内出版发行；无线电波的发明使得信息可以跨越大洋传播，第二次世界大战后，资本主义和社会主义两大阵营都使用国际电台作为意识形态的斗争工具；30年前，有线电视的出现又引发了电视领域的革命；20年前，通信卫星上天使得CNN这样的有线电视新闻网可以把电视信号输送到世界各地；而国际互联网与其他信息新技术的融合使得信息更加自由地流通起来。信息新技术的迅速发展使得媒介技术一个个的新时代来临得越来越快。当Web 2.0风行之时，我们又迎来了大数据时代。如今的数据之大，使得对数据的计算处理分布在大量的分布式计算机上，根据用户的需求来传输计算能力，也就是计算能力可以通过网络提供给用户，而不是单单把数据存储在固定的硬盘上进行计算和处理。国际公司如谷歌、亚马逊、苹果公司、IBM、英特尔公司，国内公司如百度和阿里巴巴都提供了云服务的产品。而在这些云计算、云存储之中的数据属于哪个公司，或是属于哪个国家呢？

数据主权指一个国家对其政权管辖地域范围内个人、企业和相关组织所产生的数据拥有的最高权力。学者汪晓风认为："如果把数据理解为矿产资源，信息就是采掘出来的原材料，进一步加工就成了产品，即知识。那么数据主权相当于国家对自然资源和领土的所有权。从这个意义上而言，数据主权比信息主权更有价值，因为国家可以对矿产资源拥有主权，但在市场体系中国家对于生产资料和产品只有分配权和收益权。"① 主权是国家独立自主地处理内外事务的最高权力，尊重国际关系也是现代国际关系的基本准则。个人、企业和相关组织拥有处理数据的权利和权力，但牵涉到国家利益、国家安全时，国家拥有保护和处理这些数据的权力。

2. 中国对网络主权的声张

"互联网不是法外之地"这一认识逐渐打破以往因网络的反权威、去中心化、匿名性等特点而产生的"网络乌托邦"概念。中国立法明确使用"网络空间主权"的表述，并就主权适用于网络空间安全治理提出了自己的主张，即主权原则应适用于网络空间；应强化联合国在网络空间治理中的地位；反对网络空间单边主义与双重标准，倡导平等共治的命运共同体模式。

中国开始严重关切自身在网络空间的利益，并在国际社会提出网络主权的主张，同时也在国内进行了相关立法。2010年，《中国互联网状况》白皮书指出，互联网是国家重要基础设施，中华人民共和国境内的互联网属于中国主权管辖范围，中国互联网主权应该受到尊重和维护②。中国出台的《中华人民共和国国家安全法》和《中华人民共和国网络安全法》都使

---

① 汪晓风．当前中美网络安全关系[R]．复旦大学美国研究中心校庆报告会，2013-05-14．

② 中国互联网状况白皮书．中国国务院新闻办公室于2010年6月8日发布．

用了"网络空间主权"的术语,以表达以国家力量保障网络空间安全的法律意志。

中国提出的"网络空间主权"概念其实涵盖了网络主权、信息主权和数据主权。中国对境内所有的网络基础设施拥有主权,不容侵犯,对在中国管辖的网络空间内信息的传播和流通拥有最终裁决权,规范数据的收集、利用和跨境流动。具体而言,包括:第一,管辖权。网络主权是指国家主权在信息网络空间的自然延伸,其主要内容就是国家在网络空间行使管辖权[①]。管辖内容包括设置准入许可限制,管理网络空间内信息传播和流通,决定不符合法律和行政规定的网站的关停等。第二,独立权。习近平主席在乌镇第二届世界互联网大会上指出了互联网发展不平衡的问题,应"尊重各国自主选择网络发展道路、网络管理模式、互联网公共政策和平等参与国际网络空间治理的权利,不搞网络霸权,不干涉他国内政,不从事、纵容或支持危害他国国家安全的网络活动"[②]。这里的独立权指技术和安全不能受制于人。目前,全球绝大多数根服务器都在美国境内,理论上,只要美国在根服务器上屏蔽该国家域名,就能让这个国家的顶级域名网站在网络上瞬间"消失"。在这个意义上,美国具有全球独一无二的制网权,有能力威慑他国的网络边疆和网络主权。第三,防卫权。指的是主权国家具有对外来网络攻击和威胁进行防卫的权力。中国主张的网络空间主权,其实是防御型的网络空间安全战略[③]。2016年12月27日,国家互联网信息办公室出台了《国家网络空间安全战略》,阐明了中国关于网络空间发展和安全的重大立场和主张,明确了战略方针和主要内容,例如遏制信息技术滥用、反对网络监听和网络攻击、反对网络空间军备竞赛。第四,参与治理权。习近平总书记提出互联网多边治理体系的理念,强调互联网治理应该是世界各国携手共同努力,而不是由少数国

---

① 李鸿渊.论网络主权与新的国家安全观[J].行政与法,2008(8):115-117.

② 习近平.第二届世界互联网大会开幕式上的讲话.http://news.xinhuanet.com/world/2015-12/16/c_1117481089.htm,2015-12-16,采集时间:2017-07-05.

③ 高奇琦,陈建林.中美网络主权观念的认知差异及竞合关系[J].国际论坛,2016(5):1-7,79.

家主导①。中国提出建立多边、民主、透明的国际互联网治理体系,体现了中国对互联网治理的主张:互联网是公共设施,每个国家都有权力参与治理,互联网治理应该实行多国合作共治,而不是被少数国家垄断。互联网的国际治理包括共同推动互联网新技术研发与应用,共同维护网络安全,共同参与制定重要技术标准等。

三、网络安全的防护和应对:中国与他国的实践比较

有了网络主权才有网络安全,维护网络安全就是保卫网络主权。到目前为止,中国通过的有关维护网络安全的法律是《中华人民共和国国家安全法》和《中华人民共和国网络安全法》,另外,《国家网络空间安全战略》也是国家出台的关于网络安全维护的战略文件。中国网络安全的整体立法,基于网络技术和国家网络主权的整体认知,突破多头管理,全面考虑了网络安全的整体性、系统性、边界性和技术性等特点。

除中国外,制定网络空间安全战略的还有美国、英国、法国、俄罗斯、爱尔兰、韩国、日本以及欧盟。中国对于网络安全的维护与这些国家相比,有以下几个共同点。

第一,把网络安全维护上升到国家战略的高度。习近平总书记在多个场合强调维护网络主权和网络安全,《中华人民共和国国家安全法》《中华人民共和国网络安全法》和《国家网络空间安全战略》都是从国家层面制定的法律和战略。2015年4月,美国发布《美国网络安全战略》,战略指出2013年到2015年间,网络安全问题超越恐怖主义,成为美国国家安全的首要威胁。为此,美国制定了五大网络战略目标。其一,建立和维护网络军备力量和能力。其二,保护美国国防部信息网络和数据的安全,减弱国防部网络安全行动的风险。其三,保卫美国国土安全和国家核心利益不受网络攻击。其

---

① 习近平.第二届世界互联网大会开幕式上的讲话.http://news.xinhuanet.com/world/2015-12/16/c_1117481089.htm,2015-12-16,采集时间:2017-07-05.

四,建立网络应对机制,防止网络冲突升级。其五,建立和维护强大的国际联盟和合作伙伴关系,威慑共同的网络安全威胁[1]。2015年10月法国也发布了《法国国家数字安全战略》。战略提出了法国国家数字安全的五大目标:利用自主战略思维和世界一流的专业技术,保障网络空间核心利益和核心设施,提升国内国际间的网络空间合作;加强用户隐私保护,为大众提供网络安全产品,为网络恶意袭击的受害者提供技术和法律援助;加强网络安全教育,提升公众网络安全的意识;在数字化市场中,为法国企业提供产品和服务安全环境;与欧盟其他成员国一起构建自主战略路线图,增强法国在国际网络安全的影响力,帮助其他国家增强网络安全能力[2]。2015年,爱尔兰发布《2015-2017国家网络安全战略》(National Cyber Security Strategy 2015-2017)。战略指出,由于爱尔兰存在大量以数据为中心的企业,包括谷歌、微软、英特尔、苹果、IBM和亚马逊等,在国家层面爱尔兰面临的网络安全风险比其他国家更为复杂[3]。为了提高其网络安全,爱尔兰将设立国家网络安全中心。该中心将执行网络安全任务,保障政府网络安全,协助企业和个人的系统安全,保障国家主要基础设施的安全。同时,建立网络安全事件管理系统,提高侦察、应对网络威胁和袭击的能力。遵照欧盟出台的《网络和信息安全指令》,建立和加强与其他国家的信息共享机制,积极参与欧洲和国际互联网信息安全讨论。设立教育训练项目,提升公众网络安全意识,帮助中小企业保护网络安全,加强和学校等科研机构的合作[4]。2015年9月,日本内阁通过了第二版《日本网络安全战略》,概述了日本未来三年应对网络安全问题的手段和方法。相较于2013年的第一版,战略中首次强调了网络空间的积极影响,认为网络

---

[1] The DoD Cyber Strategy.retrieved on Jul 10,2016.http://www.defense.gov/Portals/1/features/2015/0415_cyber-strategy/Final_2015_DoD_CYBER_STRATEGY_for_web.pdf.

[2] French National Digital Security Strategy.https://www.enisa.europa.eu/topics/national-cyber-security-strategies/ncss-map/France_Cyber_Security_Strategy.pdf,retrieved on Jul 18,2016.

[3] 7月20日至7月26日网络安全情况.http://www.moe.edu.cn/s78/A12/szs_lef/moe_1427/moe_1431/201508/t20150812_199801.html,采集时间:2016-08-26.

[4] National Cyber Security Strategy 2015-2017.https://www.enisa.europa.eu/topics/national-cyber-security-strategies/ncss-map/NCSS_IE.pdf,retrieved on Aug 14,2016.

空间既带来了威胁，也可以孕育创新。战略承认，仅凭政府无法解决网络安全中所有的挑战，政府需要和用户、民间社会、关键基础设施公司以及企业通过双向和实时信息共享等措施，共同维护网络安全。战略还表明，考虑到网络技术将在推动经济增长方面发挥重要作用，安全措施不应妨碍日本的创新能力①。

第二，设置高级别的协调中心来进行政府部门之间的协调与合作。中国在2014年2月27日成立了中央网络安全和信息化领导小组，由习近平任组长，副组长是李克强和刘云山。该领导小组着眼国家安全和长远发展，统筹协调涉及经济、政治、文化、社会及军事等各个领域的网络安全和信息化重大问题，研究制定网络安全和信息化发展战略、宏观规划和重大政策，推动国家网络安全和信息化法治建设，不断增强安全保障能力。美国由奥巴马总统统一协调国家网络安全和战略事宜。2015年10月27日，美国参议院还通过了《网络安全信息共享法案》(Cybersecurity Information Sharing Act，简称CISA)，它是一部针对互联网网络安全威胁制订的信息和数据共享方案。该法案要求国家安全局、联邦调查局、国防部和司法部建立机制，和私人企业、非政府机构、地方政府、公众和任何受到安全威胁的实体共享网络安全威胁信息②。2014年11月6日，日本国会众议院表决通过《网络安全基本法》，旨在加强日本政府与民间在网络安全领域的协调和运用，更好应对网络攻击。根据这项立法，日本政府将新设以内阁官房长官为首的"网络安全战略本部"，协调各政府部门的网络安全对策③。《网络安全基本法》规定，电力、金融等重要社会基础设施运营商、网络相关企业、地方自治体等有义务配合网络安全相关举措或提供相关情报。基本法还规定，政府必须为政府机构建立

---

① Mihoko Matsubara.Japan's New Cybersecurity Strategy: Security Without Thwarting Economic Growth.http://blogs.cfr.org/cyber/2015/11/02/japans-new-cybersecurity-strategy-security-without-thwarting-economic-growth/, retrieved on Oct 12, 2016.

② S.754 – Cybersecurity Information Sharing Act of 2015.https://www.congress.gov/bill/114th-congress/senate-bill/754, 2015-10-28.

③ 日本国会通过网络安全基本法应对网络攻击.http://news.xinhuanet.com/world/2014-11/06/c_1113144002.htm, 2016-10-06.

统一的网络安全标准，监督政府信息网络系统，以及检测和分析未经授权的活动或攻击。政府还必须采取措施，提高在网络安全领域工作人员的技能[①]。

第三，打击网络犯罪和网络恐怖主义。2015年，欧盟制订了未来五年的安全计划（The European Agenda on Security），计划认为打击数字时代下的网络犯罪，需要新的法律手段。计划针对三个主要威胁：欧洲本土的恐怖袭击、有组织的跨境犯罪和网络犯罪。其中，在打击网络犯罪方面，计划指出，首先，要遵照欧盟关于此问题现存的法律规定，例如2013年的法令将传播恶意软件定为违法行为，2011年的法令禁止网络虐童行为等。其次，在物联网和云计算的环境下，司法机构可以跨境获取证据和信息，还可以从IP地址等实时收集电子证据。但是计划必须坚持数据保护的原则，法律机构对数据的收集用来保护用户的个人隐私，打击网络犯罪侵犯和身份窃取。最后，计划在欧洲网络安全中心、各成员国的计算机应急小组、给终端用户提供警告和技术保护的网络服务供应商之间建立对抗网络威胁整套配合机制[②]。2016年2月23日，韩国国会立法预告了议员提出的《国家防止网络恐怖主义等相关法案》（简称《网络反恐法案》）。对"网络恐怖主义""网络安全""网络危机""网络恐怖信息""网络恐怖主义防止和危机管理责任机构"和"网络恐怖主义防止和危机管理支援机构"等进行了界定。并且，该法案明确遇到网络恐怖主义威胁时，应向周边国家或者国际组织求助并寻求合作[③]。

第四，强调本国积极参与国际合作，与其他国家一起合作打击网络犯罪，抵御网络安全威胁。中国政府始终支持并积极开展互联网领域的国际交流与合作，重视在维护互联网安全方面的区域合作，积极推动建立互联网领域的双边对话交流机制。早在2011年，中国、俄罗斯、塔吉克斯坦、乌兹别克斯

---

① Sayuri Umeda.Japan: Cybersecurity Basic Act Adopted. retrieved on Oct 10, 2016.

② The European Agenda on Security. http://ec.europa.eu/dgs/home-affairs/e-library/documents/basic-documents/docs/eu_agenda_on_security_en.pdf. retrieved on Apr 28，2015.

③ 姚财福．韩国颁布反恐法，加大情报机构信息收集权限．http://mp.weixin.qq.com/s?__biz=MzA4MjAyNzk0NQ==&mid=2649464691&idx=1&sn=cacb3679dfe600ddf95fe98001c18c47，采集时间：2016-04-21．

坦向第 66 届联合国大会提交的《信息安全国际行为准则》指出："重申与互联网有关的公共政策问题的决策权是各国的主权，对于互联网有关的国际公共政策问题，各国拥有权利并负有责任。"在第一、二届世界互联网大会上，习近平总书记的讲话里都强调了加强网络安全方面的国际合作。2014 年 10 月，中日韩签署《关于加强网络安全领域合作的谅解备忘录》，建立网络安全事务磋商机制，探讨共同打击网络犯罪和网络恐怖主义，在互联网应急响应方面建立合作。2015 年 5 月，俄罗斯和中国签署《国际信息安全保障领域政府间合作协议》，双方特别关注利用计算机技术破坏国家主权、安全以及干涉内政方面的威胁[①]。2013 年，联合国信息安全政府专家组（GGE）达成的最后报告，确立国际法特别是《联合国宪章》适用网络空间，并表示："国家主权和源自主权的国际规范和原则适用于国家进行的信息通信技术活动，以及国家在其领土内对信息通信技术基础设施有管辖权。"该专家组在其 2015 年报告中继续强调国际法、《联合国宪章》和主权原则的重要性，它们是加强各国使用通信技术安全性的基础，并指出："各国在使用通信技术时，除其他国际法原则外，还必须遵守国家主权、主权平等、以和平手段解决争端和不干涉其他国家内政的原则。国际法规定的现有义务适用于国家使用通信技术。"[②]

目前参与网络空间全球治理的主要行为体（非国家）及其性质、职责与功能如下[③]：

---

① 网络安全国际合作已成大势所趋.http://theory.people.com.cn/n1/2015/1217/c401419-27939758.html，采集时间：2016-12-17.

② 白皓.网络空间安全治理的中国主张——以主权原则为视角[J].信息安全与通信保密，2017(4)：30-38.

③ United States Government Accountability Office.Cyberspace: United States Faces Challenges in Addressing Global Cybersecurity and Governance.http://www.gao.gov/assets/310/308401.pdf. 转引自沈逸.网络空间全球治理现状与中国战略选择.惠志斌，唐涛主编.中国网络空间安全发展报告.北京：社会科学文献出版社，2015：282-283. 笔者根据最近两年的发展情况又作了补充和调整.

名称	类别	取向	位置	备注
亚太经济合作组织（APEC）	区域性多边国际组织	制度与跨国合作	边缘	主要机制为亚太经合组织电信与信息工作组
东南亚国际联盟（ASEAN）	区域性多边国际组织，军事联盟背景	制度与跨国合作	边缘	依据2009—2015年东盟共同体路线图，包括打击跨国网络犯罪等行动计划
欧洲理事会（EC）	区域性多边国际组织，政治联盟背景	制度与跨国合作，侧重打击网络犯罪方向	外围	强意识形态色彩的政治同盟；历史悠久；聚焦网络犯罪与反恐
欧洲联盟（ELI）	区域性国际组织，主权国家构成的一体化组织	能力建设，制度与跨国合作，强调全面的网络安全能力	中心外围之间	欧盟主要执行欧洲委员会下设欧洲网络与信息安全局（ENISA），专职负责网络安全问题；同时设有欧洲标准化委员会（ECS）、欧洲电工标准化委员会（ECES）和欧洲电信标准机构（ETSI），共同推动网络和通信技术标准化工作
事件响应和安全团队论坛（FIRST）	主权国家背景的跨国技术工作论坛	能力建设，问题解决与制度建设	中心	技术取向，与标准化组织密切合作，采用"通用脆弱评分系统"（CVSS），为信息系统的脆弱性进行标准化评定
八国集团（G8）	多边政府间国际组织	能力建设，制度建设与跨国协调合作	中心	下设高科技犯罪小组，以及全天候的高科技犯罪联络网络
二十国集团（G20）	多边政府间国际组织	能力建设，制度建设与跨国协调合作	中心	提出网络空间合作、发展数字经济的倡议
电机及电子学工程师联合会（IEEE）	专业技术人员构成的国际组织	技术标准建设	中心	主要起作用的是下设的标准委员会，共同起草并发布作为国际标准的技术方案

续表

名称	类别	取向	位置	备注
国际电工委员会（IEC）	政府间国际组织，由各国的国家或私营业界的委员会构成	技术标准建设	核心	与国际标准化组织的联合技术委员会共同起草并发布作为国际标准的技术方案
国际标准化组织（ISO）	国际非政府组织	技术标准建设	核心	与国际电工委员会协作发布网络安全技术标准
国际电信联盟（ITU）	联合国下属的政府间国际组织	能力建设，国际发展与跨国协调	中心与外围之间	分为三个部门，包括电信标准化部门（ITU-T）、无线电通信部门（ITU-S）、电信发展部门（ITU-D）
互联网号码与名称分配局（ICANN）	非营利性的国际组织	协调管理	核心之核心	接管包括管理域名和IP地址的分配等与互联网相关的任务
互联网工程任务组（IETF）	基于资源的松散跨国网络	核心技术研发、技术标准研究	核心之核心	1986年由美国政府组建，主要通过电子邮件开展工作，主要在互联网工程指导小组监督下开展工作
互联网治理论坛（IGF）	跨国论坛	观念与信息交流	中心	根据2005年信息社会世界峰会（突尼斯进程）授权联合国秘书长创立，主要讨论网络治理相关政策问题的基于多利益相关方模式的论坛；议程设置松散；并不直接形成技术标准或者有约束力的文件，但会上讨论的观念和信息会对其他国际组织产生重要影响
国际刑警组织（INTERPOL）	政府间合作组织	聚焦打击计算机、网络犯罪	中心	全球打击网络犯罪的最重要的合作网络，构成网络治理的重要组成部分
Meridian进程	政府间合作机制	聚焦关键基础设施保障的政府间合作机制，并正试图将合作范围扩展到工业控制系统	中心	2005年在英国举办，之后在匈牙利等多国和地区举办，是全球主要的政府间网络关键基础设施保障问题对话机制。美国国土安全部、白宫等在其中发挥重要的作用

续表

名称	类别	取向	位置	备注
北大西洋公约组织（NATO）	军事同盟、政治同盟	聚焦美国及其核心军事盟友的网络安全，网络战	中心	《塔林文件》，以及设置在爱沙尼亚的北约卓越中心聚焦网络战行为规范和网络战具体实践案例研究
美洲国家组织（OAS）	政治同盟	聚焦反恐、网络安全标准以及打击网络犯罪	中心—外围	2004年通过美洲国家全面网络安全战略，以美洲国家反恐委员会（CICTE）应对来自网络的恐怖威胁；以美洲国家电信委员会（CITEL）检讨并统一美洲国家的网络安全标准；美洲国家司法部长会议下的网络犯罪政府专家组来应对网络犯罪问题
经济合作与发展组织（OECD）	基于意识形态的政府间国际组织，政治联盟	内部成员的网络安全与隐私政策协调	中心与外围之间	基于共识的决策机制
世界互联网大会	由中国倡导的	探讨、协调互联网全球治理	中心	2014年由中国倡导并举办，是世界互联网领域的高峰会议

第五，越来越重视数据主权。早在1995年，欧洲议会就通过了《数据保护指令》（即"95指令"），为欧盟成员国立法保护个人数据设立了最低标准[1]。但到了2015年左右，在云计算的背景下，数据在全球范围内存放和转移，对个人隐私的保护提出了更加严峻的挑战。2015年9月1日，俄罗斯《个人数据保护法》生效，根据新法的规定，所有互联网公司收集的俄罗斯公民的个人信息数据必须存储在俄罗斯境内[2]。法律中所指的个人信息，不仅包括姓名、住址、出生日期等，而是与公民身份相关的任何信息。俄罗斯联邦通讯、信息技术和大众传媒监督局将对此进行监督，违法的公司将会被起

---

[1] 欧盟是如何通过立法来保护个人数据隐私的.http://www.tmtpost.com/1497640.html，采集时间：2016-10-13.

[2] New Russian law bans citizens personal data being held on foreign servers.https://www.rt.com/politics/170604-russia-personal-data-servers/. Russia Today，5 Jul, 2014.

诉①。任何收集俄罗斯公民个人信息的本国或者外国公司在处理与个人信息相关的数据，包括采集、积累和存储时，也必须使用俄罗斯境内的服务器②。法律还规定，在一些特殊情况下，执法、行使国家机关和地方政府权力的机构可以在俄境外的服务器上处理个人信息数据③。该法旨在保护数据安全，也被认为可能会阻碍公民个人信息的自由流动以及进而影响公民的在线活动，干涉了公民自由。2016年4月14日，欧洲议会通过了《一般数据保护条例》（General Data Protection Regulation，简称GDPR），启动对个人的数据保护。条例明确了数据的主要角色，分别是数据主体（也就是数据的拥有者）、数据负责人（负责收集数据）和数据处理者。该条例被称为"史上最严的隐私条例"④，它对互联网企业获取用户数据采取了更加严格的规定。所有进入欧盟的企业，无论其总部在欧盟境内或境外，都必须遵照该条例对于用户隐私保护的规定⑤。例如，根据条例规定，公司必须确保在默认状态下自己的产品和服务尽可能少地获取和处理个人信息。该条例旨在进一步增强用户对个人数据的控制权。这种控制权包括用户可以更轻易地获取、转移、消除个人数据，以及在数据泄露时拥有知情权。同时，欧盟还更新了"95指令"。最新的欧洲《数据保护指令》（EU Data Protection Directive，又称Directive 95/46/EC）建立在七个原则上。第一，数据主体（数据的所有者）拥有企业或政府收集个人数据的知情权。第二，数据收集除了公开声明的用途，不能做它用。第三，未经数据主体同意，禁止将个人数据泄露或转交给第三方。第四，收集的个

---

① 俄新法规定公民数据只能存于境内服务器.http://news.ifeng.com/a/20150901/44566623_0.shtml，采集时间：2016-10-13.

② 2015年十大国外互联网政策.http://www.tisi.org/Article/lists/id/4375.html，采集时间：2016-10-11.

③ 俄新法规定公民数据只能存于境内服务器.http://news.ifeng.com/a/20150901/44566623_0.shtml，采集时间：2016-10-13.

④ 史上最严的隐私条例出台，2018年开始执行. http://blog.talkingdata.net/?p=4250，TalkingData，采集时间：2016-10-18.

⑤ Agreement on Commission's EU data protection reform will boost Digital Single Market. http://europa.eu/rapid/press-release_IP-15-6321_en.htm，采集时间：2016-10-06.

人数据必须安全存放，避免滥用、窃取或丢失。第五，收集个人数据一方必须向数据主体表明身份。第六，数据主体有权接触其个人数据并保有修改个人信息的权利。第七，数据收集的一方必须遵照上述原则，并对自己的行为负责。最新的指令对于适用人的范围也做了新的规定，凡是非法处理欧盟内部数据，无论处理数据的一方是否在欧盟境内，都适用于该指令[①]。

四、案例分析：中国网络实名制的实践

目前，随着网络的普及，互联网已经成为人们生活的一部分。但是，由于法律制度的不完善，互联网安全问题层出不穷，关于如何维护网络安全的讨论不绝于耳。其中，关于网络实名制的讨论备受瞩目。

1. 实名制与网络实名制

网络实名制，是将现实社会中的身份识别标志引入网络，使得每一个"网络人"都能和"现实人"对应起来[②]。在中国，这一概念源起于2002年清华大学李希光教授在接受"南方周末"采访时，谈到新闻改革，他提出"中国人大应该禁止任何人网络匿名"，这一建议在互联网上引起轩然大波，被看作中国网络实名制的源头。在世界范围内，只有韩国于2007年推行网络实名制，并因种种原因，于2012年废除网络实名制。所以目前，各国对于网络实名制仍处于一个探索时期。

目前按照是否需要将个人基本信息在"互联网使用界面"或者"网络服务提供场所的前台"公布，是否有专门机构管理这类个人基本信息，可将网络实名制分为直接实名制和间接实名制两种。直接实名制是指在用户上网时，需要将个人基本信息（如真实姓名和身份证号）记录于互联网使用界面或者

---

① EU Data Protection Directive (Directive 95/46/EC). http://whatis.techtarget.com/definition/EU-Data-Protection-Directive-Directive-95-46-EC. Retrieved on January 2008.

② 吴绍山. 网络实名制：自由与秩序的对垒[J]. 理论与改革，2010（9）:133-136.

交给网络服务提供场所（如网吧）登记备案[①]。这样一来，网民在互联网上的行为就直接对应到了现实社会中真实个体的行为。这种方式虽然清晰简单，但是容易造成信息泄露，如在对网吧管理较为松散的时期，网吧老板经常为未成年人提供免费身份证供其上网，这种免费身份证就是由于信息泄露导致的。间接实名制也就是经常说的"前台匿名，后台实名"。现在注册微博、微信、QQ时，需要用手机号码才能注册，而且一个手机号码只能注册一个，这就保证了"一人一号"的一一对应，也是实名制的一种，因为在申请手机号时必须提交身份证登记。

实名制对人们来说并不陌生，比如之前的储蓄实名制、火车票实名制等，这些实名制是通过注册或登记，方便政府管理，称之为传统实名制。传统的"实名制"是由以"人口登记制"为基础的"户证制度"演化到"身份管理制度"，是其他一切社会管理制度的基础。自然人出生后要向人口库系统进行法定身份登记，人口库系统对其进行身份审核并发放二代身份证，此后当自然人运用线下应用时只需要当面查验二代身份证即可，属于线下实名制。而"网络实名制"的初级版图以身份信息以及身份相关信息的充分性来远程识别身份，这也是公民个人隐私泄露的源头。当自然人使用线上应用时，需要通过短信验证、电脑手机终端自填等方式输入其姓名、身份证号、手机号、照片等信息，然后和人口库系统进行身份信息比对。网络实名制要求上传身份证照片或者本人手持身份证照，这导致身份证照片在网上泛滥，原因之一是网络身份管理和服务基础设施等缺位。

2. 中国网络实名制的实践

2003年开始，中国各地的网吧管理部门要求所有在网吧上网的客户必须向网吧提供身份证进行实名登记，这一制度设计的出发点是为了防止未成年人进入网吧。2004年5月13日，中国互联网协会发布了《互联网电子邮件服务标准》（征求意见稿），首次提出实名制。5月18日，实行全站网络实名制

[①] 王弋. 网络实名制涉及的主要法律问题研究[D]. 北京：中国政法大学，2011:16.

的网站出现。也是在2014年,中国教育部发布《关于进一步加强高等学校校园网络管理工作意见》,明确提出在高校教育网实施实名制,并成为中国教育部对中国高校进行审核的重要依据。随后,BBS、QQ群创建者和管理员、博客相继开始强制实行实名制。2009年5月1日,杭州市正式颁布实施《杭州市计算机信息网络安全保护管理条例》,这是我国首次以正式法律形式将网络实名制确定下来。2010年12月3日,中国通信标准化协会网络与信息安全技术工作委员会宣布于2011年在北京、上海试点一种全新的网络实名制应用模式"电子身份EID",通过市场化运作全面介入网友虚拟交易平台和网络游戏运营平台。2012年3月16日,新浪、搜狐、网易和腾讯微博共同正式实行微博实名制。2014年8月7日,网信办发布《即时通讯工具公众信息服务发展管理暂行规定》,也称为"微信十条",对即时通讯工具的实名注册做出明确规定。2015年3月1日起,国家互联网信息办公室发布《互联网用户账号名称管理规定》正式施行,该《规定》对互联网用户账号名称的管理,对互联网信息服务提供者、使用者的服务和使用行为等做出规范,规定互联网信息服务提供者应当按照"后台实名、前台自愿"的原则,要求互联网信息服务使用者通过真实身份信息认证后注册账号,成为我国网络实名制全面普及的开始。2016年11月7日,全国人民代表大会常务委员会通过《网络安全法》,自2017年6月1日起实施,以法律的形式明确"网络实名制":网络运营者为用户办理网络接入、域名注册服务,办理固定电话、移动电话等入网手续,或者为用户提供信息发布、即时通讯等服务,应当要求用户提供真实身份信息。用户不提供真实身份信息的,网络运营者不得为其提供相关服务。

按照网络实名制实施情况,可以将国内网站分为已经实行网络实名制的网站、正在实行网络实名制的网站和难以实行网络实名制的网站。已经实行网络实名制的网站包括BBS、博客、微博、QQ、微信、支付宝等,另外,淘宝网也要实名注册才能开店,用户要实名注册才能在淘宝上购物;由于一些行业特性,国家规定基金网站也需要实名注册后才能浏览。

我国正在推行实名制的网站是网络游戏实名制,即游戏玩家在网络上玩游戏时，需要输入身份信息才能登录。2010年6月22日，文化部正式对外出台网络游戏实名制相关法案《网络游戏管理暂行办法》，2016年，文化部印发《文化部关于规范网络游戏运营加强事中事后监管工作的通知》明确规定网络游戏运营企业应当要求网络游戏用户使用有效的身份证件进行实名注册，并保存用户注册信息，该通知自2017年5月1日起实施①。

难以实施网络实名制的网站。主要是指那些与个人利益息息相关的网站，比如支付工具，中国支付清算协会发布的数据显示，截至2015年底，我国实名认证支付账户为13.46亿元，同比上升8个百分点，刚过支付账户总量的一半②。虽然支付宝、微信等支付工具要求必须实名才能使用，但是仍然有一些人担心自己的信息被泄露出去，自己的钱财被盗取。另外，由于电信运营商对手机号码、SIM卡发放并没完全实现严格的实名审核，也阻碍了支付实名制的推进。

3.国外网络实名制的实践

国外的一些国家也在网络实名制上进行了实践，例如美国和韩国。笔者选择美国是因为美国依然是互联网发展最先进的国家，选择韩国是因为它是第一个实行实名制的国家。

美国作为一个互联网发达的国家，在针对互联网法规方面，既有针对互联网的宏观的整体规范，也有微观的具体规定，法规的数量高达130多部。2007年美国加入欧盟委员会2001年制定的《网络犯罪公约》。随着社交网络发展迅速，美国国土安全部已经开始起草监控Facebook和Twitter等社交网站的政策。

一直以来，美国都以言论自由著称，美国政府对于网络言论的限制较少，只有涉及有组织犯罪和性犯罪的言论才会被警察监控。2006年，美国网络暴

---

① 文化部发通知 网游用户实名注册[N].信息时报，2016-12-07（A24）.

② 吴雨.网络支付实名制，推进难点在哪里.http://news.xinhuanet.com/mrdx/2016-06/30/c_135477100.htm，2016-06-30，采集时间：2017-06-23.

力第一案——密苏里州的 49 岁妇女洛瑞·德鲁在社交网站 MySpace 上用虚假身份对和自己女儿吵架的 13 岁女孩梅根·迈尔恶言羞辱，并称"世界没有她会更好"，其他不明就里的网民也加入辱骂行列，最后致使小女孩自杀。2008 年，美国洛杉矶联邦地区法院判定德鲁违反《计算机欺诈与滥用法案》，触犯了"未经许可访问受保护电脑"等三项罪名，德鲁为此被一审判处 3 年监禁和 30 万美元罚款。这是美国乃至全球第一例因为提供虚假的网络身份而获罪的案件。根据 MySpace 的使用条款，德鲁编造的假身份等同于他本人"未经授权"地使用这一网站[①]。

梅根事件引起了美国民众的广泛关注，人们纷纷要求各社交网站协助打击此类网络暴力行为。《华盛顿邮报》和《纽约时报》以及其他一些美国媒体开始考虑要求评论者先注册，提供一些个人信息之后再发表评论。《赫芬顿邮报》按其他读者对评论者的认知度和信任度对评论者进行排序[②]。很多网站允许读者标记不合适的评论以便加以删除，一些网站和有名的博客干脆关闭了论坛。网络实名制在美国国内引起了极大的争议。支持者认为实名制可以更好地预防网络暴力事件的发生，互联网并非法外之地，在现实生活中不合法的事情在网络中同样不合法。然而反对者认为网络评论是为了交流意见，不是交流作者信息，网络实名制还会放大沉默的螺旋，导致网民的意见趋于一致。此外，美国一些厂商在政府的推动下还共同成立了开放身份交换组织，提供建立公共身份管理系统与私有身份管理系统身份凭证交换的信任机制。

韩国是世界上最早推行网络实名制的国家之一，这和韩国的社会背景有关。2002 年，韩国出现了一系列"网络选举犯罪"。为此，2003 年 3 月 28 日，信息通信部向新当选的卢武铉总统建议，首先从政府部门开始实施网络实名制，然后逐步推广到民间。当年 5 月，已有 15 个政府部门开始实施。当然，这种实名制还不是完全意义上的实名制，而是在后台登记身份证号和姓

---

① 周永坤.网络实名制立法评析[J].暨南学报，2013(2)：1-7.
② 美媒.互联网不能成为"低级趣味的天堂".http://www.360doc.cn/article/758192_23177185.html，2014-04-15，采集时间：2017-06-24.

名,前台则可以使用化名上传文章。此后,韩国将实名制扩大到门户网站。2005年6月,韩国发生"狗屎女事件"①后,韩国官方和民间开始关注网络实名制立法问题。当年9月12日,信息通信部举行听证会,要求NAVER、DAUV等大型门户网站实行有限的实名制。

此后,卢武铉政府发布和修改了《促进信息化基本法》《信息通信基本保护法》等法规,为网络实名制提供法律依据。2007年,信息通信部颁布了《促进利用信息通信网以及个人信息保护有关法律》修改案,规定35家主要网站实施实名制。如果发现没有使用真实姓名的匿名文章,网站经营者将被处3000万韩元以下罚款,从此标志着韩国网络实名制正式实施。

2008年,韩国发生的"密涅瓦事件"②,直接影响着韩国网络实名制的进程。2008年10月2日凌晨,年仅40岁的艺人崔真实在筹拍《我人生中最后的绯闻》第二部期间,在浴室用绷带自缢身亡。警方调查显示:崔真实死于网上流传的一则有关高利贷的谣言。此后,两名女粉丝和艺人相继自杀。于是,韩国政府决定借此建立处罚网络人身攻击的法律,准备新增"名誉损害罪"和"网络侮辱罪",即使没有被害者的起诉,也可以进行调查。2009年4月起,网络实名制的应用范围扩展至日均页面浏览量超过10万人次的网站,共计153家。

网络实名制对"网络暴力"的收效甚微,反而抑制了正常沟通,社交网站兴起后,实名制名存实亡。"2010年4月,首尔大学的一位教授发表《对互

---

① 狗屎女事件:2005年6月5日,韩国首尔地铁二号线,一名女孩的宠物狗在地铁车厢内排便。邻座老人要求女孩清理狗的排泄物,女孩拒不接受还恶言相向。这一场面被人用手机拍下后传到网上,引起公愤。网民发动"人肉搜索"。数天后,女孩的真实姓名、电话、住址等个人信息被公之于众,网络上四处流传着侮辱她的言论,并给她取名为"狗屎女"。迫于压力,女孩公开道歉并且退学。退学后,女孩患上了精神疾病,她的姐妹不得不转换工作,父母也被迫搬家,并隐姓埋名。"狗屎女事件"令韩国民众开始反思网络暴力。

② 2008年3月,韩国一神秘网民使用"密涅瓦"的笔名,频频在门户网站DAUM的Agora论坛板块发布有关经济走势的帖子。他因先后准确"预言"雷曼兄弟倒闭和韩元紧急贬值的消息而名声大噪。一时间,这个预言家被封为"网络经济总统",甚至有网友建议由他来取代韩国财长姜万洙。

联网实名制的实证研究》称,该制度实施后,诽谤跟帖数量从 13.9% 减少到 12.2%,减少了仅 1.7 个百分点。"在《韩国互联网实名制的教训》一文中,英国《金融时报》中文网专栏作者金宰贤写道,"更值得一提的是,以 IP 地址为基准,网络论坛的平均参与者从 2585 人减少到 737 人。可见,互联网实名制导致的'自我审查'可能在一定程度上抑制了网上的沟通"[1]。

调查显示,三分之二曾发布恶意帖的网民对是否使用实名并不在意。出于"法不责众"的心理,他们即便以真实姓名登录,仍会故技重演。同时,一种被称为"身份证伪造器"的软件也应运而生。这类软件可以伪造韩国身份证号,骗过网站的身份验证系统。

网站自身也存在各种规避行为,部分日访问量可能超过 10 万人次的网站选择不公开浏览次数,部分网站选择绕道海外。2009 年 4 月,YouTube 被指定为实名制对象后,关闭了韩国站的视频上传和留言功能,将用户转往国际站。

之后几年,推特(Twitter)、脸书(Facebook)等社交网站风靡韩国。2011 年 3 月,韩国放送通信委员会将此类网站排除于实名制对象以外,理由是社交网站属私人领域,不适用实名制。至此,网络实名制已名存实亡。

以保护隐私为初衷的网络实名制,最终却导致用户隐私的大规模泄露,这是一个巨大的讽刺。对网络实名制的致命一击发生在 2011 年 7 月。当月,韩国门户网站 Nate 以及社交网站"赛我网"遭黑客攻击,导致约 3500 万名用户的个人信息外泄(韩国 2010 年总人口约为 5000 万)。被泄露的资料极为详尽,包括姓名、生日、电话、住址、邮箱、密码和身份证号码。互联网实名义务化的网络企业收集到大量重要的个人信息,意味着网站为保护个人信息应做出更多额外的技术投入,但由于实名制是政府强制执行的,网站往往对网民个人信息的保护失于防范,从而引发了大规模的信息泄露事件[2]。

2011 年 8 月 11 日,为防止个人信息泄露事件再度发生,韩国行政安全部

---

[1] 金宰贤. 韩国网络实名制的惨痛教训. http://blog.renren.com/share/221330016/10753739475,采集时间:2016–06–30.

[2] 柳圣爱. 韩国网络实名制的发展与式微[J]. 行政管理改革,2013(4):57–61.

提出并达成了分阶段废除"互联网实名制"的协议。2011年12月29日，韩国广播通信委员会向总统李明博提交安全报告，决定从2012年起，日均访问者超过1万名的网站全面限制收集和使用"居民登录证"（身份证）号码，2013年将其范围扩大到所有网站。

作为第一个以国家名义推行网络实名制，同时也是第一个宣布要废除该项政策的国家，韩国为其他试图推行网络实名制的国家提供了一个有力的借鉴：并不是说网络实名制没有必要，从长远看，实名制是大势所趋，虚拟世界不可能永远以匿名的状态存在。但是任何事都应当权衡利弊，网络实名制的推行也需有自己的前提和条件，那就是能足够保障网民的信息安全。如果这个前提和条件还不够成熟，网络实名制就难以实施。

4. 对中国的启示

网络实名制的目的在于规范社会秩序。中国可以从美国和韩国在网络实名制上的实践得出以下启示：

（1）形成多主体协作的治理格局

互联网治理一直是世界各国十分关注的问题，但是由于互联网的跨地域、主体多元性、匿名性等特点，各国对互联网的治理一直是观望多于执行，希望能在其他国家找到一个合适的模式然后借鉴，不敢贸然行事。韩国作为第一个实行实名制的国家以失败告终，更加表明互联网治理不能只依靠政府的力量，应该是靠各方协力合作，包括官方力量与民间力量，集体与个人之间的配合。互联网打破了现实社会中等级分明的秩序，匿名性和去中心化的特征把麦克风交给了每一个网民。既然网络世界中人人地位平等，那么就应该把网络治理的任务交给各主体共同合作，而不是由少数人或政府单方面治理。

（2）以信息安全为底线

韩国实名制失败的导火索就是网民信息的大规模泄露，从而引起网民大规模恐慌，导致实名制被废除。现阶段，现实生活和互联网的关系越来越密切,现实生活被高度复制于互联网,互联网也便捷了社会生活,人们使用网络过程中都需要填写一些个人信息,再加上近两年兴起的数据跟踪和地理定位等技术,可以根据这些信息精准地定位到个人。既然运营商掌握着海量的个人信息,就应该加强对这些信息的保护,给更多观望的网民以信息,增强企业可信度。

(3)分领域推行网络实名制

全面强制推行网络实名制是不可行的,要求网民将所有的网络活动都和网络实名制挂钩,可能会造成负面效果,而且没有必要。一些与经营和交易相关的网络服务需要推行实名制,但是慈善活动、投诉举报等网络服务是不需要强制身份的[1]。

"在互联网上没有人知道你是一条狗。"互联网本身的匿名性、去中心化、无边界性,决定了自它出现就形成了一个与现实社会截然不同的结构。在网络上没人知道你是谁,什么社会等级。但自由是相对的,并没有绝对的自由,为了大家能够拥有一个更好的网络环境,需要对网络进行一些管控,但是这一管控是否只能是网络实名制?如果推行网络实名制,那么网络实名制的具体实施方法如何?都值得未来一步步探索。

---

[1] 吴绍山.网络实名制:自由与秩序的对垒[J].理论与改革,2010(5):133-136.

第三章 开放：从信息公开到数据开放

随着 20 世纪后半叶计算机技术的快速发展，信息科技和信息革命正引领人类社会进入一个全新的时代。2006 年，联合国大会将每年的 5 月 17 日设定为"世界信息社会日"，即是对这一潮流的肯定与回应。2006 年，中国制定了《2006—2020 国家信息化发展战略》，确立了中国在基础设施、信息产业、信息化社会建设和政府信息化建设等多个方面的目标。根据国家信息中心信息化研究部 2015 年发布的报告[①]，世界正在由工业社会向信息社会加速转型，欧洲的平均信息化水平为世界最高，卢森堡的社会信息化水平最高，韩国的在线政府发展状况最好，以色列的信息经济和网络社会发展得分第一，而巴林的数字生活指数最高。在这几个主要指标当中，美国在所有指标中均处于前 20 的水平，而中国在全部 126 个国家中位于 88 名，总体而言仍然处于较为落后的阶段。国家的信息化社会发展状况与国家的经济发展水平密切相关。就全世界的情况而言，越是经济发达、基础设施完善、国民教育水平高的国家，总体而言信息社会的建设也就越好。但信息社会的水平也不仅仅与一个国家的经济状况紧密相关，还与其社会的开放程度、政府对于信息社会建设的重视程度、人口规模与人口聚集度等因素紧密相关，并且会随着信息技术的快速更新换代而发生剧烈的变化。因此对于后发国家而言，在做好准备的情况下借助信息革命实现"弯道超车"完全可能，信息革命将从根本上重建人类社会的组织形态。

政府信息公开却可以被看作在信息社会发展早期政府的信息治理水平和态度的一块试金石。信息技术的发展大大节约了政府对社会进行管理的成本，

---

① 信息社会发展研究课题组. 全球信息社会发展报告 2015[J]. 电子政务，2015（6）:2.

使得国家对社会和经济的掌控程度前所未有地提高，可以在信息技术的基础上极大地提高政府的管理水平，由统治走向治理。信息技术的发展使得透明政府成为可能，基于人民民主和社会监督的考虑，公众对于政府行为的透明程度要求也日益增高，这也产生了对政府信息公开日益强烈的要求①。政府信息公开具有以下特点：首先，政府信息公开要求各级政府机构有能力将自己的政府信息处理为电子信息，相对于传统的政府管理模式而言，政府文件和信息的电子化本身已经大幅推进了政府的数字化建设；其次，政府信息公开需要接受社会大众的监督，这就对政府信息的完整性、合法性、合理性等方面提出了很高的要求，促使政府提高自己的执政水平；再次，政府信息公开是一件政府想做就可以做的事情，更能够体现政府建设信息社会的力度和能力；最后，政府信息公开也将成为下一步发展信息经济、开放数据、全面建设信息社会的基础。因此，政府信息公开是信息社会建设的基础。

一、信息化社会中的政府信息公开：理论和范畴

政府信息公开，是指政府在其履行职能的过程中，将其职能履行结果与过程的信息向特定群体或全社会予以公开的行为。政府信息公开最早产生在18世纪的北欧，但真正对政府的社会治理产生深远影响的政府信息公开潮流产生于20世纪下半叶，并逐渐成为国际社会的通行惯例。21世纪以来，电子计算机技术的飞跃促使数据的记录和大数据的分析技术获得了长足的进步，政府信息公开逐渐发展为全面的数据开放。

政府信息公开有两个方面需要明确。首先，政府信息的范围需要界定。例如政府的内部文件是否属于政府信息等，这种限定明确了政府信息公开的范围和种类；其次，政府信息公开的方式需要界定。如政府应当主动公开信息，还是应当被动地根据申请公开信息等。

目前，对于政府信息公开制度合理性的理论基础主要有四种，分别是基

---

① 王勇. 政府信息公开论 [D]. 中国政法大学，2005.

于经济学的信息不对称理论、基于政治学的人民主权理论、基于宪政学的知情权理论和基于行政法学的行政公开理论。四种理论各有其适用的范围，在中国目前的政府信息公开制度上，主要以人民主权理论和知情权理论作为其合法性的依据，但在部分制度的设计上可以看出信息不对称理论和行政公开理论的影响[①]。

微观经济学以信息不对称描述在不同的行动主体之间由于信息交流的不完善导致不能达到经济学上最优平衡的状况。在现实中，信息不对称广泛存在于政府部门之间和政府部门与普通民众之间。上级部门、核心的政府部门对于下级、非核心的部门乃至于体制外的民众垄断着权力和信息的主要获取来源，这使得在政府部门之间和政府与民众之间总是存在着严重的信息不对称。这种信息不对称容易导致政府工作人员借机谋取私利，损害社会的公共利益。

另一种信息不对称理论是从不对称信息的逆向选择出发，提出如果双方互不了解对方的信息，那么双方就难以达成合作，难以达到"帕累托最优"。所谓的帕累托最优即是对于一种市场效率最大化的情景的理论描述。政府在这种关系当中总是处于优势的地位，因此信息发布的主要责任在于政府，而在官民互动当中，公民也会提供一部分的信息以供政府部门使用。在这样的情况下资源的分配与决策过程就可以得到改善。

人民主权理论认为，全体国民拥有国家的主权，政府是人民的代表，经由人民授权行使主权。因此，政府应当为国民服务，受到国民的监督，向国民负责。为了使得政府可以受到国民的监督，并把履职的情况向国民报告，政府有义务对国民公开其相关的信息，与之对应的，政府也应当主动向国民公布相关的信息。只有公民的知情权得到充分的保证，人民主权才可能真正得到实现，主权在民才可以得到彰显。中国宪法规定的"中华人民共和国一切权力属于人民"就是主权在民原则的体现，这也使得主权在民原则成为目前政府信息公开最基本的理论支持。

知情权，即人民了解公共信息的权利。知情权的含义有狭义和广义之分。

---

① 韩荔．中国政府信息公开制度研究 [D]．南京航空航天大学，2015．

狭义的知情权是指公民、法人和其他组织拥有要求国家机关公开某些信息的权利，这构成了狭义的政府信息公开的基础。而广义的知情权则包括了公民、法人或其他组织要求国家机构、公共机构乃至其他个人、法人和非法人组织公开相关信息的权利，以及令这些信息自由流通的权力。目前，广义的知情权可能会侵犯到个人或组织的隐私权或商业机密、国家秘密等，因此受到了较多的限制，而对于狭义的知情权则有了比较充分的认可。信息公开是公民得以行使其民主权利的前提。没有充分的知情权，国民也就难以完成对公共事务的参与，难以监督政府行政，防止政府权力滥用，甚至难以维持公共生活的延续。知情权包括五个层面，分别是：获取信息的权利、不经控制复制信息的权利、不因为获取信息或复制信息而受到报复的权利、为发布信息获得必要的工具和途径的权利以及传播信息而不受国家或其他组织、个人干预的权利。这种对于信息公开的定义大大拓展了信息公开的外延，不但确保公民个人获取信息的权利，还保障这种信息可以被自由传播的权利。

行政公开原则就是要对行政的依据、过程和行政的结果实行公开，公开原则是程序正义的基本要求。随着现代社会行政事务日趋复杂，许多专业门类的行政事务涉及的领域广、时间长、技术性强并且跨度大，政府机关通过行政法规等形式获得越来越多的法律许可以外的行政权力。在这种情况下，必须对政府的行政权力加以限制，以保障公民权利的实现。执行公开行政原则，确保了政府在阳光下运行，保证了公众能够了解行政机关的运作状况、决策依据等，为公民未来的行为决策和政府监督提供了基础，有助于限制政府权力的过分膨胀与权力腐败。

综上所示，可以看出，目前的政府信息公开具有合法性的基础，这种合法性被现代民主理论予以提出和规范，随后在中国宪法和法律中予以确认。信息社会的到来为进一步推进政府信息公开提供了物质基础，但本身不是政府信息公开的原因。政府信息公开行为本身就是现代政府建立、运作和完成社会治理的必要组成部分。

《中华人民共和国政府信息公开条例》将政府信息定义为"行政机关在

履行职责过程中制作或获取的，以一定形式记录、保存的信息"。但实际上，政府信息公开所定义的政府信息的范围远远大于政府信息公开条例规定的范围[①]。

首先是政府信息公开的主体。政府信息公开条例将政府信息公开的主体局限在了行政机关，然而事实上，政府信息公开的范围在行政机关外还包括立法机关、司法机关、检察机关以及大量的公共事业类的行政事业单位。这些部门的相关信息公开有一部分类推适用《政府信息公开条例》，一部分由其他的法律法规或行政规章予以规定，例如司法系统的信息公开，还有一部分以条例、年报、新闻发布、公报等形式公开，如每年两会的信息发布等。政府信息公开的主体事实上涉及了国家政权的各个组成机构，而《政府信息公开条例》仅仅是对其中行政机关的部分加以规定。

其次是对于"信息"的定义。政府信息既包括政府部门根据职权由本部门产生的信息，也包括政府部门因履行职权而从其他部门收集到的信息，其形式可以多种多样，如政府文件、中间文书、照片、磁带、多媒体文件和电子档案等，也包括对这些信息的收集整理资料。从行政流程上看，政府信息包括了决策前的信息、决策过程、决议内容、决议结果和决策的执行情况以及反馈信息。但政府信息必须是政府机构本身拥有的属于自身的信息，政府机构拥有的其他组织或个人信息（如工商信息或个人身份信息等）等，不属于政府信息的范围，但是在此基础上进行二次加工处理的统计信息可能属于政府信息的范围。此外，政府信息必须是合法信息，包括其取得的目的合法、取得方式合法等，非法的信息不能作为政府信息[②]。

目前，被排除出政府信息公开范围的政府信息主要包括以下几类：国家秘密、商业秘密、个人隐私、危险信息和"不属于公开范围"的信息。"不属于公开范围"信息当中的"过程性信息"和"内部管理信息"是否属于应当公

---

① 朱友刚. 服务型政府视角下的政府信息公开研究 [D]. 山东大学，2012.
② 韩荔. 中国政府信息公开制度研究 [D]. 南京航空航天大学，2015.

开的范围仍属于争论的议题①。过程性信息是指目前仍然处于调查、研究和讨论过程当中的信息，它是相对于最终完成的信息而言的；内部管理信息是指纯属行政机关内部事务的相关信息，这些相关的政府信息是为了规范行政机关日常工作的运转和维持，提高效率或仅仅是纯粹的流程性文件，涉及行政机关的内部人事管理、内部工作指南，与公众利益无关或不重要等②。目前学界的主流观点认为，过程性信息处于尚未确定的状态，很可能会发生重大的变化，实时公布不但会增加大量不必要的政府负担，而且可能对政府公信力造成影响，也会干扰到政府的正常行政。2010年1月12日颁发的《国务院办公厅关于做好政府信息依申请公开工作的意见》也从现实规定的角度支持了这一观点。但与此同时，有另一种观点指出，在现实的政府运作当中，往往有许多的政府部门把大量已经做出的决策当作所谓的"过程性信息"不予公开，甚至经常等到事情已经尘埃落定无可更改，或是时过境迁，许多年以后才予以公布。因此有必要对于过程性信息的定义进行进一步的严格规定，把过程性信息划分为一定的阶段，对于每一阶段进行阶段性的公开，更好地促进透明政府的建设③。而对于政府的内部管理信息，目前仍有比较多的争论。虽然政府的内部管理信息的定义是"与公共利益无关"的政府内部信息，但是事实上大量的政府内部信息都是与公共利益高度相关，例如某一特定审批的操作流程、部门规章、最高检或最高法的公诉条例或审判指导等。考虑到中国相关的法律法规与制度建设不完善、问责体系不健全的特点，大量这样在现实的政府运作中发挥着重要作用的文件和规定以"政府内部信息"的帽子拒绝予以公开，这有待于相关法律制度的进一步完善④。

---

① 湛中乐，苏宇. 论政府信息公开排除范围的界定[J]. 行政法学研究，2009（04）:36-44；王锡锌. 政府信息公开语境中的"国家秘密"探讨[J]. 政治与法律，2009（03）:2-11.

② 杨登峰. 论过程性信息的本质——以上海市系列政府信息公开案为例[J]. 法学家，2013（3）:40-50+176.

③ 武艳. 行政过程性信息的不公开原则研究[D]. 华东政法大学，2016.

④ 梁艺. 政府信息公开中"内部管理信息"的判定[J]. 行政法学研究，2015（1）:117-128.4.

二、中国信息公开的实践：与他国的比较

中国的现代政府信息公开制度起步于 20 世纪 80 年代，目前学界认为主要有两个来源，一是自 80 年代开始的自上而下的政务公开改革和在村镇一级实行的村务公开实践。二是中国加入 WTO 等国际组织以后主动与世界主流标准接轨，改革自己的政府信息公开制度。以 2008 年《政府信息公开条例》施行为关键节点，中国的政府信息公开可以分为前后两个阶段——第一个阶段是在 2008 年以前，主要是中央呼吁或进行表率，地方进行政府信息公开的制度创新与试验；第二个阶段是在 2008 年以后，各地依照《政府信息公开条例》建立起初步的政府信息公开体系。尽管在信息公开的全面性、易读性、便捷性、相关程序和制度建设等方面均存在诸多的不足，但目前中国已经建成了覆盖全国、相对完善的政府信息公开的制度体系。

1. 中国信息公开制度发展状况

2008 年以前，中国的政府信息公开制度仍处于初级阶段，没有正式制度性文件予以规范，往往由特定的领导人以"通知""指示"的形式，要求政府对部分政府文件予以公开。当时对于政府信息的基本思路是以保密为主而非以公开为主，相关的规定集中在《保密法》《档案法》等保密性的禁止性法律规定当中，而非对于政府信息公开义务的创设性规定[①]。

尽管法律制度不健全，但是从 20 世纪 80 年代开始，中国开始了广泛的政务公开实践。首先是村务公开实践，以召开会议、张榜公布、印发手册等形式，将村集体的财务信息、土地划分、计划生育等信息予以公开。虽然村集体属于村民自治组织而非政府部门，但这种实践仍然具有公共性质，为进一步的政务公开实践提供了经验。

20 世纪 90 年代开始的政务公开成为后来的政府信息公开的先声。1996

---

① 山文岑. 政府信息公开视角下保密法的缺陷及其完善 [J]. 青海社会科学, 2011（4）: 79-83.; 陈一凡. 中国政府信息公开制度的困境与完善 [D]. 新疆大学, 2016.

年，中纪委提出了要构建政务公开制度以防范权力滥用和腐败问题，尤其指出政府的财务信息需要全面地公开，在这个潮流的引导下，各地开始建立信息公开的初步制度。1999年，由中国邮电电信总局和国家经贸委信息中心等四十多个部委联合发起的"政府上网工程"正式启动，推动中国所有省部级政府机构建立正式的电子政府项目，这些政府网上平台后来逐步发展为政府门户网站，并成为政府信息公开和政府网上服务的主力①。

2002—2003年前后，中国的政府信息公开制度取得了突破性的进展。这主要有两方面的原因，一方面，中国加入WTO以后，相关的管理规定主动与国际社会接轨，为应对国际上对于中国政府信息公开的需要，在设计政府信息公开制度的时候主动参考了国际通行的标准；另一方面是2003年初"非典"疫情暴发，这一事件极大地推动了政务公开迅速走向真正意义的政府信息公开。在"非典"疫情暴发的初期，地方政府和卫生部采取了"捂盖子"的做法，非但没有控制住社会影响，反而造成了谣言四起，政府公信力受到显著的挑战。随后在中央政府的统一指挥和领导下，对"非典"疫情的相关信息及时向全社会公开和发布，成功地带领国家渡过了这一难关。这一事件成为全国各地政府信息公开体系建立的直接诱因。

2002年11月6日，广州市政府率先颁布了《广州市政府信息公开规定》，这是中国第一部全面性、系统性的政府信息公开制度的规定，明确了应当将所有政府信息向全社会公开，接受社会的批评和监督，以"公开为原则、不公开为例外"的特点。2004年2月，北京市政府就《北京市政府信息公开管理办法》正式公开向全社会征求意见，明确规定了应当将北京市社会经济发展规划、市委市政府的重大决策、政府机构的设置与职能、行政许可相关事务和政府规划的完成情况等向全社会予以公开，这是第一部明确规定政府相关事务公开具体事项的地方性政府信息公开规章。2004年4月深圳市政府发布《深圳市政府信息网上公开办法》，规定了政府应当对重大的突发事件、公务员录取、交通管制、社会治安和医疗保障等与居民生活密切相关的信息向

---

① 冯云辰. 政府信息公开制度形式化问题研究 [D]. 华东政法大学，2016.

全社会予以公开，明确了非政务信息同样需要向社会公布的原则。2004年1月20日颁布的《上海市政府信息公开规定》则要求政府机关将其掌握的与社会管理、公共服务有关的所有信息，不论其储存形式是文件、档案、胶卷、磁带、电子资料或其他形式均应向社会予以公开。截至2004年底，全国有超过15个省市、自治区制定了地方性的政府信息公开规范，对政府信息公开做了不同程度的探索。在这种情况下，一套全国性的政府信息公开制度呼之欲出①。

2. 中国政府信息公开的主要内容

在经过了多轮专家设计和地方实践以后，2007年1月17日，国务院原则通过了《中华人民共和国政府信息公开条例》，以行政法规的形式对全国的政府信息公开制度做出了统一的规定，并要求各地依照《条例》的内容对各自的政府信息公开办法做出调整，随着《条例》的颁布和在各地、各部委的落实，中国的政府信息公开机制初步建立起来。

《条例》明确了政府信息的公开主体包括各级行政机构、管理公共事物的组织（如村委会、居委会等自治组织）和一系列与居民生活密切相关的企事业单位（如水电气公司、公立医院、学校等），明确了政府是政府信息的主要提供者和信息公开义务的承担者，而广大人民享有对政府信息的知情权、对公共事务的参与权、监督权。从设计理念的角度上说，中国政府信息公开制度兼顾了学界对于政府信息公开制度的四种理论基础——人民主权理论、知情权理论、行政监督理论和信息不对称理论。其中，人民主权理论是整套制度的理论基础；采纳知情权理论因此强调人民对于政府行政事务的知情权；采纳行政监督理论因此允许人民对政府事务进行监督，而非仅仅能对与自身利益直接相关的内容提出异议；采纳信息不对称理论强调对与公共事务相关信息公开以完善中国的社会管理体制。相比于至今未能接受"知情权"理论的日本信息公开制度（日本关于"知的权利"的争论）或未能接受"人民主权"理

---

① 张晓明. 公民社会视角下的政府信息公开制度研究[D]. 东华大学，2012.

论的美国政府信息公开制度，中国政府信息公开制度的基本理念更加尊重人民权利。

2008年的《政府信息公开条例》将政府信息划分为三大类别，分别是主动公开、依申请公开和不予公开，这一划分也符合国际惯例。相比于过去的政务公开往往没有具体规定因此难以执行的特点，《条例》同时规定了政府信息公开的原则性规定和对部分具体内容的规定，既给进一步的完善与修改确立了原则，留下了空间，又保证了《条例》的可执行性。

《条例》规定，原则上政府应该将四类信息对社会予以公开。第一类是涉及公民、法人或其他组织切身利益的信息；第二类是需要社会公众广泛知晓或参与的信息；第三类是反映行政机关机构设置、职能和办事程序的信息；第四类是依照其他的法律法规应当主动公开的信息。其中，第一类表现了《条例》保护个人利益的设计理念；第二类表现了对社会公众知情权、参与权、监督权的尊重；第三类则是对政府的具体信息予以公开，消除了人民对于政府机构的陌生；第四类为兜底性条款。以上的四类规定都可以随着法律规定、司法解释、行政规章和社会观念的变化而有较大的调整，因此是原则性的规定。

就具体规定而言，《条例》对于政府信息的公开事项同样做出了详尽的规定。根据《条例》第十条至第十二条，县级以上政府及其部门应当主动公开的信息包括：行政法规、规章、规范性文件、经济与社会发展规划、专项计划、区域规划与配套政策；经济与社会发展的统计信息；财政预决算；行政许可事项；政府采购内容；重大突发公共事件预案；环境保护、公共卫生、安全生产、食品药品和产品质量监督等方面的情况；土地征用、房屋拆迁及补偿情况、抢险救灾和社会救济状况；农村集体财产存量与处置情况；计划生育执行状况等信息。相比于过去的政府信息公开范围，2008年制定的政府信息公开条例在政府信息公开的门类上做了大大的拓展，确保了政府信息公开的全面性。

在以上的主动公开信息之外，还有大量的信息被纳入了依法申请公开的范围内。《条例》认为，这一部分信息只对特定的公民、法人或其他组织有特殊的作用，对于此类信息，申请人应当向政府提出书面申请，写明申请人的信息和申请公开信息的内容，由有关部门决定是否公开。相比于主动公开制度，依申请公开制度主要以原则性的规定为主，缺少详细的规定，这也造成了依申请公开成为目前政府信息公开制度当中争议最多的部分。

最后是不予公开的政府信息的范围。依照《条例》规定，行政机构应当建立政府信息发布保密审查机制，明确审查的程序、内容和责任，对公开信息是否合法的审查应当首先由行政机关自行审查，行政机关不能确定的时候应当咨询有关主管部门或保密工作部门确认。同时，《条例》明确规定行政机关不得公开涉及国家秘密、商业秘密和个人隐私的政府信息。相比于国外对于不予公开的政府信息的范围的规定，中国对于不予公开的规定十分粗略，并且存在设计理念上的冲突。这也将成为下一步政府信息公开制度完善的关键点。

《条例》当中规定了政府信息公开的监督与保障措施。对于政府侵犯公民知情权、监督权、参与权和表达权的行为，条例规定了三条救济措施：一是公民个人、法人或者其他组织认为政府有不履行或没有充分履行政府信息公开义务的时候，可以向上级行政机关、检察机关、信息公开的主管部门举报；二是对于被驳回的信息公开申请或裁定，可以申请行政复议或由上级机构予以审查；三是可以向当地法院体系行政诉讼。其中，行政诉讼是解决政府信息公开争端的最终途径。这种规定对政府信息公开不及时、不全面等问题给出了制度上的解决途径。

但同样应当指出的是，这样的解决途径实际上是效率很低、实际执行情况不佳的。原因是多方面的，与中国的司法、社会、政治、经济条件都有密切的关系。但不论如何，目前的制度为执行政府信息公开提供了一个制度上的解决通道，因此也就有了进一步发展和改进的空间。

目前，中国政府信息公开的直接渠道主要有传统渠道和电子政务渠道两类。其中，传统渠道包括政府文件、通知、公报、新闻发布、年鉴、法律法规、行政规章和部门规定等。电子政务渠道则主要分为政府网站、政务微博、政务微信三大类。其中，政府网站是电子政务信息公开的主要渠道，政务微博和政务微信会对一些即时性的政务信息予以公开和回应。

政府网站是指各部委或各级政府建立的综合性业务平台，当前中国的政府网站主要以中央部委网站和各省、市政府网站为主体，兼以各地方厅局网站建设。最能反映政府网站建设状况的仍然是各级地方政府网站的建设。目前，政府网站在政府信息公开方面发挥了主渠道的作用。就全国层面而言，目前中国已经形成了中央—省—市—县四级的政府网站体系，其中省市两级建设完善，是政府信息公开和政府服务的主要阵地。截至2015年底，中国省级政府的政府网站拥有率为100%，市级政府网站拥有率为94.9%，并且由早期散乱无章的各自发展转向规范格式基本统一、管理统一、横向可比、各具特色的政府网站层级体系，并实现辖区内部的政府网站平台整合。目前来说，政府网站是电子政务目前发展得最好、内容最全面、管理最规范的组成部分。

但政府网站的进一步发展也面临着一系列的问题。首先，政府网站的内容全面而庞杂，对于普通用户而言检索、获取信息的成本较高，难以成为向社会大众宣传的主阵地，而只能成为信息发布的平台；其次，政府网站的受众面并不大，用户黏着度也不高，社会的实质影响力受到局限；最后，政府网站的互动性也相对不足，因此在个性化、点对点服务当中，政府网站仍然需要有其他渠道和媒介弥补其不足。

目前，对政府网站形成补充的主要是政务微博和政务微信。政务微博的主阵地是新浪微博，少量分布在腾讯微博（不足5%）和其他微博平台上。政务微博分为两类，一类是以政府为主体创立的微博，如"上海发布"等，另一类是政府官员的个人微博，如"甘肃刘维忠"等。前一类微博主要是对辖区内的重大政策决定进行发布和重大事件进行官方回应，而后者则是带有半官方性质的官员个人微博，其发布的内容和形式相对灵活，所以更有可能吸引到社会影响力。相比于政务网站而言，政务微博的受众较广，宣传等社会影响力较大，但由于形式等限制，互动严重不足，且管理并不规范，信息量也较小。以上的这些问题严重制约了政务微博发挥更大的社会影响力①。

政府网站的第二个补充者是政务微信。相比于政务微博主要是在宣传等渠道上发挥作用，政务微信主要是在官民互动、政务的快速办理、便民服务等方面发挥作用。在信息发布上，政务微信主要起到了与居民利益切实相关的具体政府信息公开公告的作用。2012年11月，中国第一个政务微信账号"微成都"正式运行以来，截至2016年底，中国政务微信公众号的数量已经突破了20万个，其中较大的账户如公安、医疗、教育、新闻等类型的政务微信活跃用户数量往往超过10万人，其受众和覆盖面、信息的全面程度都远远超过政务微博的范围。但作为一个信息发布平台，政务微信的形式决定了其难以承担起大量历史信息的存储、发布、查询功能，更多是作为电子政务、电子理政的一个主要媒介和渠道②。

综上所述可以发现，目前存在的主要政府信息发布渠道在电子政务的时代都存在一定的局限性，并且形成了适度的分工。这种分工合作的局面必将进一步地持续和发展下去，一并成为社会治理和社会服务的基础。

3．政府信息公开的他国经验

世界上第一部针对政府信息公开的立法是瑞典于1776年制定的《出版自由法》，首次从法律上赋予了报社有自由公开转载政府公文的权利。瑞典对于政府信息公开和信息自由的规定具有四个特点：首先，瑞典的法律将公布信息的主体设定为媒体，个人言论和个人行为可以自由表达，但是否能够出版或公之于众则取决于媒体，如果媒体侵犯了个人隐私或国家机密，那么就应当由出版人负责，这一设计将政府从新闻审查者的身份当中解放出来；其次，特别重视对消息来源的保护，尤其是对于消息来源政府官员的保护，特别规定了政府官员拥有向媒体介绍其工作内容和流程的权利；再次，保障消息源的匿名权，泄

---

① 郭婧．政务微博与政务微信的比较研究[D]．西南政法大学，2015；陈静，袁勤俭．国内外政务微博研究述评[J]．情报科学，2014（6）:156-161．
② 陈小兰．政务微信研究[D]．四川师范大学，2015．

露消息来源者的身份将受到法律的追究;最后,对于泄露消息者而言,以无责任为原则,以规定的几种特殊情形有责任为例外。这样就保证了一个强大的新闻出版系统得以对政府信息公开做出保障。1949年以后,瑞典对这部法律进行了进一步的修订,对公文公开的期限、申请流程、审查方式、申诉等作出规定。随后芬兰、丹麦等国家也纷纷对政府信息公开问题做出法律上的规定[1]。

虽然瑞典的信息公开制度在全世界时间最早且较为完善,但真正对世界政府信息公开制度产生重大影响,被当作典范的是美国的信息公开制度。虽然很早就有类似的信息公开规定,但现代美国的信息公开制度的起点是1966年的《信息自由法》[2]。2016年,奥巴马政府对美国信息公开法案做了重新修订。

1966年,美国国会通过《信息自由法》,美国政府的现代信息公开制度开始正式确立。《信息自由法》明确公众有权向联邦政府索取任何资料,政府机关有义务对公众的请求做出回应。如果政府机关拒绝公众对于特定政府文件公开的请求,那么必须给出相应的理由,且任何政府决定都可以被提起行政复议或者提交到司法审查。法案明确了所有的政府部门都有义务保证任何人都有权使用所有文件。虽然条例也规定了九种类型的文件不予公开,但是在实践当中,公民的出生记录、死亡记录、土地记录、联邦公报、政府档案、人口普查数据和经济指标等都被纳入对外公布的范围以内。

1974年美国国会通过《隐私权法》。《隐私权法》是对《信息自由法》的一个补充,目的是限制行政机构保存、使用和发布个人信息的范围。联邦政府保存的个人信息必须准确、全面、及时和合理相关,同时必须直接从信息的主人那里获取相关信息,以一个目的获取的信息不能用于其他的目的等。《隐私权法》从信息获取的角度上限制了对政府权力的滥用。1976年,美国政府再次通过《阳光政府法案》,对政府会议的公开制度进行了详细的规定和完善,会议公开的范围扩展到了所有的行政机构,任何行政机构的会议都可以

---

[1] 毕洪海. 瑞典信息公开原则的诞生与演进[J]. 环球法律评论, 2016(3):94–112.
[2] 蔡航. 美国的政府信息公开法及其借鉴[J]. 法治论丛, 2003(4):9–13.

被任何人观看和旁听，但不能发言。虽然法律另行规定了十种免予公开的会议事项，但公开行政原则的确立从根本上改变了美国政府的运作模式①。

《信息自由法》和其两部补充法律构成了美国政府的信息公开制度的基本框架，自1966年以来，《信息自由法》总共经过了10次修改，平均每5年一次，最近的一次是在2016年由奥巴马政府签署通过。修改的主要原因在于随着计算机和数字信息技术的发展，开放数据成为社会发展的潮流。开放数据是在开放政府信息的基础上，进一步把政府收集到的与政府行政行为相关或是无关的信息以电子数据的形式向全社会开放。从这个角度说，美国的政府信息公开已经逐步将重心转向进一步的开放数据上。

一般认为，美国《信息自由法》的适用范围包括美国联邦政府机关所拥有的全部文件。行政机关，包括总统办公室、内阁部门、军事部门、国有企业或国有控股企业、行政部门设立的其他组织或机构均处于政府信息公开的范畴。然而，美国的信息自由法不适用于所有的基于选举产生的政府官员，如总统、参议院、众议院等，也不适用于司法系统（但适用于部分检察系统），更不适用于与政府有过往来的私营企业或个人。此外，美国的《信息自由法》只适用于联邦政府系统，而对州政府或地方政府没有约束力。在认定该信息应当由哪个政府部门或是否应当由政府部门予以公开的时候，美国的《信息自由法》遵循的是"充分控制"的原则。由相应的政府机构收集、掌握的信息当然属于应当被公开的信息，除此之外，受联邦政府部门资助获得的研究成果等也处于联邦政府机构的"充分控制"之下，因此公民或组织也可以向政府申请予以公开②。

就资料形式而言，原则上资料的形式不影响政府信息的公开。无论是书面材料、录音、图片、电子材料或其他的保存形式都在公开之列。2016年奥巴马政府修订了《信息自由法》的规定，将政府信息公开的形式由原先的推

---

① 赵辉. 美国政府信息公开制度的历史考察 [D]. 湖南师范大学，2011；田青. 论美国联邦政府信息公开制度 [D]. 中国政法大学，2009.

② 周汉华. 美国政府信息公开制度 [J]. 环球法律评论，2002，24(3):274-287.

荐为电子资料的形式改为必须为电子资料的形式。从范围上来说，申请人对材料申请的范围包括了政府所拥有的所有资料，但并不包括政府可以拥有但并未实际拥有的资料，即政府部门只会公布目前已经被政府部门掌握的信息，而没有义务为政府信息公开事项的申请人去收集信息。同时申请人提交的申请材料必须足够清晰和具体，以便政府部门可以在有限的时间内对信息加以公开，而不能太过含糊以至于将过多的信息纳入申请的范围以内。

英国的信息公开制度同样源远流长，但是长期以来以习惯法的形式，没有统一的规定。20世纪末，由于英国加入欧盟，因此必须遵守欧盟对于各成员国信息公开的要求，因此开始着手制定"信息自由法"，并于2005年1月1日起开始实施。以英国《信息自由法》的颁布实行为标志，英国的信息公开制度体系建设有了一个巨大的转变。

英国的政府信息公开分成主动公开和依法申请公开两种。其中，主动公开的信息是一般性的、公共性的信息，依照《信息自由法》规定的政府信息公开目录予以公开，而依申请公开的范围则要大得多，凡是政府拥有的信息，在经审核后认定不属于例外信息，则均可依照申请予以公开。同时，无论是否同意公开的申请，被申请公开信息的机构都必须及时对申请人的申请予以答复。对于信息公开问题，英国政府设定有专门的机构和专员进行管理，内阁、上议院、下议院均参与其中，并进行适当的权力制约。首先，内阁当中的国务大臣有权对信息公开问题进行指导并出具指导手册，指导手册需要经过上下两院通过，随后会成为对下级部门的指导性文件。其次，上议院有权对档案文件的存放、管理、公布、销毁等做出监督和规定。最后，有专门的信息专员统一管理信息公开事物，虽然信息管理专员由上下两院提名并由国王任命，但事实上工资、开支和管理都归下院管理。信息专员考察并督促政府部门或公共机构改善信息公开状况，审核、发布信息公开目录并组织对其修订，每年向议会出具履职报告[①]。

在发达国家当中，日本的信息公开制度起步相对较晚、进程较慢，从

[①] 张正亚.英国政府信息公开研究[D].安徽大学，2015.

信息公开的范围、详细程度和对行政机构的约束上，均远远小于欧美国家。1966 年美国制定《信息自由法》以后，相关的内容便被介绍到了日本。1972 年日本外务省关于"冲绳返还密约"的内容泄露，引起社会的广泛批评，引发国民对"知的权利"的诉求。随后一段时间里，日本政坛丑闻不断，如 1972 年田中首相的金库丑闻、1976 年洛克希德飞机公司行贿事件、1979 年特殊法人公费不当支出问题等。为了应对出现的政治丑闻，日本政府认为应当加强行政程序的管理，因此出台了《行政信息公开标准》，但总体来说，在国家层面上仍然处于止步不前的状况。与之对应的是日本地方政府在信息公开问题上走到了前面，从 1982 年日本第一部地方政府信息公开条例出台到 1994 年日本政府明确同意制定信息公开法之间，有超过 600 部地方性的信息公开条例出台。1999 年 5 月，日本《信息公开法》最终颁布，标志着日本的政府信息公开制度正式出台。

日本的政府信息公开制度有以下特点：首先，日本的《信息公开》法规定政府具有说明责任，但是并未标明国民拥有对国家事务的"知情权"，这点与大多数国家的信息公开制度存在显著差异。也正是基于这样的差异，日本的政府信息公开制度表现出明显的政府主导特征，体现为政府的自由裁量权极大、免予公开事项范围广、范围受到局限等。其次，日本的政府信息公开条例当中，大量的"重要"机构被免予公开的义务，如国会、法院、铁路部门等"特殊法人"等。免予公开的名单与内容的调整受到日本官僚体系的强力阻碍，尽管在野党派对此多次提出议案，但目前相关法案进展缓慢。再次，目前日本的信息公开自由裁量范围极大。例如，目前日本首相官邸自由使用的官方机密费明细就不予公开，相关的大量开支也仅仅公布总数而不公布详细情况。这些因素都影响了日本政府的透明度，在社会对于政府信息公开呼声强烈的现实情况下，无疑影响了国民对于政府的信任。最后，日本的政府信息公开制度有自己独有的特色，即在总理府内设立由 9 名委员组成的"信息公开审查委员会"，其中有 3 名为专职委员。审查会的主要职权有两项，一是受理与政府行政文件公开有关的行政复议案件，二是为政府提供行政文件公开相关的咨询。但有趣的是，尽管复议人可以申请查阅行政机构提交到审查会的资料，一般情况下审查会不得拒绝，但审查会本身的审议和调查程序是不予公开的，其运作状况也不对社会大众展示。如果复议人对于复议的结果不满，可以向有管辖权的高等法院所在地的地方法院提起诉讼[①]。

总体而言，日本的信息公开制度受到美国信息公开制度极大的影响，但是公开的水平远远不如欧美国家的程度。这主要是由于长期执政的自民党和日本官僚体系的保守和强大所导致的。历次日本政府信息公开制度的重大革新，几乎全部是在自民党的竞争对手上台时进行的，地方行政公开立法也远远走在国家立法的前面。从这个角度上说，日本的政府信息公开仍然任重道远。

4. 信息公开：中国与他国的比较

为了确保对政府权力的限制，防止权力的滥用，许多国家纷纷制定了较为严格的行政程序制度作为对政府的约束。政府信息公开制度的程序本身就是行政程序的一种，且信息公开制度保障了对政府行政程序履行状况的监督，因此任何一个严格地执行行政程序的法治国家，都会产生对信息公开的巨大需求。比较中国与他国在信息公开方面的实践，有以下几个特点：

第一，中国目前对于信息公开的立法仍然处在行政条例的阶段，即《中华人民共和国信息公开条例》，而大部分发达国家都通过了信息公开相关的法律，如美国的《信息自由法》、英国的《信息自由法》和日本的《信息公开法》等。

第二，各国均设立了例外和排除的特殊规定。中国的信息公开条例规定："行政机关不得公开涉及国家秘密、商业秘密、个人隐私的政府信息。"美国法律规定的九种信息不予公开，予以驳回；而所谓的排除是指由于部分保密信

[①] 付游. 日本信息公开法的特征及对中国的启示 [D]. 东北大学，2010；周健. 日本信息公开法与行政信息公开制度 [J]. 法律文献信息与研究，2001（2）: 1–4.；吴微. 日本信息公开法的制定及其特色 [J]. 行政法学研究，2000（3）: 97–100+45.；宋长军. 日本信息公开法的制定及特点 [J]. 外国法译评，2000（1）: 58–62.

息，对于其是否存在的答复本身即具有保密的意义，因此对此类的申请不予答复。其中，除国家秘密和商业秘密外，行政机构有权自行决定对其他保密范围以内的政府信息是否公开。英国的《信息自由法》，原则上所有的政府信息都应当被公开，但与各国的惯例相同，英国保持了部分政府信息作为"例外"不予公开。例外事项分为绝对例外和一般例外，对于绝对例外的信息，政府没有将其公布或对申请人的申请答复的义务；而对于一般例外信息，可以答复是否拥有此类信息，但不能公布其内容。

第三，信息公开立法与国家特定的政治制度联系在一起。在形式上，美国的政府信息公开制度表现为《信息自由法》和多个配套法案的形式，而英国则有统一的《信息自由法》予以规定。同样作为习惯法的国家，美国较早地展开了信息公开立法方面的探索，因此在这个过程中形成了一系列复杂的法案体系。由于美国执行的三权分立制度，导致立法、行政、司法三者之间形成了大量的特殊规定与惯例，制度相对比较复杂但灵活，有许多相互抵触之处需要经由法院予以裁决。相比之下，英国虽然信息公开制度历史悠久，但目前主要的《信息自由法》是应欧盟对于各成员国信息公开的要求制定出来的，根据欧盟的要求其规定详细严密。从英国《信息自由法》制定以后，英国已经废止了超过300个与之矛盾的保密法条或规定，《信息自由法》就是整个信息公开制度的基础，不存在与之平行的特殊规定体系。从这个角度上说，英国信息公开制度的体系化程度更高。

第四，总体而言，美国的信息公开制度已经成为西方各国政府信息公开潮流的样板。美国信息公开制度规定完善、门类齐全，与美国的行政、司法体制有机结合，并且不断根据经济、技术、社会的发展进行创新性的变化，所以有"五年一小改，十年一大改"的说法。虽然随着法律的逐步完善，未来的修订频率预计会降低，但是2016年的最新修订表明，目前的美国政府对于进一步的信息公开和大数据战略的推进已经给予了十足的关注。

5. 中国的政府信息公开制度的发展方向

目前来说，中国的信息公开制度已经初步具有了雏形，但仍然存在较多的问题。在具体执行上，相比于过去无法可依的时候有巨大的进步，但仍然存在巨大的改进空间。如信息公布不及时、不充分、缺少监督、行政诉讼滥诉和徇私枉法的情况同时存在、政策规定不详细和政府执行时随意性过大等。应当指出的是，这些问题是中国政府信息公开制度发展过程中自然产生的问题，希望能够在一开始的规定中就形成一整套完善的政府信息公开体系是不现实的，即便在制度设计上能够对此进行充分的设计，在执行的层面上同样会对政府的信息公开、司法、行政监督等提出极高的挑战。因此最早的规则从原则出发，逐步细化，先明确基本原则与标准，再逐步细化条款，解决现实中存在的问题，与中国一贯的立法与政策出台思路相符，且会对现行运作秩序造成的冲击较小。2016年中央政府决定对《政府信息公开条例》做第一次修改，并于2017年6月6日第一次发布了对《条例》修改的征求意见稿，可以明显看到中国信息公开制度正日趋完善，逐步回应现实当中遇到的问题和挑战。以下是政府信息公开制度存在的问题以及可能的改进方向。

（1）法条冲突需要进一步解决

目前，《政府信息公开条例》中潜藏了对普通公民知情权的认可，但作为行政法规，《条例》无权创设公民的基本权利。有学者认为，作为目前中国在政府信息公开领域的几部主要规范，制定较早的《保密法》《档案法》与制定较晚的《政府信息公开条例》之间存在着难以弥合的冲突——前者立法较早，确立的标准是以不公开为原则，以公开为例外；而后者虽然没有明确提出政府信息公开应当以公开为原则，而是采用了"依法公开政府信息"的说法，但事实上在制定政府信息公开内容的原则性规定的时候，已经隐含了以公开为原则[1]。《政府信息公开条例》作为下位法，其规定虽与中国制度改革和社会

---

[1] 冯云辰. 政府信息公开制度形式化问题研究[D]. 华东政法大学，2016.

发展趋势相符，但与上位法的规定相冲突，这势必影响到人民知情权的真正行使。

其次，目前《条例》的第八条规定为"行政机关公开政府信息，不得危及国家安全、公共安全、经济安全和社会稳定"，但对于什么样的信息属于危害国家、公共、经济安全和社会稳定没有做有效的界定。目前的通行做法是由政府集体研究决定或由保密工作部门对此进行审查，但依然面临着无法可依的状况，因此政府在信息公开上往往持有较为保守的态度，即除了依法必须公开的信息以外，对于没有规定的信息能不公开则不公开，直接影响了政府信息公开制度在现实当中的运作效果。

2017年6月6日，国务院发布了对《条例》的第一次修改意见稿，公开征求意见，其中将"以公开为原则，不公开为例外"正式写入《条例》的总则部分。这表明了党和国家在政府信息公开方面深化改革的决心，但也使得法律条文之间的冲突日趋激烈。因此，对制定较早的法律进行适当的修订，协调好法律法规之间的关系，制定一部完整的《政府信息公开法》将是中国政府信息公开制度进一步发展所必须面对的课题。

（2）政府信息公开义务主体需进一步明确

目前，政府信息公开体系存在的一个显著问题是特定的政府信息公开义务主体不明确，造成政府信息公开的效率大幅降低。具体表现有三种，一种是不同政府部门对同一个问题答复各不相同；二是不同政府部门对同一个申请相互推诿；三是借口政府信息不存在而拒绝提供信息。在中国，同一个事物往往由多个部门同时管理，例如土地拆迁补偿标准，可能会同时涉及土地局、城建局、房管局、规划局和财政局等多个部委，同时相关决定也是由多个部委联合做出。依照《条例》的规定，相关信息应当由有关部门予以公开，却没有明确哪些规定究竟由哪个部门予以公开，在地方性规定当中也没有对这些内容作出规定，这就使得申请人不得不在多个部门同时提出申请。有时是没有部门愿意公开相关的信息；有时是有多个部门对同一个信息作出答复但答复不同；有时推诿发生在平级部门之间；有时推诿发生在上下级部门之间，如市政府和市政府下辖的局委；还有时是相关部门借口信息不存在或不属于自己的职权范围而推诿责任。这种现象的产生原因在于《条例》未明确划分政府信息公开的责任主体。

从国际上看，有四种方法可以解决这种问题。一种是美国采用的方法，详细规定不同政府信息的公布主体身份，形成所谓的"联邦信息登记簿"，需要申请信息公开的时候只需要按照登记簿的规定查找即可，但这种方法的成型需要一个漫长的过程，且需要不断地修订；二是设置专门的审查机构乃至审查专员对此做出裁定，决定相关信息应当由哪一个特定部门予以公开，如英国、日本采取的模式；三是将政府信息公开的主体统一归于相应的地方政府或部委，让确定答复主体转化为政府内部的责任分派问题；四是交由法院裁定政府的信息公开主体，但这需要对行政诉讼相关的法律法规做大幅度的修订。

（3）政府机构的信息提供能力需要进一步提升

首先，政府信息公开本身就是对政府流程规范化的一次考验。政府信息公开需要以规定的格式进行，会把政府的内部运作流程暴露在社会公众的监督当中，因此许多原本没有按照流程规定进行、缺少中间记录文件的决策和信息就会凸显出问题。

其次，政府信息公开会增加政府行政部门的行政成本。除了原本即存在的政府文件以外，大量的政府信息公开文件需要由相关的政府部门进行维护和保管，政府信息公布的网站等平台运作也需要成本，如果要按照政府信息公开的最高标准，即保证政府信息足够的易读，那么对有关政府部门的要求就会更高。相当多的政府文件即便在政府内部也难以获取。因此，期待政府信息公开能够一步到位是不现实的，在逐步推进《政府信息公开条例》和地方规定具体落实的过程中，逐步提升相关政府部门行政事务的规范化程度和信息公开的能力，使得下一步政府信息公开可以以更高的标准进行，也是政府信息公开体系建设的必由之路。

（4）复议、问责、司法救济体系需健全

目前，《政府信息公开条例》规定的监督救济主要分为行政复议和司法救济两大类，其中行政复议是第一道关卡，而行政诉讼则是政府信息公开体系的最后一道防线。

虽然《条例》规定了政府主动公开和依申请公开的制度，尤其是对于政府主动公开的内容，《条例》做出了详细的规定，但是有大量政府本应该主动公开的信息没有公开，或是公开得不全面。例如，地方的三公开支，不是公布得不及时，就是没有明细，只有一个总数，甚至不予公布，效果很差。行政复议本质上是政府机关的自我监督，目前的规定较多是从程序上对此进行规定，鲜有对行政复议制度做出实质性规定的内容。这就导致地方政府或部委在公开信息的时候公开的多少、信息质量的好坏、时间的快慢都对其并无实质性影响，乃至于不对信息公开做出回应。与国外相对成熟的制度相比，中国的行政复议制度往往是内部审核，缺乏实质的有效性。

一个可能的解决方案是明确政府信息公开监督的责任主体，将监督管理的责任从信息公开机构自身转移到无直接利害关系的"第三方机构"，以确保行政复议制度能对不严格履行政府信息公开制度的行为形成真正有效的制约。

与行政复议相对应的，目前中国信息公开的最终救济途径是在司法体系的框架内解决，这也与国际上的一般惯例相符。然而，目前在政府信息公开的司法救济方面，同时面临着执行力不足和"滥诉"问题严重的双重困境。一方面，地方法院系统面对政府总是处于弱势的地位，难以"主持公道"；另一方面，司法系统又面临着非正常的政府信息公开申请的情况。有学者经研究后指出，如果以同一人连续提起10次以上信息公开类行政诉讼为"非正常"行政公开诉讼的标准，那么非正常的行政公开诉讼数量已经在2013—2015年的信息公开类诉讼当中占比超过16%。许多诉讼主体的目的并非是要政府公开相关信息，而是将政府信息公开当作与政府谈判的手段，在诉讼最多的13起案件当中，与土地拆迁纠纷直接相关的就有10件，政府信息公开诉讼信访化作为一个问题日趋突出①。

在2017年6月6日公布的对《政府信息公开条例》的修订稿当中，加入

---

① 郑涛. 政府信息公开中非正常申请行为研究[J]. 电子政务，2016（8）:102–110

了对于信息公开滥诉、滥用知情权的处置规定。此类规定正面回应了滥诉的问题，但同时对于公民知情权的司法救济没有做出更多的保障，这不能不说是一个遗憾。司法系统作为政府信息公开系统的最后一道防线，需要发挥更大的作用。

三、从信息公开到数据开放

随着计算机技术、信息的储存技术和运算技术的快速发展，数据科学的进一步发展和扩大应用获得了坚实的基础。随着数据处理成本的降低和数据处理技术的推广，越来越多的个人、组织和机构可以运用数据获取价值。然而，数据的收集和整理本身往往需要由特定的组织或机构才可能完成，而该组织机构往往只能使用数据的一小部分价值，这就催生出了开放数据的潮流[①]。

信息公开和数据开放共同的基础是政府透明化。在大数据时代，要通过数据开放去加强透明化。信息公开的对象是信息，而非数据，信息可能已被人为加工或解读过，而数据则是一手的，原始的，更具真实性。政府数据开放强调使用信息技术，主动向所有公众免费地，无须授权地，无差别地开放政府数据。政府信息公开是政府数据开放的前提和基础，政府数据开放则是政府信息公开的发展和跃进，在开放的广度和深度上都达到了新的高度。相对于政府一直推行的信息公开而言，开放数据所强调的机器可读性以及其明确赋予数据使用者的自由加值利用（包括商业使用和非商业使用）和分享传播权利，更好地刺激了公众对政府数据资源的需求，并鼓励公众对政府数据加值利用。

开放数据当中的数据通常指一般意义上说的大数据，这类数据往往具有数据规模大、内部变量多、价值密度低等特点。从这个意义上说，大数据不一定意味着具有极高的价值。但随着计算机技术的发展，记录我们生活中更

[①] 于施洋，王建冬，童楠楠. 国内外政务大数据应用发展述评：方向与问题 [J]. 电子政务，2016（1）：2–10.

多的细节变得成为可能，因此相比于传统的、精心获取的、有明确意义的"小数据"，大数据的信息往往是在社会生活当中自动采集而来的数据，内容庞杂，难以用传统的统计分析技术进行运算，因此需要运用到大数据特有的人工智能等技术和特有的分析方法[①]。

由于大数据内容庞杂、价值密度低的特点，使得挖掘大数据的价值变成了一件高度个性化和依赖分析师个人能力的事情，难以由一个特定的组织机构以一个标准化的方式完成。这也就意味着，少数组织对于大量数据的垄断会对数据的挖掘和运用造成巨大的阻碍。为了能够充分利用数据科学的发展成果，一股开放数据的潮流就逐渐兴起。

根据英国开放知识基金会的定义，开放数据的开放最少需要具有三项基本特征：首先，数据必须是完全开放的，不人为地设置任何使用门槛；其次，数据必须是机器可读的形式，如以表格数据而非图片的形式呈现；最后，数据应当开放所有的使用权限，使用者可以免费获取、使用、演绎、复制和传播相关的数据及成果[②]。

因此，开放数据可以被定义为无条件供任何用户使用的数据集。目前，开放数据的运动已经在全球范围内展开，这场运动以少数学术信息开放者为先导，以政府数据开放为契机，以数据的商业运用为助燃剂，在全世界范围以内蓬勃发展起来。

2009年，美国建立起了世界上第一个政府数据开放平台。奥巴马政府上台的第一天，美国白宫就公布了名为《透明与开放政府》的备忘录，备忘录强调要建立一个前所未有的开放政府以赢得公众信任。2009年5月，美国政府数据平台data.gov正式投入运营，开始时公布了三大类47组数据，涵盖了国家基本信息、环境、经济等要素。在此之后，许多其他国家纷纷跟进，新西兰（2009）、英国（2010）、澳大利亚（2010）等国也相继开放了自己的数

---

① 刘海房，莫世鸿，范冰冰. 开放数据最新进展及趋势[J]. 情报杂志，2016（9）:163-167.

② 高丰. 开放数据：概念、现状与机遇. 大数据，2015（2）:2.

据公开平台①。

随着开放数据运动的进一步发展，2011年9月，美国、英国、挪威、南非、巴西、墨西哥、印度尼西亚和菲律宾等8个国家签署了《开放政府宣言》，旨在通过加强技术、公共投资等方面的协作，帮助协定内的各国加快政府数据开放的进程。截至2014年12月，加入政府开放数据协作的国家已经超过了60个。近些年来，除国家外，如联合国等大型国际组织也在推行数据开放政策。

目前，美国仍然是世界上在数据开放方面走在最前列的国家。截至2016年底，美国data.gov的官方网站上已经发布了超过20万个数据集，并开发出超过400个基于数据集的应用，主要涵盖了教育、基础设施、卫生保健、医疗和旅游等领域②。

英国虽然在开放数据战略中起步晚于美国，但发展很快。目前，英国政府的官方数据平台已经开放了超过26000个数据集，涵盖了地理环境、政府、社会、教育等多个方面，并对不同类型、重要程度的信息进行了区分。

在欧美以外，"台湾地方政府资料开放平台"也值得一提，目前提供了超过17000个数据集，主要为台湾地方政府相关统计信息。

中国的开放数据运动起步较晚，目前还没有国家层面的统一数据平台。但目前中国政府对相关领域的发展高度重视。2015年9月，国务院颁布的《促进大数据开发行动纲要》当中，明确了要在2025年以前形成数据资源合理开放共享的法规体系，并在2017年以前明确各政府部门的数据共享范围，2018年实现中央政府层面的数据统一交换平台的全覆盖，2020年底以前实现信用、交通、医疗、卫生、就业、科技、文化、教育、环保、金融和统计等方面服务的数据集向全社会开放。以《纲要》的出台为分水岭，中国开放数据迎来了较为快速的发展。

2017年，国务院办公厅印发的《政务信息系统整合共享实施方案》指出，

---

① 张涵，王忠．国外政府开放数据的比较研究[J]．情报杂志，2015（8）:142-146，151．
② 王岳．美国政府数据开放政策研究[D]．辽宁大学，2015．

要向全社会开放"政府部门和公共企事业单位的原始性、可机器读取、可供社会化再利用的数据集",为中国的政府开放数据实践确定了基调。

根据复旦大学和提升政府治理能力大数据应用技术国家工程实验室联合发布的《2017中国地方政府数据开放平台报告》,截至2017年初,中国共有19个地方政府开放数据平台,其中省级平台5个,副部级城市平台5个,地级市平台8个,区县级数据开放平台1个。其中,全国第一个上线的地方政府数据开放平台即上海数据服务网于2012年6月上线。除北京和上海以外,目前中国的开放数据平台集中在广东和贵州,其中贵州对全省层面的统筹较为突出,而广东则以各地独自展开的数据开放实践为主要特点。在所有的政府平台当中,上海仍然处于开放数据数量与质量的第一梯队,而贵州则后来居上,目前公开的可读数据集数量最多。值得一提的是,武汉提供的数据集数量最多,但可读性较差,不便于用户使用;而上海公开的数据集数量多,但大多为专属格式,不完全符合开放数据的要求[1]。目前,中国的开放数据整体仍处于探索阶段,相关的法律法规仍未出台,数据开放也缺少统一的标准。以政府信息公开的经验来看,在不久的将来,中央政府将在吸取地方实践经验的基础上对此制定统一的管理规范。

四、案例分析:上海数据服务网[2]

随着信息化发展进入移动互联网和大数据时代,数据的价值越发凸显,开放数据运动在全球迅速兴起。

1. 上海数据开放的背景

2011年,根据时任市委书记俞正声的要求,上海市委将"加快政府部门公共信息资源向社会开放,促进信息服务业发展"列为11项重大专题调研之

---

[1] 复旦大学与"提升政府治理能力大数据应用技术国家工程实验室".2017中国地方政府数据开放平台报告[R]. 2017年5月27日.

[2] 田月霞收集了本案例的资料。

一。此次专题调研的成果是，上海于2012年8月在全国率先探索推进政务数据资源向社会开放，启动政务数据资源目录编制和开放试点，包括上海市公安局等9家单位纳入试点。11月，基本建成的上海市政府数据服务网（一期，www.datashanghai.gov.cn）进入试运行，当时，由市政府办公厅和市经济信息化委员会牵头，以"实有人口""法人"和"空间地理"三大基础数据库为基础，市公安局、市交通委、市商务委、市住房保障管理局、市工商局、市统计局、市规划国土局和市卫生局等9个试点单位公布了212项数据产品、30项数据应用，涵盖地理位置、道路交通、公共服务、经济统计、资格资质和行政管理等6大领域。比如，市商务委开放了内贸、外贸、外资、外经以及综合5类数据产品；市交通委提供了包括全市搬场企业名录、全市公交枢纽站分布、中心城区公交站点分布、停车场位置等数据产品；市住房保障管理局开放了保障房工程信息、房地产开发企业信息、房地产经纪企业信息等数据产品。

2014年，上海市经济信息化委印发《2014年度上海市政府数据资源向社会开放工作计划》，上海市政府数据服务网进入全面推进阶段，由9家试点单位拓展至46家市级政府部门。网站全面开放地理位置类数据资源，包括公共事务服务机构、各类功能园区、便民服务场所、文化场馆等的名称、地点、服务内容、服务时间等信息；市场监管类数据也成为开放重点，如各类许可信息、监督检查信息。此外，还重点推进交通数据资源开放，包括掘路占路、封路、公路实时交通、停车场等数据资源。

上海政府数据服务网开放内容已基本覆盖各部门主要业务领域，涵盖了经济建设、资源环境、教育科技、道路交通、社会发展、公共安全、文化休闲、卫生健康、民生服务、机构团体、城市建设和信用服务一共12个重点领域，已累计开放数据集近900个，政府数据资源的编目和注册工作已完成2606条（涉及数据项20784条）。

上海大数据发展已经具备了良好的基础条件，上海有900多万户的光纤到户率，用户超过450万，WLAN接入点累计达到14.2万个。在数据资源方面建成了 2400 万人口的数据库，数据项 15.5 万个，初步形成核心数据库为支撑的数据共享机制。在产业经济方面，上海货物和集装箱的吞吐量居世界上第一，证券交易额占亚洲第二，电子商务交易总额 1600 亿元等。庞大的数据量在支撑着整个城市的运转。

2. 上海数据开放的过程及内容

在上海市政府数据服务网建成以前，上海电子政务以单一部门业务系统为重心，也就是说，上海市统计局、上海市工商行政管理局、上海市交通委员会、上海市公安局等政府部门，各自依托本部门的网站实行政务公开。2007 年以来，上海电子政务步入"信息共享、业务协同、系统集成、渠道整合"的阶段，上海把电子政务的工作重心从建设单一部门业务系统转移到推动信息共享和跨部门业务协调上来。上海市政府数据服务网就是政务公开的这一阶段的产物。

要把政府各部门本来各自分开的政务公开，整合到同一个网站平台上，无疑牵涉到多部门的共同协作，不再是单个政府部门能完成的事情。所以，促进政府部门间业务协调，解决政府数据资源"公开哪些、在哪里、谁管理、谁负责"等问题便成了数据资源开放的前提。

根据《上海市政务数据资源共享管理办法》（2016）规定，"网上政务大厅建设与推进工作领导小组是全市政务数据资源共享管理工作的领导机构，负责协调推进政务数据资源共享有关的重大事项，领导小组办公室设在市政府办公厅。市经济信息化委负责行政机构政务数据资源共享的统筹规划和本办法的组织实施，会同相关部门制定、发布政务数据资源共享交换具体实施制度，承担政务数据资源共享基础设施以及资源管理平台的建设、运行和维护，负责政务数据资源维护管理、安全运行管理等工作"。也就是说，上海市政府数据服务网站是由上海市人民政府办公厅和上海市经济和信息化委员会牵头，相关政府部门共同参与建设的。其中，上海市经信委为网站的运营管理单位，成立了大数据发展处专门负责网站管理。

对于数据谁负责谁管理的问题，上海市政府数据服务网使用条款中写道，"Data Shanghai 的运营管理单位仅对在 Data Shanghai 上发布的各类信息进行形式审查。Data Shanghai 上各类信息服务内容所涉及的数据信息准确性、完整性、合法性及真实性以注册发布该数据信息的政府相关部门或第三方机构为准"。也就是说，网站数据的管理没有一个统一的行政机构，各政府部门是政务数据资源共享的责任主体，应当在各自职责范围内，做好本部门政务数据资源的采集获取、互联互通、目录编制、共享提供和更新维护工作。

上海市政府数据服务网的政务数据开放原则是：

（一）全面共享。政务数据资源以共享为原则，不共享为例外。行政机构应当在职能范围内，提供各类政务数据资源共享服务。

（二）依法使用。对共享数据资源，进行合法、合理使用，不得滥用，不得泄露国家秘密、商业秘密和个人隐私，切实维护数据资源主体的合法权益。

（三）安全可控。依托全市信息安全保障体系，完善全市政务数据资源共享安全机制，确保政务数据资源安全。

从（一）中可以看出，对"不共享"的政务资源并没有明确的限定，各部门对于公开哪些数据、不公开哪些数据有很大的自主裁量权。

各政府部门要接入资源管理平台需达到以下要求：行政机构必须以数字化形式，向资源管理平台提供可共享的政务数据资源的访问接口，确保行政机构业务数据库与资源管理平台之间实时联通和同步更新。对不支持政务数据资源共享和业务协同的项目，项目审批部门不予审批。这里也没有注明"不支持政务数据资源共享和业务协同的项目"包括哪些、范围是什么。

各部门在采集数据时，除法律、法规另有规定以外，是遵循"一数一源"的原则，不重复采集可以通过共享方式获取的政务数据资源。并以数字化方式采集、记录和存储政务数据资源，非数字化信息按照相关技术标准，开展数字化改造。

在资源目录编制中，政务数据资源共享属性分为三种类型：普遍共享（具有基础性、基准性、标识性的政务数据资源）、按需共享（数据内容敏感、只能按特定条件提供给资源需求方的政务数据资源)、不共享(根据法律法规、规章政策或其他依据不共享的)。也就是说,并不是所有政务数据都公开在上海市政府数据服务网上。

由于数据由各行政部门(数据提供方)进行管理,行政机构都建立了本部门资源目录管理制度,对本部门资源目录编制、审核、发布、更新等管理。此外,各部门还指定专人负责资源目录的编制和审核。行政机构提供的共享数据资源,事先都经过了本部门的保密审查。

政府各部门指定专门机构和专人负责政务数据资源共享工作,并将数据资源管理员的信息向市经济信息化委备案。此外,市经济信息化委也定期组织开展政务数据资源共享工作业务培训。

市经济信息化委会同市政府办公厅督促检查政务数据资源共享落实工作。市经济信息化委对各部门政务数据资源的目录编制、资源共享和更新维护情况进行评估,并对评估结果进行定期通报,评估结果纳入市级政府信息公开工作年度考核范围。

2016年上海市政府完成使用市级财政预算的信息化运行维护项目的编目工作,基本实现全市政务数据资源目录的集中存储和统筹管理。此外,市经信委正在探索研究数据服务网长效运营管理模式,采用政府购买服务模式引入市场化力量,加强整体运营和数据管理。

从网站的界面看,上海市政府数据服务网主页界面直入主题,十分简单清晰。页面由两个板块构成,第一板块是可以横向滑动的信息条,展示上海开放数据创新应用大赛(SODA)的有关信息。第二板块是网站的主要部分——数据领域,根据内容不同分为12类:经济建设、资源环境、教育科技、道路交通、社会发展、公共安全、文化休闲、卫生健康、民生服务、机构团体、城市建设和信用服务,点击任何一个领域都能浏览和该领域有关的数据。

从数据内容上来看,经济建设类数据最多,一共有304个数据源[1],远远超出其他领域的数据,提供数据的部门有:上海市发展和改革委员会、上海市

---

[1] 截至2017年7月14日。

经济和信息化委员会、上海市商务委员会、上海市科学技术委员会、上海市民政局、上海市财政局、上海市农业委员会、上海市审计局、上海市国有资产监督管理委员会、上海市地方税务局、上海市工商行政管理局、上海市质量技术监督局、上海市统计局和上海市粮食局。

发改委和经信委部门公布了企业单位各种类型的资格名录、发改委行政审批办理事项状态查询、汽油柴油价格、专项资金分配成果和产业园区信息等涉及经济改革的信息；商务委员会公布了上海市货物贸易进出口情况、主要国际展览会信息、社会消费品零售情况和外商投资白皮书等和涉外商业实务有关的信息；科学技术委员会公布了高新技术企业名单、国家级产业化基地科技企业孵化器等信息；财政局公布了公共预算支出预算数据、行政事业性收费项目目录等和政府财政有关的信息……可以说，经济建设类信息总量非常大，种类丰富，依据数据提供单位来查找数据也十分方便。

城市建设类的数据总量居于第二，共有126个数据源，提供数据的部门有：上海市经济和信息化委员会、上海市住房和城乡建设管理委员会、上海市规划和国土资源管理局、上海市水务局、上海市统计局以及上海市绿化和市容管理局，所有和拆迁、城区改造、房地产开发、地块交易、测绘、住房公积金和绿化等城市建设有关的信息都可以在此查阅。

由于数据种类多、涉及领域广且总量大，对数据内容一一进行分析比较困难，从经济建设和城市建设这两个数据量最大、比较有代表性的领域可以看出数据公开的一般情况。

政府推动数据公开，一方面是政府有责任和义务通过数据资源开放，促进行政透明度建设，提升社会治理能力水平，为政府自身树立良好形象；另一方面，正如各类政策、会议、文件中强调的，数据资源作为生产要素、无形资产、社会财富，其公开能推动社会化增值，助推产业升级和经济转型，帮助社会主动把握和应对大数据时代所带来的机遇和挑战。因此，为了推动已经公开的数据资源的开发利用，网站还推出了上海开放数据创新应用大赛（SODA）。

上海开放数据创新应用大赛是推进社会积极参与、促进开放数据创新创业的重要载体之一，每年都有不同的主题。针对一个城市问题，公众可以结合上海市的具体情况，利用政府公开的数据进行分析、提出建议，从而释放出数据能量，做到城市数据取之于民，还之于民。

2015年由市经济信息化委和上海市交通委联合主办了第一届SODA大赛，以"城市交通"为主题，面向全国征集改善城市交通、便利市民出行的应用程序和解决方案。大赛总计有2000多人报名参赛，完成组队817个，提交创意作品505个。经过初赛、复赛和决赛路演，15个创意应用作品分获各类奖项，例如基于手机UBI的个性化车险定价、新能源汽车租赁系统、基于众包数据的时空挖掘移动应用APP、小青椒智能选房助手等。据上海市政府数据服务网介绍，赛后，还引入了投资机构后续对优秀项目提供投资对接和孵化落地支持，有部分优秀团队及作品已获得投资机构的青睐，有些已经完成千万级融资，预计在年内相关产品和服务可正式上线。

3. 上海数据开放的效果评估

上海市政府数据服务网主页底部显示，网站访问量为1549494次[①]。上海政府数据开放有一个特点，强调数据开放对经济发展的服务推动作用，推动整个社会对政府数据进行社会化增值，助推产业升级和经济转型，主动把握和应对大数据时代所带来的机遇和挑战。

联合国公共经济与公共管理局把电子政务分为五个发展阶段。起步阶段：开通网站，发布静态信息；建设内部局域网，实现文档数字化。提高阶段：网站增多，提供检索功能和电子邮件功能；建设系统专网和单一应用系统。交互阶段：信息定期更新，利用电子邮件进行交流；建设业务管理信息系统，提供业务信息检索。在线处理阶段：用户事务在线处理，数字身份认证广泛有效，信息安全得到保证；基础网络基本整合，后台实现信息共享。无缝阶段：完成从职能导向向服务导向的转变；在线服务完全整合，根据用户需求提供一体化

---

① 截至2017年7月14日。

服务；后台跨部门业务实现无缝集成。

上海正处于从跨部门应用的第四阶段到后台无缝整合的第五阶段的转变中，其关键在于普遍的信息共享和高效的业务协同。单个政府部门的信息公开网站已经建设得比较完善，内容比较丰富，下一步在于如何根据公众和社会的实际需要进行跨部门业务协调，提高开放数据的质量。

总的来说，上海市政府数据服务网的建立，体现出政府治理观念积极顺应大数据时代潮流做出调整，也有利于提升政府形象，现阶段已经取得了一定的成就。

第四章 回应：网络民意与政府回应

民主的核心是人民主权。在理想的民主状态下，人民直接或间接参与政府管理，所有的政府行为都应该能够非常完美地反映人民的愿望[①]。人民的意见也应得到政府的回应。在现代大规模社会中，收集民意不易，把人民的意见集中起来进行回应更是考验着政府的公信力和执行力。互联网的出现为民意的展现提供了一个网络空间，在这个空间中，民意的呈现有自己的特征和逻辑，也为政府更好地把握公共舆论提供了条件。

政府回应性是指政府行为符合公民意见的程度，政府对公民意见的持续回应是现代政治系统的基本特征。中国要建设自己的人民民主制度，政府回应是其中不可或缺的一部分。随着互联网成为中国的主要沟通渠道和平台以来，政府在互联网上对民意的回应越来越受到关注。在网络空间中各方博弈、各种观点激荡互动之中，需要政府能够及时、准确、权威地做出解释和引导，从而提高政府的公信力和权威性。

一、网络民意：内涵与过程

1. 网络民意的内涵

民意又称舆论或者舆情，在现代民主政治中处于非常重要的地位。卢梭在 1744 年左右首先使用"公共舆论"一词[②]，他在《社会契约论》里区分了

[①] 王绍光. 民主四讲 [M]. 生活·读书·新知三联书店，2014:137.

[②] E. Noelle-Neumann. *The Spiral of silence: Public Opinion-our social skin*. Chicago: University of Chicago Press.

众意和公意的区别。众意总是着眼于私人利益，而公意却从公共利益出发。"唯有公意才能够按照国家创制的目的，即公共幸福，来指导国家的各种力量。治理社会就应当完全根据这种共同的利益。"① 论述民意的著作汗牛充栋，关于民意的定义也有千种百种。美国学者查尔兹（Harwood Childs）在 1965 年从各种文献中收集了关于"民意"的 50 个定义②。各个学者都从不同的角度给出了自己的定义。综观这些定义，都不约而同地指向了民意的几个内涵特征：问题的呈现、公众的性质、好恶的综合、意见的表达和涉及的人数③。

民意所探讨的议题一定是公共的，发表意见的人具有一定的数量，并且公开表达了各种各样的意见，这些意见具有好恶的感情色彩，综合起来看，这些意见和价值观牵涉到公共利益。在某个团体里，即使在某一段时间内，众人的意见可以在某一方面获得一致，但意见冲突仍无法避免。即使对某一方面获得协议，仍然不是消除了不同的意见，只是达成妥协。但一般说来，民意却不是有组织的意见，或是固定的意见。民意的作用或民意的价值，就显示在众人对不同问题皆有其不同的意见。民意的内核是国家社会的公共问题。民意的前提是社会中的个人能够胜任地、负责地对公共问题表达他的看法，并且站在公众的立场批评与监督政府的作为。民意的形式是任何被公开表达、每个人都看得到以及发表出来的意见。

民意之所以被视为民主政治的基础，是因为民意是人民主权的表征。一个人民真正做主的社会里必然会尊重民意。罗伯特·达尔认为："在做出具有约束力的决策的过程中，公民们应该有充分且平等的机会，以便设置议题，表达赞成其中一个结果而不是另一个结果的各种理由。"④ 而这种公共言论的表达通过制度整合被纳入整个政治体系，最终输出政治结果，例如某项公共政策的推出或者某个政治领导人的当选。

---

① ［法］卢梭. 社会契约论[M]. 何兆武，译. 商务印书馆，1996:35.
② 王石番. 民意理论与实务[M]. 台北黎明文化专业公司，1995:13-14.
③ Bernard C. Hennessy. Public opinion. Wadsworth Publisher, 1965.
④ ［美］罗伯特·A. 达尔. 民主及其批评者[M]. 曹海军，佟德志译. 长春：吉林人民出版社，2006: 19.

民意需要载体，例如民意测验。今天，民意测验已经被认为是一门测验民意的预测科学。民意测验一般包括选样、问卷访问和结果分析三个主要步骤。民意测验的公正客观性也受到当时社会环境、技术手段等各个方面的因素的影响。不同民意测验的公正客观性也有所不同。有些测验甚至是某些团体和个人为了特定目的而出资举办的，比如打开知名度，为了广告目的宣传等。有的甚至操纵测验结果，或者只公布有利的结果，隐藏负面效果。民意测验是表现民意的一种方法，是对民意的测量，测验的结果并不等于民意。民意测验本身也并不会促进民意的形成。另外一个载体就是大众传媒。大众传媒通过对相关公共议题的报道，反映一定的民意已经成为现代政治中的一种常态。但大众传媒并不能完全反映或者左右民意[1]。第一，大众传媒对某些意见的影响可能很大，对有些意见的影响可能很小。有些问题容易形成政治兴趣，有些问题则造成政治冷漠。一个有较大社会影响的政治议题因为有很多人的关注，大众传媒的影响变得复杂，而一个没有多少人关注的社会问题，人们的意见也许就跟随大众传媒的意见。第二，媒介本身有很多复杂的情况，大众传媒可能呈现多元复杂的政治议题，使得大众传媒对民意的影响变得很难测定。媒介市场的竞争情况、媒介组织内本身的竞争激烈程度、媒介本身的影响力，这些都是影响大众传媒效果的因素。

自从互联网成为重要的沟通载体以来，网络也成为民意的重要载体。特别是在中国，互联网已成为民众政治参与、发表公开意见的主要渠道[2]。互联网相对开放的环境，促成了网络论政、网络监督、网络评判、网络行动等新型的政治参与方式，建构了相对扁平化、交互性、流动性的网络政治空间这一新型政治参与载体。

网络民意是民众在互联网上对特定公共议题所表达出的观点、态度、情绪、诉求和信念的总和。新华社南振中在 20 世纪 90 年代率先提出"两个

---

[1] 大众传媒对于民意的影响在传播学中有很多研究。从 20 世纪 30 年代的魔弹论到 60、70 年代的有限效果论，学者对大众传播无限影响的模式作了很大的修正。

[2] 郑永年. 技术赋权：中国的互联网、国家与社会 [M]. 邱道隆，译. 东方出版社，2014.

舆论场"的看法,指出中国存在着官方舆论场和民间舆论场(或口头舆论场)[①]。自从互联网兴起后,由于互联网独特的开放性、匿名性与流动性特征,使得普通民众乐于参与网络互动与信息沟通,民间舆论场搬到了网上。互联网成为7亿网民公开表达的场所,也使得传统官方媒体不得不把互联网作为传播信息、引导舆论的重要渠道。于是中国网络处于官方舆论和民间舆论不断博弈和动态平衡的状态。继"两个舆论场"之后,刘九洲[②]、童兵[③]等学者又提出了"三个舆论场"的主张,认为我国实际存在一个由政府舆论场、媒体舆论场和民众舆论场构成的复合型多主体舆论场域。总之,7.31亿网民中有91.1%的网民通过互联网来即时通信,84%的网民通过互联网来了解新闻,首先,互联网已经成为中国信息流通和舆论表达的最重要平台;其次,互联网也成为多方力量互相博弈、争夺网民眼球、争取舆论支持的重要平台;最后,在互联网上,各方力量互相之间都有影响,如传统媒体和网络媒体之间存在着"议程互动"[④]。传统媒体的报道或议题经过网络舆论的扩散,会出现舆论的倍增效应。在网络上发酵的议题因为传统媒体的参与报道,而进一步升级为社会热点。

2. 中国网络民意的形成过程

网络民意是如何形成的呢?文斯·普莱斯(Vince Price)等学者认为,网络民意是网上不同组织和意见组(opinion groups)互相商议的结果。[⑤]默尔德(Mulder)认为:网络民意传播的五个要素为政党、网民、媒体、舆论领导

[①] 陈芳.再谈两个舆论场.中国记者,2013(1):42.支庭荣.集合传播权与谦抑性原则——解析社会化媒体时代的"两个舆论场"[J].西北师大学报(社会科学),2014(2):31-36.

[②] 刘九洲,付金华.以媒体为支点的三个舆论场整合探讨[J].新闻界,2007(1):36-37.

[③] 童兵.官方民间舆论场异同剖析[J].人民论坛,2012(13):34-36.

[④] 董天策,陈映.传统媒体与网络媒体的议程互动[J].西南民族大学学报,2006(7):134-138.

[⑤] Vincent Price, Lilach Nir & Joseph N. Cappella. Normative and Informational Influences in Online Political Discussions. *Communication Theory*, 2006(16):47-74.

人和政府①。这都是在西方政治环境中网络民意形成过程中的几个要素。相比西方，中国有自己网络民意形成的要素和过程。

第一，议题。凡是涉及民生，牵涉到全国大部分民众切身利益关切的议题容易形成网上的热点，并且发酵成为网络民意。如2016年魏则西和雷洋的死亡事件，都是在网络上发酵随即发展成为全国热议的网络事件。西安科技大学学生魏则西被查出得了滑膜肉瘤，治愈率极低。后来他通过百度搜索查到"武警北京总队第二医院"后，前往考察，并被该医院李姓医生告知可治疗，于是魏则西开始了在武警北京总队第二医院先后4次的治疗，但收效甚微，最后仍然医治无效去世。在魏则西事件的网络传播中，知乎社区和微信公众号起了很大的作用。魏则西莆田系民营医院、百度推广、部队医院承包体制以及医疗监管制度等话题成为全民关注焦点，因为这攸关每个人的日常生活。他生前在"知乎"广为流传的帖子——《你认为人性最大的"恶"是什么？》述及他艰辛而痛苦的求医过程，涵盖了百度竞价排名及其搜索结果、莆田系医院的欺骗和他与家庭的不幸遭遇等多个方面内容。而后，信息扩散的主要渠道来自微博与微信公众号，继而引爆微信朋友圈这个舆论场域。5月1日，微信公众号"有槽"发布詹涓的文章《一个死在百度和部队医院之手的年轻人》。此后，这篇文章的传播如水银泻地，从微信公众号到微信朋友圈，再至门户网站以及传统媒体②。魏则西事件反映了公众对于自身健康安全感的诉求。搜索引擎被商业利益绑架导致医疗信息失去权威性，私立医院被医疗利益集团所绑架——这些都关系到广大民众自身健康和安全的大事，引起了广泛的关注。

第二，政府介入。当前中国主管互联网的部门是中央和各地的互联网信息办公室。在网络民意发酵到一定程度的时候，网信办会对网络上的信息和言论进行管控。根据2017年6月1日正式实施的《网络安全法》第五十条：

---

① Mulder K. The dynamicsof public opinionOn nuclear power-interpreting an experiment in the Netherlands.*Technological Forecasting and Social Change*. 2012, 79(8):1513-1524.

② 任孟山. 从魏则西、雷洋事件看社交媒体时代舆论新生态[J]. 传媒，2016（5）:37-38.

国家网信部门和有关部门依法履行网络信息安全监督管理职责,发现法律、行政法规禁止发布或者传输的信息的,应当要求网络运营者停止传输,采取消除等处置措施,保存有关记录。网信部门在网络事件发展过程中是否介入监管、监管到什么程度直接影响到网络民意的发生和发展。

第三,意见领袖的作用。拉扎斯菲尔德在20世纪40年代提出二级传播理论,他认为大众传播的内容并不是直接到达受众,而是经过了"意见领袖"中介作用,媒介传播的内容经过意见领袖的过滤和中转,再到达一般受众[①]。互联网上同样存在意见领袖。这些意见领袖起到了对民意的整合作用。中国当前网络意见领袖包括:(1)掌握一定资源的精英,如明星、知识分子、商人、社会活动家等。(2)通过互联网走红的"网络名人"。在现实生活中并不掌握资源,但在公共问题上敢于发声,深谙吸引公众关注的技巧,利用自己的独特魅力吸引关注。依托于各种新媒体平台,意见领袖已经形成了虚拟的线上社区,这一社区在驱动公众参与和推动政策回应等方面的作用日益显著。公共议题能否受到关注关键在于互联网上的表达是否嵌入意见领袖社区中。互联网上的"喃喃自语"只有进入意见领袖的社区之中,才能上升为公共表达,进而引起公共舆论的关注,出现政策回应的可能[②]。2011年3月9日,南京市太平北路40多棵梧桐树被"放倒"在地,准备迁移,为地铁3号线大行宫站让道。有网友将南京太平北路此前绿树成荫的图片配以梧桐被"砍头"后等待装车的图片,在微博上转发给了著名主持人——"老南京"黄健翔。此后,黄健翔在微博上发帖呼吁拯救,并专门组建了一个拯救梧桐树的微博活动,主持人孟非、导演陆川、媒体人李承鹏等众多社会知名人士也纷纷跟进呼吁,由此引发了大量的关注和回帖支持。在舆论压力下,3月15日下午,南京市副市长陆冰带领市城管局和地铁建设指挥部相关人员及各大媒体进行了现场办公调研,并宣布将主城区1000多棵要迁移的树减至600多棵。3月

---

① P. F. Lazarsfeld, B. R. Berelson and H. Gaudet.The *People's Choice*. New York: Columbia University, 1948.

② 曾繁旭,黄广生.网络意见领袖社区的构成、联动及其政策影响:以微博为例[J].开放时代,2012(4):115-131.

16日,不少南京市民自发走上街头,为可能遭砍伐的梧桐树细心地系上绿丝带,以这种无声的方式表达心中的不满。在南京梧桐树事件中,以黄健翔、孟非、张宁等为代表的网络意见领袖依靠既有的粉丝数已获得足够的关注,他们的意见和观点能够通过粉丝的"转发"行为被放大,从而使得南京梧桐树事件在网上形成了集群,观点、舆论不断发酵,最终使得政府不得不采取行动[1]。

第四,传统媒体和新媒体之间的互动。学者丁柏铨提出了互联网时代"舆论倒逼"的概念,即互联网通过对公共事件的议论和发酵,为传统媒体设置议程,倒逼传统媒体不得不关注这些议题[2]。在互联网时代,传统媒体和新媒体之间形成了一种互动。对某一议题的网上言论和意见,是否能最终成为舆论,传统媒体的介入是一个关键性的因素。新媒体曝光突发性事件并吸引受众关注。传统媒体承接针对突发性事件后续报道和发布官方消息。新媒体以迅捷的速度爆出突发性新闻事件,但往往缺乏细节和真实性,受众在接收第一轮报道之后会渴求新闻事件发生的背景和原因,传统媒体凭借其本身的媒介属性扮演着承接后续报道和发布更具权威消息的媒介角色。新媒体左右受众对突发性事件的关注程度,传统媒体发布更具真实性的信息,并引导针对突发事件的社会实践[3]。新媒体与传统媒体的变化经历了从替代到竞争再到合作、互动和融合的变化[4]。

二、互联网时代的政府回应

网络民意并不一定代表真正的民意。首先,中国互联网普及率为

---

[1] 曹阳,樊弋滋,彭兰.网络集群的自组织特征——以"南京梧桐树事件"的微博维权为个案[J].南京邮电大学学报(社会科学),2011(3):1-10,34.

[2] 丁柏铨.略论"舆论倒逼"[J].新闻记者,2013(4):3-9.

[3] 张梦溪.传统媒体与新媒体在突发性事件传播中议程设置互动分析——以问题疫苗事件为例[J].新闻研究导刊,2016(8):91-92.

[4] 王辰瑶.从替代到融合——新媒体与传统媒体关系研究的回顾与走向[J].浙江传媒学院学报,2009(5):2.

53.2%①，还有一半不到的人口并未上网；其次，也不是所有上网的网民都在互联网上发表意见。事实上，大部分人并不在网上直接表达自己的观点。根据麦康奈尔（McConnell）和赫伯（Huba）的估计，大约只有1%的互联网使用者会在网上贡献内容，剩下的99%都是"潜水者"②。如果把1%的表达者称之为积极网民的话，那么"潜水者"就是消极网民。积极网民的观点会影响消极网民。网络民意发展到一定程度会对政府产生压力，迫使政府进行回应。在中共中央办公厅所发布的《关于全面推进政务公开工作的意见》中规定："回应社会关切，建立健全政务舆情收集、研判、处置和回应机制，加强重大政务舆情回应督办工作，开展效果评估。对涉及本地区本部门的重要政务舆情、媒体关切、突发事件等热点问题，要按程序及时发布权威信息，讲清事实真相、政策措施以及处置结果等，认真回应关切。依法依规明确回应主体，落实责任，确保在应对重大突发事件及社会热点事件时不失声、不缺位。"③李克强总理也要求各级政府："我们各级政府官员都要'用好手机'，设计好'互联网+'的渠道，不断提高处理政务信息、感知群众冷暖和应变社会舆情的能力。"④可见，收集、回应网络舆情已经成为互联网时代中国政府的内在规定。

国外学者对于政府回应的研究开始于20世纪80年代，这种研究在传统行政管理模式向现代化民主行政发展过程中不断得以加强。由于到了20世纪70年代以科层制为基础的政府存在机构臃肿、效益低下、僵化死板等诸多问题，国外学者在对科层制批判和反思的基础上展开了对政府回应的理论研究，尤其是新公共服务理论和治理理论的发展，更是将政府回应提到至高无上的

---

① 中国互联网络信息中心.中国互联网络发展状况统计报告[R].2017（1）.

② B. McConnell and J. Huba.The 1% Rule: Charting Citizen Participation. https://favsub.com/bookmarks/edit/2602–church-of-the-customer-blog-the-1-rule-charting-citizen-participation，2006–05–04.

③ 关于全面推进政务公开工作的意见.http://www.rmzxb.com.cn/c/2016-02-17/701137.shtml，2016-02-17，采集时间：2017-05-30.

④ 李克强.各级政府官员要不断提高感知群众冷暖应变社会舆情的能力.http://www.gov.cn/xinwen/2016-09/14/content_5108490.htm，采集时间：2017-07-01.

位置①。美国学者斯塔林认为政府回应应当在回应程度、产品、价格、促销、分销方面建立以顾客为中心的政府②。霍哲也持有类似的观点：以顾客（公众）为中心的服务可以增强政府的回应性，他将政府回应定义为政府对公众接纳政策和公众提出诉求要作出及时的反应，并采取积极措施来解决问题，除此之外，政府回应强调及时与主动。政府应该是第一时间、第一地点地出现在现场，定期主动地向公众征询意见、解释政策和回答问题③。

我国对政府回应的研究开始于21世纪初。随着市场化改革的深入，社会从单一化走向多元化。为了满足社会和公众多样化需求，履行政府职能，政府必须要重视公众的问题和意见，并及时回复。在这样背景下，国内学术界开始关注政府回应问题。国内学者对政府回应的定义仍然是建立在斯塔林的定义基础上，即政府对公民要求的反应和主动征询意见。何祖坤认为政府回应就是在公共管理中，对公众需求和所提出的问题作出积极敏感回复的过程。政府回应具有互动性，是政府与民众双向互动的过程④。俞可平认为政府回应不仅仅是对公民要求的及时和负责的反应，还包括定期地、主动地向公民征询意见、解释政策和回答问题。政府回应的发展趋势是随着科学技术的进步，网络成为政府回应的有效载体，在互联网普及的网络社会中，政府回应会更加具有实效⑤。

随着对政府回应研究的发展，学者赋予政府回应更多的内涵，比如从民主政治角度将政府回应看作善治的标志，公职人员和管理机构的回应性越大，表明善治的程度越高⑥；从政府责任角度出发，政府责任意味着政府回应，从最广意义上来看，政府责任是指政府能够积极地对社会民众的要求做

---

① 赵晗. 中国地方政府回应机制建构研究 [D]. 吉林大学，2011.

② 格罗弗·斯塔林. 公共部门管理 [M]. 中国人民大学出版社，2012.

③ Holzer M, Callahan K. Government at work : best practices and model programs[M]. Sage, 1998.

④ 何祖坤. 关注政府回应 [J]. 中国行政管理，2000（7）:7-8.

⑤ 俞可平. 治理和善治引论 [J]. 马克思主义与现实，1999(5):37-41.

⑥ 俞可平. 治理与善治 [M]. 社会科学文献出版社，2000；李伟权. 简论政府公共决策回应机制建设 [J]. 学术论坛，2002（4）:39-42.

出回应[①]；从公共政策角度出发，政府回应是指政府能够积极地对社会民众的需求做出回应，并采取积极的公共决策措施公正有效地实现公众的需求和利益的公共管理过程。李婧雅等学者还总结了政府回应的四个内涵：一是政府回应具有互动性；二是政府回应基于对社会期望的理解；三是政府回应的效果是既能够满足期望又能够引导期望；四是政府回应的表现形式是公共政策[②]。

那么在互联网环境下政府回应的特征是什么呢？从国内早期对政府回应的研究开始，许多学者就已经普遍认为政府回应与互联网的发展密切相关，网络成为政府回应的有效载体，在互联网普及的网络社会，政府回应更加有效，政府与公众之间的互动范围、真实性和效率会大大提高[③]。

在网络空间中，微博、微信等新媒体平台上的政府回应引起了不少关注。随着政务微博的兴起，微博平台更成为公众直接与政府部门沟通，直接参与公共治理的有效渠道。运用社交媒体平台有益于政府政策的公开、透明，更增加了一条政府应急事件处理的信息公开通道[④]。政府发现社交媒体可以作为提升透明度的工具。伴随着政务微博的出现，政府部门利用社会化媒体进行公共治理信息公开能更加具有时效性，更加直接地向社会公众进行信息推送[⑤]。这种更加直接的信息推送与传递方式促进了政府部门与社会公民之间的互动与对话[⑥]。政务微博已然成为信息交互、重塑政府形象的利器，政务微博

[①] 张成福. 责任政府论 [J]. 中国人民大学学报, 2000, 14(2):75–82.

[②] 李婧雅. 服务型政府视角下网络问政研究 [D]. 广西大学, 2015.

[③] 何祖坤. 关注政府回应 [J]. 中国行政管理, 2000(7):9–10.；李伟权. "互动决策"：政府公共决策回应机制建设 [J]. 探索, 2002(3):42–45.；刘力锐. 论我国网络民意的特征与政府回应 [J]. 求实, 2009(6):66–69.；管人庆. 论网络政治表达的政府回应机制 [J]. 天府新论, 2012, 14(1):1–8.

[④] 曹劲松. 政府机构微博与官民交流创新 [J]. 现代传播－中国传媒大学学报, 2011(5):59–63.

[⑤] 周诗妮. 微博辟谣：公共突发事件中网络谣言治理的新模式——以日本"3·11"地震事件为例 [J]. 东南传播, 2011 (4):9–11.

[⑥] 刘中望. 媒介新技术：互联网与当代生活方式 [J]. 湘潭大学学报(哲学社会科学), 2010, 34(1):95–98.

的兴起不仅打开了更为深入和广泛了解民情民意的"政策窗口",也疏通了促进社会和谐的民意渠道,这种交互平台的开放性与无障碍性有效弥补了传统媒介民意反映不足的缺陷[①]。

从中央到地方的各级政府官员也在主动通过网络平台发布信息、征询民意、接受监督,形成和民间频繁的互动[②]。有学者认为微博平台上的公共舆论影响了管理政府的决策过程[③]。在网络参与的影响下,政府与公民共享政策的制定权[④]。决策的主体,由单一行政主体向网民多元主体转变;决策的过程,由政府封闭向网络开放转变;决策的方法由传统经验向网民群论群议、现代科学方式转变;决策的目标,由单一固定向面向全社会的动态转变;决策的权责,由权责失衡向网络督导权责对等转变[⑤]。

政府回应在社交媒体盛行的背景下仍然面临着较大的挑战。开放式的网络政治参与可能会导致社会公共危机的发生,给政府管理与信息控制带来了高度的不确定性与风险[⑥]。它导致了传统的行政控制、精英主义舆论引导策略都面临着巨大的挑战,传统"把关人"的力量弱化[⑦]。由于传统的管制思维,政府对网络传播规律的认识不足,对多样化网络舆情的处置不妥,从而导致一些地方政府出现了一定程度的信任危机和治理困境,给政府管理与应对网络舆情提出了挑战[⑧]。

---

① 倪明胜.政治博客的民主维度考量[J].天津行政学院学报,2009,11(1):29-35.

② 徐徐.试析"网络问政"所折射的政府、媒体、公众关系[J].新闻记者,2009(10):79-81.

③ 陈剩勇,杜洁.互联网公共论坛与协商民主:现状、问题和对策[J].学术界,2005(5):35-47.

④ 顾丽梅.网络与政府治理——网络参与与政府治理角色变迁之反思[J].浙江社会科学,2011(1):29-35.

⑤ 李静.我国食品安全监管的制度困境——以三鹿奶粉事件为例[J].中国行政管理,2009(10):30-33.;卢剑峰.行政决策法治化研究[D].兰州大学,2010.

⑥ 王金水.公民网络政治参与与政治稳定[J].中国行政管理,2011(5):74-77.

⑦ 谢金林.网络舆论的政府治理:理念、策略与行动[J].理论探讨,2010(2):8-12.;谭立鹏,刘峰.新时期网络舆论生态构建的探索[J].新闻世界,2009(11):137-138.

⑧ Vitak, J., Zube, P., Smock, A., Carr, C. T., Ellison, N., & Lampe, C. It's complicated: Facebook users' political participation in the 2008 election. *CyberPsychology, behavior, and social networking*, 2011, 14(3): 107–114.

另外，社交媒体正成为移动实时通讯技术在联动应急领域的新热点，并开始在突发事件应急中发挥重要作用。于德山认为，网络突发事件可以分为两种。第一种是完全在网络世界中"引发、酝酿、进展，最终发展成为具有一定影响力"的突发事件。第二种则是某一社会事件"经过网络舆论传播，发展成为轰动一时的突发事件"[①]。也就是说，在目前的互联网时代中，突发事件以及舆论危机，要么直接由网络触发，要么是经由网络从地域性事件扩散至全国性的舆情事件。

社交媒体在应急状态下促进政府回应和突发事件应对的功能主要体现在两方面。一方面，社会公众间能够通过新媒体平台进行沟通交流，分享突发事件应对信息和建议，形成应急自救网络，使突发事件情况更加透明清晰，从而帮助社会公众及时应对突发情况[②]。学者通过研究发现了基于微博平台的互帮互助网络社区，公众可以在社区中寻找与应急救援相关的信息，也可以进一步确认突发事件信息的真实性。公众通过微博平台可以从被动地接受救援对象转变为主动地参与救援处置人员[③]。台湾学者对2009年8月8日台湾风灾中网友共建的在线灾害报告中心进行了分析。研究发现该平台呼吁暴风侵袭地附近的网友收集如损伤情况或所需帮助等信息，及时发布到社交网站。此平台还充当了资源汇集、后勤配置、救援物资发放和志愿者招募的平台，将公众自救和互救的能力提升到新的水平[④]。

另一方面，公众也会通过社交媒体平台向政府或应急组织及时发布现场

---

① 于德山.共识与分歧：网络舆论的信息传播研究.北京：社会科学文献出版社·社会政法分社，2016:51.

② Palen, L., & Liu, S. B. (2007, April). Citizen communications in crisis: anticipating a future of ICT-supported public participation.*In Proceedings of the SIGCHI conference on Human factors in computing systems*(pp. 727–736). ACM.

③ Diaz&Herranz, 2014; Cheong, M., & Lee, V. C. A microblogging-based approach to terrorism informatics: Exploration and chronicling civilian sentiment and response to terrorism events via Twitter. *Information Systems Frontiers*, 2001, 13（1）: 45–59.

④ Cui, K., Zheng, X., Zeng, D. D., Zhang, Z., Luo, C., & He, S. (2013, June).An empirical study of information diffusion in micro-blogging systems during emergency events.*InInternational Conference on Web-Age Information Management* (pp. 140-151).Springer, Berlin, Heidelberg.

一手信息，评价政府部门应急响应措施，协助政府部门及时调整应急响应行动策略，以满足特定地区应急处置需求。有学者研究了海地地震应急响应过程后发现，公众通过新媒体平台进行协作，绘制了受灾地区地图，为政府部门下一步应急响应的物资运输和语言翻译提供基础知识[①]。新媒体平台的公众"众包"能够产生大量有价值的信息，第一时间向政府部门提供受灾公众应急需求，加深了政府应急机构对灾情的了解，甚至提供了应急救援所需的专业知识信息[②]。

近年来，我国网络群体性事件频发，对政府的危机应对提出新的挑战。很多学者也对于当前社会的网络群体性事件及政府应对做出了相关分析，并提供了相应的对策。总的来说，政府对于网络群体性事件的应对可分为短期应对和长期应对。短期应对针对某一个爆发的网络群体性事件，如何及时有效地平息舆论；长期应对则指的是在目前的社会和互联网环境下，如何从制度上减少网络群体性事件的总体爆发数量。

三、中国政府网络回应的制度建构

随着新媒体的普及和政务社交媒体的应用，政府部门颁布了一系列法律法规来管理新媒体。其中有相当部分的内容涉及如何运用新媒体进行政府回应。笔者通过搜索北大法宝数据库[③]发现，截至2016年4月26日，共有中央法规司法解释249993篇（其中法律2177篇，行政法规8110篇，司法解释6230篇，部门规章208120篇），地方法规规章1051567篇（其中地方性法规

---

① Yates Dave, Scott Paquette. Emergency knowledge management and social media technologies: A case study of the 2010 Haitian earthquake. *International journal of information management* 2011, 31（1）: 6–13.

② Tapia, A. H., & Moore, K. Good enough is good enough: Overcoming disaster response organizations' slow social media data adoption. *Computer Supported Cooperative Work (CSCW)*, 2014, 23（4–6）: 483–512.

③ 北大法宝数据库又称中国法律检索系统，是号称中国最早、最大法律信息服务平台北大法律信息网的旗下产品。

24330篇，地方政府规章254254篇，地方规范性文件997137篇）。在此法律数据库中抽取样本，将有良好的代表性。

笔者首先运用网络爬虫的方法，分别以"微博""微信"词汇从中央法规司法解释库、地方法规规章两大数据库中获取相关法律文件，共搜得4173份法律文件。经过数据清理，删去含有关键词，但与研究无关的法律文件后，共获得4047篇。考虑到立法和司法审判用语的特殊性，以信息为关键词，依靠发布部门分类的功能，筛选出对社交媒体发挥监管作用的法律文件39篇，总计4086篇。从数据分布上看呈现不断增长的趋势，反映公共部门越来越重视对社交媒体的监管，其中2010年以前19篇，2011年253篇，2012年685篇，2013年1221篇，2014年1909篇。

中国社交媒体管理政策内涵丰富，可以从新闻传播、公共管理、法律三个角度进行分析。根据法律文本内容和实际管理实践，可以分成七大部分：政务公开、政府回应、应急管理、宣传活动、电子政务、政务类社交媒体运营管理和社会管制。其中政府回应主要由五部分组成，即舆情监测、接受举报投诉、民众业务咨询、政治沟通、处理与意见领袖间的关系。

首先从绝对数量上来说，涉及政府回应的法律法规呈现快速增长趋势。其中政民沟通部分增长较快，数量最多，说明越来越多的地方政府意识到新媒体是政府和网民沟通的重要平台。在2013—2014年，涉及处理意见领袖关系的文件数量迅速增加。在常态下大V等意见领袖发表对时尚、公共事务等领域的评论，影响众多关注他们的网民。在网络群体性事件中，民间大V、媒体等扮演了重要的意见领袖角色，对事件本身的发展走向起着重要的作用，例如提供新闻事实、发表有影响力的评论影响舆情。不少政府意识到网络空间中意见领袖所扮演的重要角色，开始学习处理与意见领袖的关系，并通过法律法规进行制度化，所以文献数量出现了迅速的增长。

表 4-1 政府回应类法规政策数量和比例

	2010年	2011年	2012年	2013年	2014年
舆情监测	1	29	26	47	59
接受举报投诉	1	7	27	34	43
民众业务咨询	0	2	17	24	22
政民沟通	0	22	46	83	183
处理意见领袖关系	0	4	7	7	23
	2	64	123	195	330

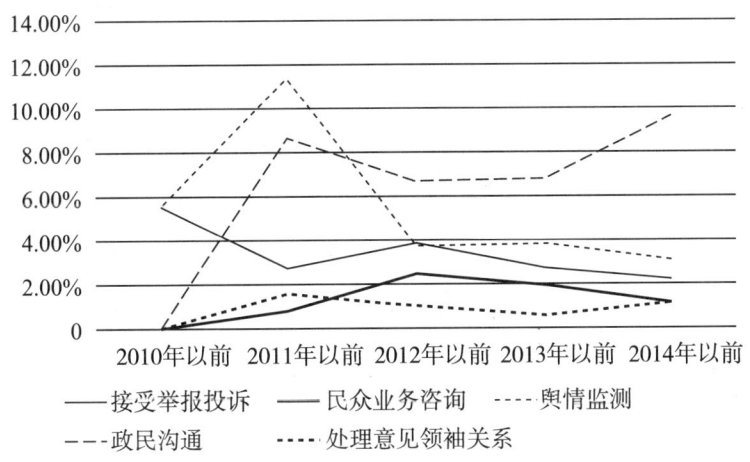

图 4-1 政府回应占总体比例变化图

另外，对于突发性的公共事件，我国在"非典"疫情后加快了对于突发公共事件应对机制的建设，并出台了多项法律法规，保障政府对于突发事件信息发布的公开透明和及时有效。2003年以后，我国相继出台了《突发公共卫生事件应急条例》《国家突发公共事件总体应急预案》《中华人民共和国突发事件应对法》和《中华人民共和国政府信息公开条例》四项主要条例和法律。这些文件的核心内容在于规范突发公共事件的政府应对措施，要求包括信息发布"及时、准确、全面"，并使用"便于公众知晓的方式"进行信息公开。同时，我国于2010年正式建立了新闻发言人制度，作为应对舆情和媒体沟通的专门措施。这一模式延续了传统媒体的逻辑，通过新闻媒体来搭建政府与民众之间信息发布与沟通的桥梁。目前，新闻发布会已经成为突发事件应急的惯例。一些重大突发事件会召开多次新闻发布会，以确保媒体和民众接收到最新的事件信息。如 2015 年发生的"东方之星"客轮翻沉事件就举行了超过 15 次的新闻发布会，以通报最新的搜救、善后和调查进展。

四、中国政府网络回应的行为评估

我国政府的突发事件应对也体现了从单向管理到双向沟通的转变过程。2003 年的"非典"疫情及其舆论爆发是我国突发事件应对的转折点。"非典"疫情暴发前期，政府对于疫情的详情和发展状况基本采取不报瞒报的做法。然而，这种瞒报并没有阻止社会舆论发酵。在信息获取不充分的情况下，对于突发事件消极的应对方式反而催生了社会恐慌、谣言等严重影响社会稳定的因素。这种情况体现出在危机应对中，如果忽视沟通与交流，很可能导致比事件本身更严重的危机。"非典"事件的舆情爆发促使我国政府的舆情应对开始向信息透明化和公开化转变，从"如何包"转到了"如何报"，从内容控制转到了"方向调控"[①]。

学者刘力锐研究认为从回应的直接结果和政府主动性的标准可以将政府现阶段对网络民意的回应概括为无回应、被动回应和主动回应[②]。笔者认为政府网络回应应有以下几个指标：（1）政府对网民留言的回复数量；（2）政府对网民留言回复的反应时间，即从标志性网络表达或讨论出现到政府做出正式反馈的时间跨度；（3）网民对政府回应的满意度，网民满意度最重要的影响因素还是政府回复的内容，如果政府回应内容空泛，缺乏解决措施，那么将严重降低网民满意度。

以上 3 个指标分别从数量、速度、满意度不同侧面对政府回应进行衡量，而政府回复的内容是网络空间下政府回应最核心的衡量指标，通过对政府回复内容的分析可以反映政府回应的质量。中外学者对中国政府网络回应的行

---

① 俞熙娜，沈爱国 . "非典"事件对新闻改革的影响 [J]. 当代传播，2003（6）:6–7.
② 刘力锐 . 论我国网络民意的特征与政府回应 [J]. 求实，2009(6):66–69.

为做了实证性的研究。陈景云指出政府回应存在选择性回复,即回复偏好,比如民生问题诉求的回复率高于环境问题诉求的回复率①。张华等人通过对惠州市网络问政平台进行案例研究发现留言板型网络参与下的政策参与和政府回应同样存在"选择性回应"现象。对于选择性回应的原因,他们运用金登的多源流模型解释了政府选择性回应,他们认为并不是所有问题流和政策流都能够汇合,即民众关心的问题与政府政策偏好并不完全重合②。王国华寻找网络平台运行绩效的影响因素。他将回复率作为网络问政平台运行绩效的衡量指标,将经济发展水平、互联网普及率、网民诉求量、制度化水平、地方领导重视程度和地方政府级别作为自变量,进行量化研究。研究结果发现网络问政制度化和地方各级领导重视程度是影响网络问政平台运行绩效的关键因素③。哈希德(Hassid)和迪斯特尔霍斯特(Distelhorst)等学者(2014)的研究结果同样证实了政府官员对网民诉求的重视程度影响政府回应。哈希德(Hassid)等人(2011)通过评估政府官员在媒体曝光社会事件后回应公众过程中各方主体的约束和诉求,发现政府官员对网络存在恐惧感,认为网络言论可能引发集体行动,使得政府官员高度重视网民诉求并迅速回应④。迪斯特尔霍斯特高度评价了中国政府在网络空间的回应性,并将中国政府的回应模式归因于地方官员对公众形象的看重⑤。

1. 网络留言板的政府回应

互联网的迅猛发展和日益普及为政民互动的模式提供了新的发展空间。

---

① 陈景云. 回应性视角下网络问政的缺失与完善[J]. 前沿, 2015(6):40–43.

② 张华,仝志辉,刘俊卿."选择性回应":网络条件下的政策参与——基于留言型网络问政的个案研究[J]. 公共行政评论, 2013(3):101–126, 168–169.

③ 王国华,罗泉,方付建. 网络问政平台运行绩效影响因素研究——基于人民网地方领导留言板的分析[J]. 管理现代化, 2011(5):36–38.

④ Hassid, J. and Brass, J. N. 2011, Scandals, Media, and Government Responsiveness in China and Kenya, In APSA 2011, Annual Meeting Paper.

⑤ Distelhorst, G. and Hou, Y. Ingroup Bias in Official Behavior: A National Field Experiment in China, *International Quarterly Journal of Political Science*, 2014, 9(2).

一方面，民众通过网络参政议政的热情和需求不断增长，网络成为民众行使知情权、参与权、表达权和监督权的新平台。另一方面，政府愈来愈多地通过网络提升理政水平。网络空间成为政府了解民情、倾听民意、汇集民智的重要渠道。在此背景下，以各级政府、网络媒体为依托的网络问政平台蓬勃发展。人民网《地方领导留言板》便是其中之一。作为目前唯一一家覆盖全国的互联网官民平台，该留言板被称为"社情民意的集散地、亲民爱民的回音壁"。笔者统计了从2014年9月1日到2015年9月1日期间，累计已有56位省委书记、省长、500多位地市级一把手、1400多位县级领导对人民网《地方领导留言板》网友留言做出公开回复，涉及全国内地31个省区市中的30个。

笔者设置了三个自变量：议题类型、地方制度化水平、地方政府重视程度，通过编码进行数据分析，以探究其对因变量——政府回应情况的影响。

（1）议题类型。议题类型即公民留言的涉及领域，包括三农、环保、医疗、就业、文娱、感谢、拆迁、城建、交通、旅游、企业、检验、教育、贪腐、治安和其他类型。在操作层面，通过八爪鱼数据采集器采集了人民网地方领导留言板样本时间段内的所有留言，经整理得，城建、三农、交通议题留言最多，分别占样本总量的15.4%、12.3%、11.8%；感谢、文娱类留言最少，分别占0.3%、0.8%。可见民众对经济发展类问题普遍较为关注。而其中，环保、城建、拆迁留言的政府回复率较高，分别占59.89%、59.59%、56.45%，即政府对民生福利类、国土建设类议题回应得较多；对于贪腐的回应最少，仅占6.43%，其间可能涉及一些政治上较为敏感的话题，故而政府不会选择在网络平台上进行公开回应。

（2）制度化水平。制度化办理网友留言是规范政府回应机制的有力保障，不少省市均出台了不同程度的关于网络留言办理机制的文件，从实施方案、工作方案、规定、意见到暂行规定、暂行办法程度不等。笔者主要根据各省市有无出台相关规章制度或文件进行界定。在30个省级行政单位中，20个省级行政单位出台了相关文件，占66.7%，比重较高；就留言的样本数量来看，15361条留言中，11078条属于有制度保障的省级行政单位，占72.1%，说明就整体而言，我国省级网络政府回应制度化水平较高。

（3）地方政府的重视程度。地方政府的重视程度指政府在多大程度上关注对网络留言的回应，相关指标主要有领导人公开发表的相关的讲话数量、领导人就某些留言的公开回应及政府出台的研究报告数量。由于统计难度和数据收集能力所限，将其简化为"省级党委负责人或行政长官是否曾对人民网网民留言做出回应"。

在30个省级行政单位中，22个省级行政单位出台了相关文件，占73.3%，比重较高；就留言的样本数量来看，15361条留言中，13516条属于领导重视程度较高的省级行政单位，占88%，说明就整体而言，地方政府对于网络留言回应的重视程度较高。

就因变量而言，笔者把它分为回复率、回复时间、回应程度。

（1）回复率，指政府回复数量占留言总数的比率。经统计得：安徽、四川、河南三省回复率较高，分别为95.4%、79.3%、73.8%；黑龙江省、北京市则回复率偏低，分别为0.5%、1.8%。此外，样本平均回复率为52.8%，回复率虽高于未回复率，但整体仍不算高。

（2）回复时间，指政府回复留言的时间与网民留言时间之间的间隔时间，以"天"计。回复时间也是政府回应表现的一个重要维度。经统计，重庆市、四川省及西藏自治区的平均回复时间最短，分别为7天、18天、19天，而黑龙江省、上海市的回复时间则最长，均超过了一个季度。此外，样本平均回复时间为35.6天。

（3）回应程度，指政府能从多大程度上回应网民的留言、满足网民的诉求，我们将政府的回应程度由深入浅分为以下四种类型：第一，提出具体的方案以积极落实、解决公众的诉求，或对公众提出的现实状况进行实地调查、核实并予以解决；第二，对公众所提出的问题进行明确的责任部门和相关政策的解释和说明，需要公众自行对此进行进一步的了解和沟通，基本满足公众的需求；第三，对公众提出的问题给出简单的提示性回答，如将该留言转交相关部门或建议公众自行咨询相关部门，不能一次性解决问题；第四，由于留言者所提供信息的不完整、不具体,无法解决问题。

经统计,67%的回复对公众的问题进行了直接的解决或落实,回复质量较高;此外大多对公众诉求进行了政策性的解释说明,或进行了任务的对交、转接;仅有少量因信息缺失而无法进一步回复。见下表:

表4-2 回复程度表

	条数	有效百分比
直接落实	5427	67%
解释说明	1494	18.4%
任务转交/建议咨询或解决去处	818	10.1%
信息残缺无法直接处理	336	4.1%
合计	8098	100%

基于以上对变量的分析,本研究提出如下假设:第一,议题类型显著影响政府回应性;第二,制度化水平显著正向影响政府回应性;第三,地方政府重视程度显著正向影响政府回应性。

笔者采用Logit回归,在统计控制的基础上考察领导的重视程度、地方领导回复留言制度化水平和议题领域因素对政府回应公民留言的影响模式。模型的因变量是政府回应性,即政府回应或是不回应公民诉求,采取"0-1"测量。模型(1)纳入领导重视程度因素;模型(2)增加了地方领导回复制度化的因素;模型(3)纳入议题领域因素,考察不同议题对领导回应的影响。

在三个模型当中,笔者对影响政府回复率的因素一一作了分析。

(1)领导重视程度与政府回复率

模型(1)引入了领导重视程度这一自变量,主要由省、直辖市、地方自治区地方领导留言板是否有省长、省级党委书记的回复进行统计。在统计结果中,其回归系数为负,说明领导重视程度与政府回复率是负相关的。其中,领导重视地方政府领导留言板的政府回复率是领导不重视地方政府领导留言板的政府回复率的53%,体现出领导不重视地方领导留言板的回复比领导重视地方领导留言板的回复反而更能得到政府的回复。这个现象可能出现的原因是目前某些省份已经形成了一个制度化的回复机制。由于目前面临原有省长或是省级党委书记卸任或是职位上的交接，新上任的省长或是省级党委书记因为本省、直辖市、自治区已经在地方各级政府部门建立较为完备的回复制度，在省长或是省级党委书记主要工作任务聚焦于其他领域的情况下，还未进行较为频繁的回复。

（2）留言制度建设与政府回复率

模型(2)相对模型(1)引入了留言制度建设的变量，此时领导重视变成了控制变量，回归系数由模型(1)的 -0.635 变为 0.709，建立留言制度的回复率是没有建立的 2.032 倍。在统计结果中，其回归系数为正，说明留言制度建设与地方政府回复率是正相关的。其中，有留言制度建设的地区政府的回复率是没有留言制度建设的地区政府的回复率的 2.032 倍。

（3）议题类型与政府回复率

模型(3)在模型(2)的基础上引入了不同的议题类型的变量，体现了公民留言的不同议题类型对政府选择性回复的影响。其中，就业、感谢、企业和贪腐问题与政府回复率呈统计不显著；三农、环保、医疗、文娱、城建、拆迁、交通、旅游、教育和治安与回复率呈统计显著。此外，医疗、就业、感谢、旅游、建言和贪腐与政府回复率呈负相关；三农、环保、文娱、拆迁、城建、交通、企业、教育和治安与政府回复率呈正相关。在有显著性的议题类型中，三农、环保、文娱、拆迁、城建、交通、教育和治安是与公民生活休戚相关的议题类型、公民关注的重点，这些议题类型更多地得到了政府的回复。这个现象可能出现的原因是，这些类型的议题不涉及与政治清廉相关的敏感问题，政府较容易进行信息的核实、行政程序的跟进以及科普性信息的回答。而在这几个领域内，发生比的不同体现着政府对其回复率的差异。将有显著性的议题类型的发生比进行一个从大到小的排序，得出政府倾向于回复的议题类型排序为：文娱＞城建＞拆迁＞环保＞交通＞教育＞治安＞三农。

而与回复率呈负相关的议题类型分别有：医疗、就业、感谢、旅游、建言和贪腐。

例如贪腐议题，由于地方领导留言板的功能定位在于网络平台上的咨询，而贪腐领域的问题较为敏感，涉及地方官员的任免、地方政绩考评等，所以从政府角度说，首先，从功能定位考量，政府不会在一个主要是用来增进政民沟通的平台上对贪腐问题进行广泛回复。其次，由于如贪腐问题处理的机会成本较高，可能涉及国家机密信息的调取或是触及一定的利益集团，因此在回复议题时，官员倾向于将重点放在不那么敏感的议题上。此外，感谢、建言等议题的留言主要是公民单方面的情感抒发或是建议的提出，此时的官员被视为一个信息的接受者，处理问题的职能淡化。因此，未必对信息进行回复。

政府回应速度同样是政府回应的重要组成部分。下面本研究对影响政府回应速度的因素展开了分析。

政府回应速度是指网民留言到政府给予回应所需要的时间。通过单因素方差分析，发现省份、地方领导重视与否、网民留言制度建设与否以及公民提出的议题领域对政府回应速度具有显著的影响。

（1）政府回应速度的省际分布特征

根据不同省份的平均回复时间方差分析，其 F 值为 48.26，显著性小于 0.01，说明不同省份的平均回复时间存在显著的差异。全国各省、自治区、直辖市的平均回复时间为 45.47 天。重庆市、四川省、西藏自治区和宁夏回族自治区的平均回复时间较短，均少于 20 天，而江西省、贵州省、云南省和黑龙江省的回复时间最长，均超过 80 天。

（2）地方领导重视对政府回应速度的影响

地方政府领导重视与否显著地影响政府回应速度。在没有受到地方领导重视的情况下，地方政府对网络上的公民诉求的平均回复时间为 41.08 天，而在受到地方领导重视的情况下，平均回复时间为 35.13 天，后者的时间少于前者，速度快于前者。

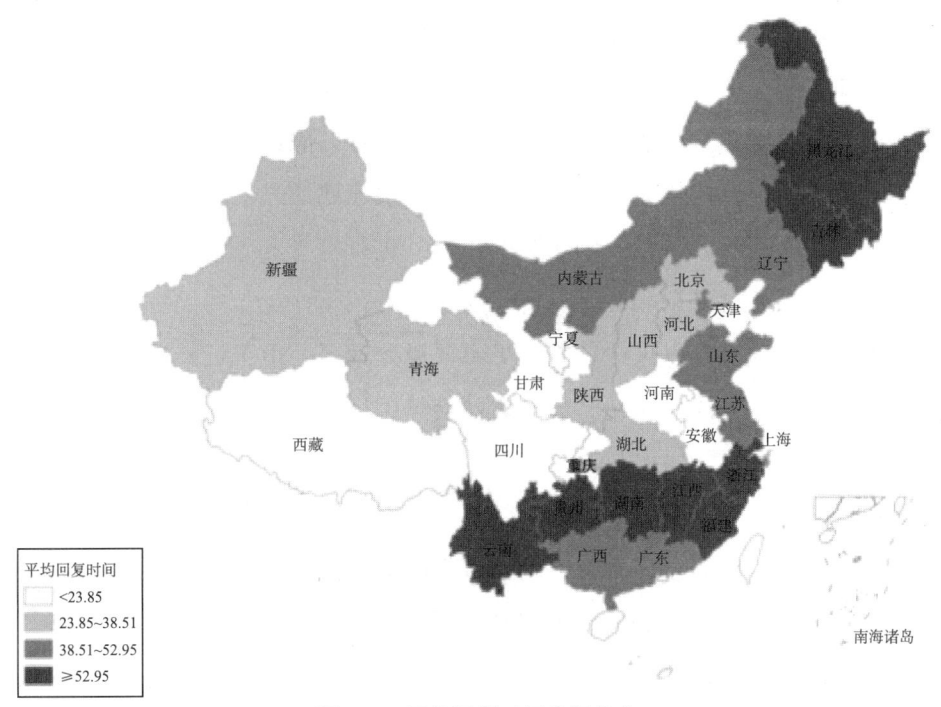

图 4-2 平均回复时间省际分布

（3）网络留言制度建设对政府回应速度的影响

网络留言制度建设与否显著地影响政府回应速度。建立网络留言制度下的平均回复时间为 34.82 天，少于没有建立网络留言制度的平均回复时间为 38.62 天。根据单因素方差分析，其 F 值为 11.534，显著性小于 0.01，说明建立与没有建立网络留言制度的平均回复时间存在显著的差异，网络留言制度显著影响政府的回应速度。

（4）议题领域对政府回应速度的影响

政府对不同的议题类型的回应速度存在显著差异。在单因素方差分析中，其 F 值为 6.681，显著性小于 0.01，说明不同的议题领域的平均回复时间存在显著差异，主题领域对政府回复速度有显著的影响。其中，各议题领域的平均回复时间为 37.14 天，政府对文娱、就业和交通等领域的回应时间最短，速度最快，分别为 28.09 天、32.06 天和 32.83 天，而环保、医疗和贪腐等领域的回复时间最长，速度最慢，分别为 38.98 天、40.11 天和 40.23 天。可能的原因在于议题涉及领域的复杂性会影响到政府对议题的判断、核查和处理速度。诸如文娱、就业、交通和教育等民生领域，关系民众生活质量，影响人民幸福感，政府对这些领域更加重视和及时处理。除此之外，民生领域的问题相对简单，信息比较充分，政府部门可以快速地通过留言平台获取信息并且进行初步的判断，再转发到相关部门由其进行核查和处理。但是贪腐、治安和医疗领域相对复杂和敏感，贪腐问题牵扯范围广泛，网民提供的信息真假难辨，而且政府难以进行核查，更不要说处理了。由于近年来医疗事故频发，"医闹不断"，医疗问题已经成为社会热门话题，因此政府部门对该类问题的态度更加谨慎。

基于以上研究，可以得出以下结论：网络留言制度和议题类型对政府回复率有显著影响。地方领导重视、网络留言制度和议题类型对政府回应速度有显著影响。政府选择性回应的问题依旧存在。

2. 省级政府的网络回应

另外，笔者研究了2014年、2015年两年中国省级政府的网络回应，关注各个省、自治区、直辖市在门户网站、政务微博和微信对发生在本省（市）的网络舆情事件的回应。笔者把政府平时的网络回应分为两个方面：一是门户网站，二是政务微博、微信。门户网站考察其是否有政府信箱、来信总数、是否有网上调查、是否有交流论坛、是否有网上投诉和是否有问题的在线解答等；政务微博、微信主要考察其粉丝数、阅读量、转发数、内容的丰富性、信息来源的可靠权威性、互动性等。二是在网络群体性事件中的沟通。在网络群体性事件中的沟通，包括回应内容的全面性、回应渠道的多样性等。评价的尺度主要有两个层次，一是传播的效果，政府回应能否为更多人所感知；二是回应的有效性，政府回应能否满足公民的需求。结果发现：

在获知公民诉求方面，省级政府都做得不错，而在与公民沟通、实际处理公民诉求方面，政府工作尚有较大提升空间。以门户网站为例，政府通过设立政府信箱、进行网上调查、设立交流论坛等方式和民众进行沟通。从双向互动的子项来看,政府在设立信箱、进行网上调查等方面较为积极。开设上述功能的省份占总体比例超过了70%;而仅30%的省份开设了交流论坛,供公民和政府进行话题的讨论。

在政府门户网站平台上,各省的工作成效差异巨大。导致这些差异的原因主要有三点:一是政府网站本身有无开通该功能。二是有无做到服务群体细分。上海不仅开设了市长信箱,而且开放了信访受理窗口、市各职能部门领导信箱、基层领导信箱,满足公民表达不同类型诉求的需要。三是是否具备回应性。开设领导信箱、法律法规草案民意征询等功能后,应及时、有效地回答公民提问,使公民真正有参与感。

在政务社交媒体平台上,政府回应的积极性普遍不高。究其原因部门间的合作主要还是信息共享,没有真正实现业务上的整合。笔者在2015年做了一项实验,向政务社交媒体提出六个民生相关问题,衡量其回应方式、回应时间和回应质量。实验结果显示,绝大部分省份没有进行有效的回应。首先,回应的意愿不强。在询问了31个省、自治区、直辖市的政务微信后,6个民生问题中仅3个得到了答复,并且其中的2个是询问2遍才得到答复的。其次,回应的质量不高,仅社会保障的问题得到了有效的答复,得到了具体的联系方式。其他问题的答复都是询问对口职能部门,如车管和交警部门究其原因,主要是各部门之间的协作机制没有有效建立起来。通常省级政务微信由政府办公厅等单位主导运营,职能部门的人员有效参与程度不足。新媒体平台的前端部门和提供相关服务智能的后台部门缺乏长期、有效的信息沟通,导致新媒体平台缺乏接受公民咨询的专业能力。

网民与政府互动的热情不高,有较大的提升空间。笔者在2014年以每个省为基本单位,对政务微博状态的评论数、点赞数、转发数进行统计分析。分析结果显示,平均每条微博状态的评论数仅为2.93条,点赞数为3.6条,转发数为9.4条,和普通人微博的传播效果相当,影响力难以和意见领袖抗衡。如下图所示,也有部分省份的互动情况显著好于其他省份。

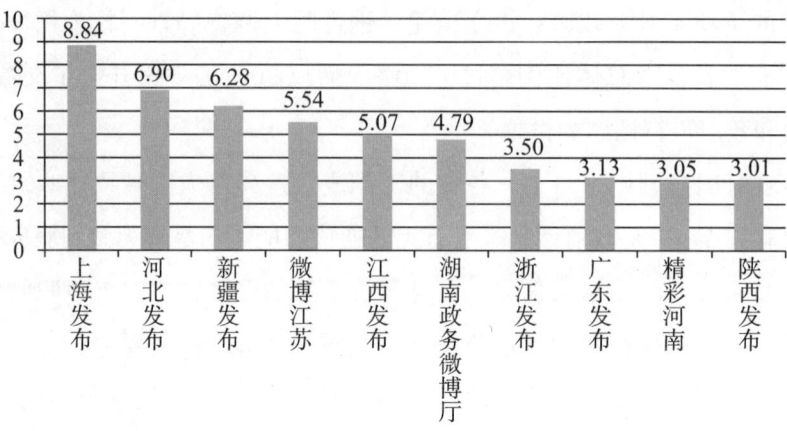

图 4-3　平均每条微博评论数排前10的省份

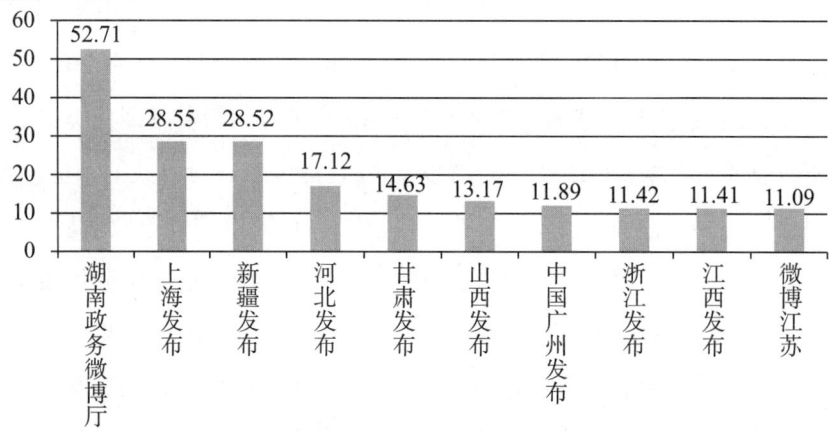

图 4-4　平均每条微博转发数排前10的省份

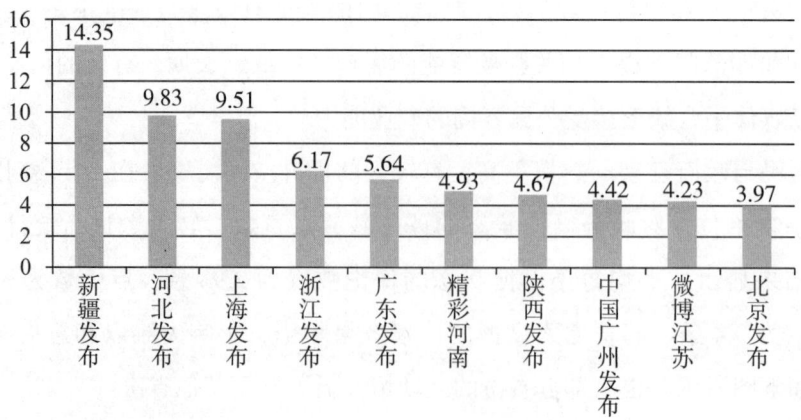

图 4-5　平均每条微博点赞数排前10的省份

笔者经过数据分析发现：评论数、转发数的多少并不和更新频率显著相关，政务微博内容质量、表现形式才是影响互动效果的重要因素。灵活运用图片、音频等形式展现内容是改善互动的重要方法。上海发布平均每条微博状态的评论数为8.8条，居全国最高，而对应发布的照片数高达0.96张。江苏省、河南省、湖南省也运用了同样的策略，收效良好。

如果平时状态下政务社交媒体运营效果不佳，那么网民会失去关注的兴趣，甚至取消关注政务社交媒体。只有在平时状态下信息的发布与互动效果良好，才能够获得更多网民的关注。从长远看，这将为在突发公共事件期间，使更多网民收到官方发布的权威信息打下良好的基础。

五、案例分析：2015年深圳滑坡事件

有学者在分析2006年到2013年的50个网络群体性事件的基础上，对于政府回应的标准做出更细致的划分，研究表明政府的主动性、时效性、透明度和公正性越高，事件的解决效果越好[1]。以时效性为例，人民网舆情监测室就曾提出处置突发事件的"黄金四小时原则"，说明政府及时发布权威信息是有效平息舆情的关键。从具体的回应方式和媒体沟通上看，多类型多平台互动渠道的建设，则是网络群体性事件应对的核心。比如在厦门PX事件中，政府和民众在项目落地事宜上进行的座谈就积极推动了事件的解决。在这方面，很多学者都集中讨论了如何通过传统媒体与新媒体进行有效的议程设置的问题。尽管网络媒体有着更快的传播速度，但传统媒体的作用不可忽视。传统媒体依然拥有权威性、公信力和社会主流度的优势[2]。另外，政府还应支持传统媒体发挥其组织资源，对事件进行深入挖掘和采访，以真相引导舆情趋于理性[3]。在网络平台的搭建上，则要多开发新型方式，如网络投票等来引导民

---

[1] 杨立华，程诚，刘宏福.政府回应与网络群体性事件的解决——多案例的比较分析[J].北京师范大学学报（社会科学），2017（2）:110-124.

[2] 罗亮.网络群体性事件：概念、特征及其治理[J].行政与法，2010（9）:45-48.

[3] 周洋.网络群体性事件中政府危机传播管理研究[J].新闻前哨，2010（9）:39-42.

众表达情绪和诉求①。

下面笔者以2015年深圳滑坡事件为例,来探讨深圳市政府在危机应对中的网络回应是如何的。

1. 深圳滑坡事件过程

2015年12月20日中午11点40分左右,深圳市光明新区一淤泥受纳场的人工堆土突发大规模土石崩塌事故,导致33栋厂房和民宅被掩埋。根据深圳市中级人民法院和南山区人民法院、宝安区人民法院的审理认定,该事故最终伤亡结果为73人死亡、4人失踪。"深圳光明新区'12·20'滑坡灾害调查组"的调查则认定,事故发生地没有建设有效的排水系统,从而导致了滑坡,因此事故不属于自然灾害,而属于安全生产事故。

深圳滑坡事故在网络上引起了广泛关注与讨论。微博上的"深圳山体滑坡"话题累计3亿阅读量和14.2万次讨论。百度指数显示,12月21日,"深圳山体滑坡"的搜索指数与媒体指数创下新高,搜索量超过210万次,媒体报道则超过4000篇。媒体报道和民间舆论主要集中在救援情况、事发原因和追责等话题上,形成了较高的舆情热度。

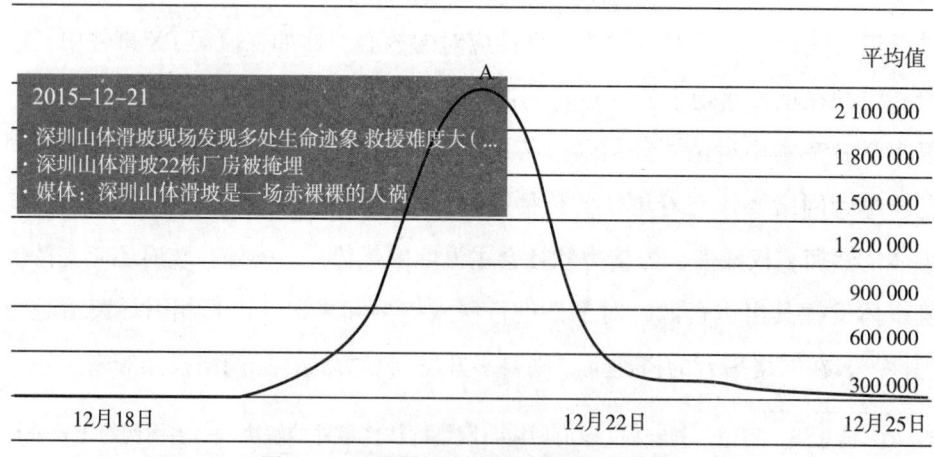

图4-6 深圳滑坡事故百度指数变化趋势

---

① 罗亮. 网络群体性事件:概念、特征及其治理[J]. 行政与法,2010(9):45-48.

近年来，我国的许多突发灾害事件混杂着天灾与人祸的性质。一方面，事件形式接近于自然灾害如滑坡、沉船等。另一方面，人为因素如监管缺失、预警缺位等才是导致事件发生的根本原因。这类事件往往会造成较大的人员与经济损失，其严重性容易激发民众的关注。同时，由于事件原因涉及不作为和追责等问题，极易引发负面的社会舆论。深圳滑坡事件是其中的一起典型案例。事件刚曝出时，由于现场信息有限，多数媒体采用"山体滑坡"形容事件性质。当日晚10点，国土资源部官方微博发布通报，认定事故为"人工原因"导致，是一起"生产安全事故"。该微博得到近2000次转发，引发了公众和媒体的舆论高潮。舆论不再集中于救援情况，而是转向对于事故的问责、城市建设的隐患、政府监督的失职等问题，就此形成了民间舆论场。

事件发生不久，深圳市政府开始通过政务微博发布事件相关应急信息，形成官方舆论场。由于事故的性质和舆论转向，深圳市政府在通报事故和救援情况的同时，还需应对民众有关事件责任认定的追问，城市建设安全的担忧，以及政府不作为的质疑。笔者考察了官方话语和传播策略在此次事件中的呈现，来分析深圳市政务微博在此次滑坡事件中的微博舆情应对。

2. 深圳政务微博信息发布

考虑到用户数量、信息容量和影响力，案例分析的信息与文本主要来自于"新浪微博"平台。根据关注数量，收集的数据主要来自深圳市政务微博"深圳微博发布厅"就滑坡事件发布的相关微博，以及网民对于这些微博的转发和评论。

本文所选取的微博账号"深圳微博发布厅"是深圳市互联网信息办公室官方微博，于2012年7月开通，在新浪微博上的认证中属于政府外宣性质，也是深圳市政府发展政务微博以来主要的对外沟通平台。该政务微博拥有近202万粉丝。在深圳滑坡事件中，"深圳微博发布厅"于事件两小时内开始发布相关讯息，并不断跟进救援、伤亡、调查等情况和信息，是深圳市政府在滑坡事件中最主要的网络舆情应对平台。

数据时间上,"深圳微博发布厅"以及民众微博的相关评论发布集中在滑坡事件发生的一周内。因此,本文重点关注2015年12月20日至12月27日期间"深圳微博发布厅"和民众微博发布的有关深圳滑坡事件的微博信息与评论。最终,本文检索到"深圳微博发布厅"发布的事件相关微博信息118条,相关转发5001条,以及相关评论4114条。通过对于"深圳微博发布厅"微博内容以及传播的分析,本文将考察"深圳微博发布厅"在此次事件中的应对特征和效果。

滑坡事故发生于2015年12月20日中午11点40分,事故发生两小时内,"深圳微博发布厅"于下午1点22分发布首条相关微博,并在事故当日连续发布38条微博进行信息更新。对深圳市微博舆情信息发布时间和发布量的统计显示,民众微博的回复量与"深圳微博发布厅"的信息发布数量较为一致,基本可以分为三个阶段。事故发生当日为信息爆发期,时间为当日下午至凌晨的12个小时。这一阶段中,"深圳微博发布厅"的信息发布数量与网民的转发回复量都处于最高水平。12月21日至12月23日为信息缓解期,该时期内,"深圳微博发布厅"的信息发布数量相比事故爆发当天有明显减少,但仍稳定在每日10条至20条,网民的回复与转发则下降至每天500条左右。12月24日后的三天为信息长尾期,"深圳微博发布厅"每日发布5条至10条的信息,民众的关注度也持续走低,除了12月26日发布的"头七"悼念微博外,转发与回复量都在100条以内。

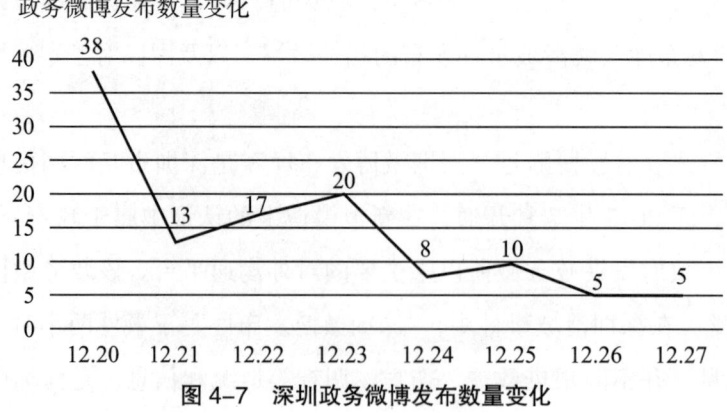

图4-7 深圳政务微博发布数量变化

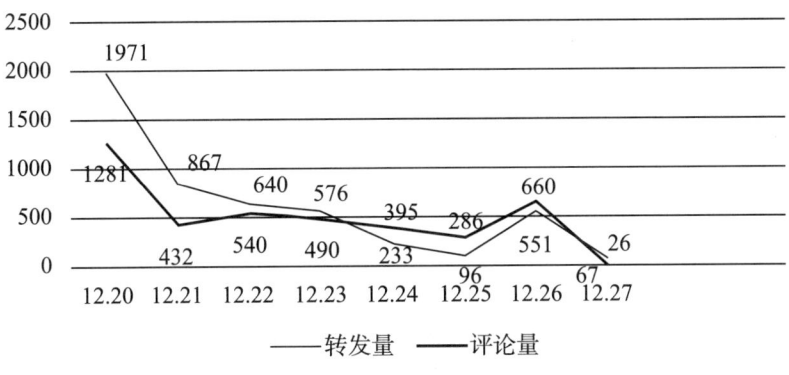

图 4-8 网民转发与评论数量变化

3. "深圳微博发布厅"的话语分析

对"深圳微博发布厅"发布的 118 条相关信息进行话语分析，大致可分为 9 类内容。公布救援情况的微博最多，共有 39 条，占 32.77%；进行伤亡通报的有 12 条，占 10.08%；预告和通报新闻发布会情况的有 18 条，占 15.13%；表扬应急团体和个人的有 5 条，占 4.2%；进行安全排查的有 6 条，占 5.04%；跟进事故原因和调查工作的有 8 条，占 6.78%；报道领导视察和指示工作的有 10 条，占 8.4%；悼念祈福类微博有 4 条，占 3.36%；民生情况通报（主要集中受灾居民安置、事故周边交通管制和电网恢复情况）有 17 条，占 14.29%。

表 4-3 "深圳微博发布厅"信息发布的话语变化

类型/日期	20日	21日	22日	23日	24日	25日	26日	27日	合计
救援情况	16	5	2	8	2	2	1	1	39
伤亡通报	2	2	5	3					12
新闻发布会	3	2	2	4	3	4			18
事迹表扬			3		1	1			5
安全排查			2	1			2	1	6
事故调查			1	3		3	1		8
领导指示	4		1	1	2		2		10
悼念祈福	1	1					1	1	4
民生情况	12	3	2						17
总计	38	13	18	22	8	10	5	4	

由表 4-3 可以看出，"深圳微博发布厅"的关注点比较集中，但是随着事件发展也有一定变化。其中，救援情况和新闻发布会情况这两类信息发布重心贯穿了整个舆情时期，共计 45% 的信息占有率表明这两个信息关注点在该事件相关信息发布中占有比较高的地位。

通过比较信息发酵期和信息平缓与信息长尾期的信息发布，可以明显看出"深圳微博发布厅"发布的信息有不同的侧重点。在信息发酵期中以发布有关伤亡通报和民生情况的信息为主，而在信息平缓期与信息长尾期则以安全排查与事故调查信息为主。事故发生前期，政府主要投入在救援过程中，发布的信息多与救援和事故本身关系密切，如安置受灾市民、舒缓交通等。事故发展中后期，政府开始建立专项小组调查事故原因，同时开始排查事故的潜在隐患如瘟疫、水污染等。这种信息发布变化与政府应对突发事件的过程比较吻合。另外，"深圳微博发布厅"发布的事件相关信息中，"事迹表扬""悼念祈福"和"领导指示"类微博数量较小，三者的信息占有率合计在 15% 左右。

结合以上几点，可以认为"深圳微博发布厅"的事件信息发布比较全面，呈现了合理的变化，基本涵盖了民众的核心诉求和疑问。

4. "深圳微博发布厅"的传播策略分析

中外学者都对危机应对策略做出了很多研究。笔者选取了库姆斯提出的"情境危机传播理论"（Situational Crisis Communication Theory）。库姆斯根据危机责任的归因，将危机类型分为"可预防型危机""受害型危机"和"意外型危机"三种。他指出，在危机事件发生后，应对方会依据危机的不同类型采取不同的危机应对策略。危机应对策略大致可以分为"否认型""淡化型""重塑型"和"支持型"四大类。"否认型"策略主要运用"寻找替罪羊""回击质疑"或"否定责任"等方法；"淡化型"策略一般通过"寻找借口"和危机的"合理性"来淡化危机为组织所带来的伤害；"重塑型"策略会使用"补偿"和"道歉"等化解危机；"支持型"策略主要采取"提醒""迎合"和"寻求共鸣"的方式来重塑组织形象。在策略的使用和组合上，库姆斯指出，否认型策略不能和其他三种策略混合使用[①]。

"否认型"策略和"淡化型"策略主要指否定责任和寻找借口。从"深圳微博发布厅"的话语统计中可以看出，"深圳微博发布厅"在此次事件中基本没有使用"否认型"和"淡化型"策略。事件发生两小时内，"深圳微博发布厅"就开始快速更新事故现场状况，承认事件的严重性，同时向公众公开信息。值得注意的是，在事件信息发布的前期，"深圳微博发布厅"曾用"山体滑坡"形容事件。"山体滑坡"的修辞偏向自然灾害，运用这样的话语有寻找借口的嫌疑。不过，在网友通过评论质疑工地现场根本不存在"山体"这一条件后，"深圳微博发布厅"停止了"山体滑坡"这一说法。从这一转变也可以看出，当互联网使政府与民众的信息获取越来越对称的时代，民众对于政府寻找借口的做法是比较敏感，也比较反感的。因此，"否认型"策略和"淡化型"策略必须谨慎使用或者不使用。

"重塑型"策略包括"补偿"和"道歉"。其中，"补偿"具体指对事故受害者进行相应补偿和妥善安排。"道歉"指正视责任，请求原谅。在深圳滑坡事件中，"救援情况""民生情况""领导指示"这三类话语均属于"补偿"类的"重塑型"策略。"道歉"则包含了"安全排查"和"事故调查"两类话语。从数量上看，"深圳微博发布厅"主要运用了"重塑型"策略，具体表现为以下几点：

第一，不断更新救援情况。在"深圳微博发布厅"发布的事件相关信息中，"救援情况"比例超过30%，位列第一。在有关救援情况的微博中，"深圳微博发布厅"运用了图片、数据等方法，力求信息的生动和准确。比如，在12月22日，"深圳微博发布厅"发布的一条微博详细地列举了参与救援的人力与物资状况。

---

① [美]提莫斯·库姆斯.危机传播与沟通.[M].台湾：台湾风云论坛出版社，2003.

截止今日11时，参加救援各种力量已超5000多人，其中警力4249人。其中警备区42军工兵团981人，武警部队2728人，深圳公安消防300人，特警240人。投入机械设备有挖机178台、炮机21台、装载车11辆、泥头车64辆、推土机30多台、吊车4台、搜救设备生命探测仪123台、出动4台无人机，另外现场有30头搜救犬。

@深圳微博发布厅 V

图4-9 "深圳微博发布厅"微博截取

对于救援工作的详细报道和更新不仅可以让民众第一时间掌握事态变化，还可以展现政府面对突发事件的应对能力。通过强调政府的救援手段和效果，重新构建政府对于事态的掌控力，从而稳定民情和社会舆论。另外，救援还可以正面突出政府对于事件的重视。这些都可以帮助重塑政府的责任感和能力，以此弥补事件本身对于政府形象的损害。

第二，持续发布事故波及区域的民生信息。除了救援情况外，在事发后三日内，"深圳微博发布厅"发布最多的信息为事故波及区域的民生信息如交通管制、电路和网络恢复等问题。这些信息的评论数虽然不多，但其中几条得到了超过100次的转发，说明这些信息确实为当地居民所需。深圳市政府在应对该事件时在事件本身外，没有忽视事件为其他居民带来的不便，并通过"深圳微博发布厅"积极告知当地居民相关信息，也展现了政府认真负责的处理态度。

第三，正面回应了"安全排查"和"事故调查"的问题。从事件信息发布的第一天起，"深圳微博发布厅"相关微博的评论中就不乏"调查事故原因"的舆论拷问。值得肯定的是，"深圳微博发布厅"没有回避这一问题，从22日开始发布有关"安全排查"和"事故调查"的相关微博。尽管没有具体解释事故原因，但展现了调查事故原因的决心，从侧面反映出政府对于责任的正视。

"支持型"策略主要包括"提醒""迎合"和"寻求共鸣"。"提醒"通过强调组织曾经做过的相关好事来唤醒对组织的好感。"迎合"是指对事件中所有的利益相关方进行正面评价和感谢。"寻求共鸣"强调组织本身也是事件中的受害者。

具体到深圳滑坡事件中,"深圳微博发布厅"主要运用了"迎合"的方式来执行"支持型策略",通过悼念祈福和事迹表彰类的话语,表达了政府对市民在此次事件中的感谢和称赞。25日,"深圳微博发布厅"转发"深圳市民政局微博"有关义工支援的信息,写道"深圳成熟义工机制的优势也再次显现,数千名义工在灾区后方为群众提供24小时轮班服务",类似的微博还包括"深圳这几天最让人泪湿眼眶的40个瞬间"。

这种话语和策略将危机责任方和危机受害者塑造成了一个整体,通过构建"万众一心"的整体感,来缓解民众对于政府的质疑和负面评价。

通过分析"深圳微博发布厅"在滑坡事件后的应对措施,我们可以对深圳市在此事件中的危机应对做出一些评价:深圳市政府在本次滑坡事件中的应对是比较有效的。从危机沟通的取向看,深圳市政府及时向民众发布了事件的信息,话语上涵盖了民众关心的多个层面,同时正视了事故调查这一核心诉求。在应对策略上,深圳市政府主要采用了"重塑型"和"支持型"策略,而非对于事件的否定与淡化,也取得了比较正面的反馈。具体的总结可见下表。

表4-4 "深圳微博发布厅"的应对策略总结

具体危机	利益相关方	应对策略
发生滑坡事件	事件受害者	淡化型、重塑型、支持型
事件现场救援	事件受害者、政府	重塑型、支持型
事件原因调查	事件受害者、民众、政府	重塑型
事件周边安全性	事件受害者、民众、政府	重塑型

在我国政府的突发事件应对中,突发事件本身的性质、地方政府的能力等多种因素都会影响到应对的具体方式和效果。但总体来说,深圳市政府在滑坡中的一些表现体现出良好的突发事件应对的一些特质。首先,"深圳微博发布厅"的反应速度符合人民网舆情监测室所提出的"黄金四小时"要求,在

事发两小时内就发出第一条微博，应对速度明显好于同年发生的上海外滩踩踏事故和天津港爆炸事故，也因此避免了谣言等次生舆论危机的产生。其次，运用了良好的策略选择与组合。根据表4-4的总结可以看出，深圳市政府在此次事件应对中，没有混合使用四种策略，而是重点使用了"重塑型"策略和"支持型"策略。这种策略选择主动塑造出"承担责任"的政府形象，有助于恢复民众对于政府的信赖，体现了我国政府在突发事件应对上的正面变化。

在我国政府目前的突发事件应对中，这四种策略往往混杂着出现。在不同的事件中，政府应对突发事件所采取的具体策略会有不同侧重，需要结合事件本身进行具体分析。但从趋势来看，政府在应对突发事件时会越来越偏向于使用"重塑"和"支持"型策略。这种改变和传播媒介的变化有关。在传统媒体时代，政府与民众之间存在较大的信息不对称，通过信息控制如拒绝和否认，政府可以在一定程度上控制舆论[1]。然而，互联网和新媒体的发展削弱了政府的信息控制能力，在这种新形势下，直面问题，承担责任等策略选择可以更好地平息突发事件所引发的舆论热潮。另外，在我国目前社会矛盾较多的现状下，如何从根本上降低网络群体性事件的发生频率，则考验政府的长期应对能力。学者们分析了网络群体性事件频发的原因。其中，政府与社会沟通机制的缺乏是重要原因之一[2]。正是因为民众很难有效通过常规渠道表达意见，才会选择通过网络进行集体发声。因此，政府应该长期致力于建立完善的诉求渠道，拓宽公民政治参与的途径[3]。另外，舆情观测与引导机制的建立，门户网站与电子政务的建设，网络舆论法律法规的完善，以及官员的网络执政和应对能力的培养，都是政府应对网络群体性事件应努力的方向。

---

[1] 汪青云，刘玥琪. 突发事件环境下政务微博的政府形象修复策略探究[J]. 新闻知识，2012（12）：12-14.

[2] 刘春湘，姜耀辉. 话语理论视角下政府应对网络群体性事件的善治之道[J]. 情报杂志，2011（12）：13-17.

[3] 薛松. 政治参与视角下的网络群体性事件分析[J]. 公安研究，2011（4）:20-22+51.

第五章　协商：中国网络协商的理念和实践

协商民主是公民通过自由而平等的对话、讨论、审议等方式，参与公共决策和政治生活①。19世纪后半叶，协商民主的概念在西方国家兴起，是对西方代议民主、多数民主和远程民主的完善和补充。协商民主，作为一种新的民主理论范式，也很早地就在中国孕育发展，并随着中国新民主主义革命、社会主义革命以及中国特色社会主义实践不断得到发展和完善，形成中国式的协商民主，成为我国社会主义民主政治的特有形式。

林尚立将中国的协商民主分为政治协商、行政协商、集体协商和基层民主协商②。陈家刚认为在中国的政治实践中，从国家制度层面到基层治理领域，存在着丰富的协商政治实践，这些制度形式不同程度地反映了协商民主的特征，主要包括政治协商制度、基层民主治理、立法听证和公共论坛③。韩福国将中国的协商民主划分为五个层次：国家层面的政治协商、社会领域的协商民主、经济领域的协商合作、行政决策的民主协商和基层治理的协商民主。中国协商民主的整体性特点包括协商高于民主、参与多于协商、从国家到基层、结果终于程序。协商民主的领域涵盖城市治理中的协商、乡村治理与民主协商、公共政策议程的协商、公共预算改革的协商和基层选举的协商④。总之，协商是中国政治生活的原则之一，也是一种制度设计。从纵向来看，中国的

---

① 俞可平.协商民主：当代西方民主理论和实践的最新发展[N].学习时报，2006(11)：6.

② 林尚立，赵宇峰.中国协商民主的逻辑[M].上海：上海人民出版社，2016.

③ 陈家刚.协商民主研究在东西方的兴起与发展[J].毛泽东邓小平理论研究，2008(7)：71-78.

④ 韩福国，张开平.社会治理的"协商"领域与"民主"机制——当下中国基层协商民主的制度特征、实践结构和理论批判[J].浙江社会科学，2015(10)：48-61.

政治协商贯穿于中央和基层；从横向来看，在各个条线和行业，都不同程度地存在着协商的行为。

互联网成为中国主要的沟通渠道以来，网络协商也渐渐出现在中国的政治实践中。在中国，网络协商的表现形式有哪些？与西方的电子民主之间有何差别？在中国的实践究竟如何？

一、中国共产党政治协商的传统和实践

中国共产党创造的为实现政治协商的第一个政治组织形式是"三三制"。当时，建立和巩固抗日民族统一战线和搞好抗日民主政权建设的历史任务，把创立协商民主制度的使命摆到了中国共产党面前。

"三三制"创设于陕甘宁边区，是中国共产党在革命根据地进行共和国建设实践的产物，其具体组织形式是：无论行政机关或民意机关，共产党只占三分之一或少于三分之一，进步势力占三分之一，中间势力占三分之一。

当时，一方面中国共产党赋予"三三制"的政权形式极大的普适性，要求它不仅要运用于政权组织的上层机关，而且要运用于政权的最下层组织，即乡村政权。不仅要运用于议会，也要运用于行政机关。另一方面中国共产党还强调按"三三制"建立的各级政权要充分保证党外人士做到有职有权，要求在制定公共政策和实施管理的过程中遇到意见分歧时，不能简单地采取投票表决的方式来处理争议，而是先使用会外谈话、深入沟通的方式力求取得共识，最后再通过表决来做出决定。

可以看出，中共在抗日战争时期创立的以"三三制"政权形式为主要内容的民主政治制度，在选举民主的基础上添加了协商民主的要素。尽管"三三制"的实践是初步的，也是局限的，但对我国的政治制度建设与民主政治发展有着深刻的影响。邓小平当年就评价道，它"不仅是今天敌后抗战的最好的政权形式，而且是将来新民主主义共和国所应该采取的政权形式"[1]。

---

[1] 邓小平．邓小平文选（第一卷）[M]．上海人民出版社，1989．

中国共产党为实现政治协商的第二个政治组织形式是毛泽东当年提出的多党合作、建立联合政府主张。中国共产党在反对国民党一党专政过程中，主张结束一党专政的最好政治形式就是以各党派的协议合作或共同选举为基础建立联合政府。

毛泽东指出："不管国民党人或任何其他党派、集团和个人如何设想，愿意或不愿意，自觉或不自觉，中国只能走这条路。这是一个历史法则，是一个必然的、不可避免的趋势，任何力量，都是扭转不过来的。"① 新中国的国家政权就是在多党合作的基础上形成的"联合政府"，正是在这样的"联合政府"下，多党合作成为新中国政治制度的重要组成部分，成为政府组成必须尊重和执行的基本政治原则。

中国共产党为实现政治协商的第三个政治组织形式就是人民政治协商会议。人民政治协商会议的前身是政治协商会议。1946年中国共产党为建立战后联合政府，毛泽东主张召开一次党派会议或政治会议，但由于蒋介石不接受这两个名称，所以在会议纪要中便写作政治协商会议。尽管当时的政治协商会议前面没有"人民"两个字，但当时重庆的《新华日报》发表的社论明确强调人民是政治协商会议的主人，政协应该充分代表人民决定国事，表达和实现人民的意愿。1948年4月30日，中共中央发布五一口号，再次呼吁"各民主党派、各人民团体、各社会贤达迅速召开政治协商会议，讨论并实行召集人民代表大会，成立民主联合政府"。一年之后，新政治协商会议终于走上历史的前台，担负起建立新政权、新国家的历史使命。

新中国成立前夕，中国人民政治协商会议第一届全体会议于1949年9月21日至9月30日在北京举行。中国共产党及各民主党派、人民团体和无党派民主人士等政治组织的代表（含候补代表）共662人参加了会议。这次会议标志着我国政治协商制度在全国范围正式建成。

实际上，第一届全国人民政治协商会议，在决定新国家、新政权的同时，

---

① 毛泽东. 论联合政府. 1945.http://www.gov.cn/test/2008-06/03/content_1003570.htm，采集时间：2017-06-30.

也决定了自身未来的命运，因为，也就是在这届政协会议上，中国共产党明确了人民政协和民主党派将在中国长期存在。

新中国建立之后，尽管中国协商民主制度的发展在"文革"中一度遭遇了严重的挫折，但人民政治协商会议始终没有被废止；相反，还与多党合作一起共同孕育了中国特色的政党制度，即中国共产党领导的多党合作与政治协商制度。

1982年9月中共十二大政治报告，提出了共产党处理与民主党派关系的基本方针"长期共存，互相监督，肝胆相照，荣辱与共"，这为新时期中国的协商民主建设的发展确定了基本方向。1987年党的十三大明确将"中国共产党领导的多党合作和政治协商制度"这一重要概念正式写入党的政治报告；1992年党的十四大将"坚持和完善中国共产党领导的多党合作和政治协商制度"正式写入党章；1993年八届人大一次会议将中国共产党领导的多党合作和政治协商制度写入宪法，使其上升为国家的意志；1997年党的十五大将坚持和完善中国共产党领导的多党合作和政治协商制度归纳进党在社会主义初级阶段的基本纲领和基本经验；2005年以胡锦涛同志为首的党中央制定了《关于进一步加强中国共产党领导的多党合作和政治协商制度建设的意见》，提出"政治协商是中国共产党领导的多党合作和政治协商制度的重要组成部分，是实行科学民主决策的重要环节，是中国共产党提高执政能力的重要途径"。把政治协商纳入决策程序，就重大问题在决策前和决策执行中进行协商，是政治协商的重要原则。

2011年中共中央办公厅颁布的《中共政协全国委员会党组关于〈中共中央关于加强人民政协工作的意见〉贯彻落实情况的报告》中，又把"协商民主"这一概念正式写进了中办文件，并且明确肯定了人民政协是我国协商民主的重要形式。

2012年召开的中共十八大，在强调"人民代表大会制度是保证人民当家作主的根本政治制度"的同时，进一步明确了"社会主义协商民主是我国人民民主的重要形式"，要"健全社会主义协商民主制度"，"推进协商民主广泛、多层、制度化发展","充分发挥人民政协作为协商民主的重要渠道作用"。如此,就以党代会这一党的最高权力机关通过的报告和决议的权威形式,从政治上和理论上把选举民主和协商民主这两种民主制度确立起来了。

实际上,从"三三制"到人民政治协商会议,其发展是一脉相承的。可以说,协商民主是中国共产党伟大的政治创造,内生于中国民主的实践,并呈现出自己独特的诞生方式:以政党为主角,直接在政权组织与运行层面展开。

从顶层设计而言,政治协商会议是在整个国家层面上对协商民主的实践,在基层民主实践中,政府间的协调会、各类政策听证会、公共预算的协商与听证会、公民就自身权利所展开的协商等都是基层民主的实践形式。其中,浙江温岭的民主恳谈会是中国基层协商民主实践的典型例子。

温岭民主恳谈的前身是1999年6月温岭市松门镇应浙江省开展农业农村现代化教育的要求而举办的"农业农村现代化教育论坛"。在这次论坛上,温岭市松门镇党委和政府开创了一种新形式,邀请村民同镇领导座谈交流,村民畅所欲言、各抒己见,使论坛取得了显著成效。

2001年6月,根据中共温岭市委的要求,温岭各地开展的"民情恳谈""村民民主日""农民讲台""民情直通车"等收集民意、践行民主的活动被统一命名为"民主恳谈",进而被引入城镇居民社区、基层事业单位、党政机关、群团组织、企业单位等社会政治经济诸领域。2005年,温岭市把民主恳谈引入镇人大工作,在新河镇、泽国镇按照不同模式开展参与式公共预算改革,让民众和代表切实参与到政府预算的审核和监督过程中来。这种参与式预算民主恳谈被评为"2007年十大地方公共决策实验"。2008年,温岭市将预算民主恳谈推广至6个镇,2010年又推广到全市各镇和街道,并且将参与式预算从镇升格到市级政府部门。

温岭民主恳谈主要有对话型、决策型、参与式预算民主恳谈三个类型。三种类型民主恳谈的存在既具有共时性,在不同场合和领域发挥着不同的作用,又能够体现出民主恳谈的历史性发展,从初期阶段的对话恳谈到参与决策，进而演进到预算民主恳谈①。

一般认为温岭民主恳谈会的发展可以分为以下三个阶段：1999 年开始到 2000 年是作为工作方法创新的初创阶段；2000 年到 2005 年是推进决策民主恳谈的发展阶段；2005 年之后的是与现有政治体制相融合的深入发展阶段。

初创阶段：1999 年，浙江省委决定在全省开展农业农村现代化教育，作为温岭市试点镇的松门镇响应省委号召，召开了主题为"推进村镇建设、改善镇容村貌"的第一期"农业农村现代化教育论坛"，由此拉开了温岭民主恳谈会的序幕。

群众对这种面对面沟通的论坛形式表现出了极大的热情，一时间温岭各村镇类似的对话协商形式的实践接连涌现。2000 年，温岭市市委将各乡镇"民情恳谈""农民讲台"等形式统一命名为"民主恳谈"。

发展阶段：2000 年，温岭市委宣传部开始将原来的以对话为主的民主恳谈向以决策为主的民主恳谈转变，探索如何壮大基层民主，将与决策相关的民众、社会组织和利益群体广泛纳入对乡镇公共事务的决策和管理中来，收到了不错的效果。2001 年的牧啤镇"牧鸣山公园建设"民主恳谈会和 2002 年的温娇镇"江夏学区校网调整"民主恳谈会就是在保留原有对话机制的基础上，着重引导群众广泛参与到公共决策中来的典型案例。

深入发展阶段：2005 年泽国镇的城镇建设工程项目预算民主恳谈会也是以决策为主的民主恳谈会较为重要的案例，传统政治体制中的乡镇人大最后被纳入了恳谈会的运作体系之中，即激活了基层人大的作用，同时又使恳谈会的成效得到保障。在此基础上，2005 年开始的将民主恳谈与人大预算审查结合到一起的"新河试验"将民主恳谈会的发展提升到了一个新的高度，民主恳谈会抓住了基层政治现实中的核心问题，即财政问题，让民主恳谈与人大制度深度融合，将"软建议"变成了"硬监督"，真正使民主恳谈会开始成为一种制度化的基层民主形式。

---

① 程同顺，邝利芬. 温岭民主恳谈的意义及局限 [J]. 重庆社会主义学院学报，2014，17(2):82–87.

2013年泽国镇财政预算民主恳谈会在制度化程度上达到了一个新的高度。2013年泽国镇的财政预算编制仍然采用了一直以来的民主恳谈的方式，以"参与式"公共财政预算的原则，让公民有机会参与到公共财政资源的分配之中，运用协商民主管理和应用模式，组织选民代表、人大代表、人才库抽取的各线负责人进行充分的对话协商，依据收集到的民意，编制泽国镇2013年度财政公共预算①。

除了广泛称道的"民主恳谈会"之外，其类似于"民主恳谈会"的"民主理财日""民主议政日""社区事务民主听证会""民主听证会""民主议事会"和"民主评议村两委成员"等形式，都可以纳入广泛意义的"民主恳谈"之中，在这一系列活动中所表现出的共同的特点在于，其中已经蕴含了商议式民主的意义在内。因为它已具有一些商议式民主的特点与精神在内。这些特点和精神包括：参与主体的大众性、公民参与的平等性、参与阶层的多元性、身份的不受限制与明确性和功能的决策性②。因此，温岭"民主恳谈会"的出现，已经意味着地方的治理模式从"权威型治理"在走向"商议合作型治理"。③

二、西方协商民主的理念与实践

1980年，约瑟夫·毕塞特在《协商民主：共和政府的多数原则》一文中首次在学术意义上使用"协商民主"（deliberative democracy）一词。1987年，曼宁的《论合法性与政治协商》，科恩于1989年发表的《协商与民主合法性》真正赋予了"协商民主"动力，在此之后，米勒、博曼、吉登斯、罗尔斯等

---

① 何帆. 中西协商民主实践之比较：以浙江温岭民主恳谈会和丹麦共识会议为例[D]. 浙江大学, 2013.

② 何俊志. 民主工具的开发与执政能力的提升——解读温岭"民主恳谈会"的一种新视角[J]. 公共管理学报, 2007, 4(3):102-109.

③ 郎友兴. 商议式民主与中国的地方经验：浙江省温岭市的"民主恳谈会"[J]. 当代中国政治研究报告, 2005(1):33-38.

对协商民主进行了深入的研究，推动了协商民主理论的发展。

关于什么是协商民主，米勒认为，当一种民主体制的决策是通过公开讨论——每个参与者能够自由表达，同样愿意倾听并考虑相反的观点——做出的，那么，这种民主体制就是协商的。因此，这种决策不仅反映了参与者先前的利益和观点，而且还反映了他们在思考各方观点之后做出的判断，以及应该用来解决分歧的原则和程序[①]。

科恩认为，协商民主是成员通过公共协商来治理自己的事务的社团，而社团的政治讨论"围绕着一系列对公共福利概念不同的看法"而进行和展开。科恩还认为，协商民主是一种事务受其成员的公共协商所支配的团体，这种团体将民主本身看成基本的政治理想，而不只是将其看成能够根据公正和平等价值来解释的协商理想[②]。

哈贝马斯认为，协商民主是一种对公共政策进行讨论、协商的制度，政治决策最好通过广泛的协商来做出，而不是通过金钱和权力。协商民主被看作理性决策的有效模式。在此协商民主应具有包容性、理性和合法性。其中包容性是指每一个政治共同体的成员在平等的基础上参与决策；理性指达成的决议是由协商过程中提出的各种理由决定的，而不是投票者的利益、偏好或要求的简单聚合；合法性指每一个参与者都理解决策是如何达成及达成的原因[③]。

乔恩·埃尔斯特认为，协商民主就是通过自由而平等的公民之间的讨论进行决策。这种观念包括两个方面的基本内容：第一，协商民主涉及集体决策，所有受此决策影响的人或其代表都应该参与这一过程，即决策是民主的；第二，涉及集体的决策都应该经过参与者之间的讨论、争论来进行，这些争论既

[①] David Miller. *Is Deliberative Democracy Unfair to Disadvantaged Groups? Democracy as Public Deliberation: New Perspectives*. Edited by Maurizio PasserinDentrèves. Manchester: Manchester University Press, 2002.

[②] James Coleman. *Foundations of Social Theory*[M]. Cambridge: Harvard University Press, 1990.

[③] JurgenHabermas. Political Communication in Media Society: Does Democracy Still Enjoy an Epistemic Dimension? The Impact of Normative Theory on Empirical Research[J]. *Communication Theory*, 2006, 16(4):411-426.

来自参与者，也面向参与者，参与者本身也都具备了理性和公正这样的品德，这是民主过程的协商部分①。

西方协商民主在实践中有诸多形式，包括公民议会、选举协商日、立法听证会和公民陪审团制度等。

1. 公民议会

公民议会产生于 20 世纪 90 年代的丹麦。当时丹麦的科技飞速发展给国家和社会的发展带来了积极影响。由于科技的发展具有创新性和两面性，在促进经济和各方面发展的同时，也会带来意料之外的负面影响。丹麦政府为了评价估计科技成果的两面性，加强对科技知识的宣传，加强公民对科技的了解与关注，成立科技委员会，为公民发表自己对科技的意见，深入了解科技的影响提供了有效的平台。丹麦政府充分发扬民主，积极听取公民对于发展科技的意见和建议，鼓励公民参与，倾听不同利益代表者的声音。公民议会就是其中的一种有效形式。随着时代的发展和各项工作发展的需要，政府需要公民更多地参与以提高决策质量，不仅在科技领域需要公民议会发挥作用，在经济、文化领域也需要公民议会的良好形式，收集信息，倾听公民意愿。

公民议会与其他协商形式相同，也是一种程序化的设计，有明确的协商规范和步骤。首先，确定会议日期，明确会议主题。公民议会的内容非常广泛，会议主题也涉及各个领域，会议主题的选择取决于举办会议的机构。这些机构的种类多种多样，像贫困救助委员会、环境保护机构、慈善机构等。召开议会的目的在于收集信息，在公民意愿基础上做出决策。议会主题一般具有争议性，获得社会较多的关注，举办会议的团体和机构提供平台回应和解答民众的疑问。

其次，成立议会负责机构。公民议会需要工作和服务人员执行会议，像负责多媒体设施，接待与会人员，主持议会和协商过程的相关人员，调控和

---

① Jon Elster. *Deliberative Democracy*[M]. Cambridge: Cambridge University Press, 1998.

监督协商过程的人员等。工作人员必须是公正的、具有调控冲突能力的、负责的、包容性强的专业人员，最好有一定的参与经验，以调控在协商过程中产生的冲突和突发情况。

再次，挑选与会人员。对于与会人员，公民议会提出了较高的标准：有较强的参与能力；一定的专业知识基础；代表所处群体的利益。与会人员的选拔先通过媒体进行宣传，吸引更多的公民，引起社会的关注。公民可从电视、广播等媒体上了解招募信息，以做好协商的相关准备。与会者的职业、身份、性别没有被加以界定，但选拔必须能最大限度地代表不同人群的利益，力求多样化。而后要召开准备会议，工作人员发放与会议有关的材料，与会人员对议题、会议内容有相关的了解，不至于在正式会议时没有准备，影响议会效率和会议结果。同时与会者也要了解相关的专业知识和与议题相关的不同观点，产生分歧的原因，并对其加以分析，做好准备工作，以便在正式会议时发表自己的观点，辩驳他人的观点。

最后，召开正式会议，讨论产生分歧的观点。先由专家对议题的相关内容进行解释说明，为与会者提供专业指导，回答与会者提出的问题。再由与会人员就议题进行讨论，形成解决问题的方案或达成一致意见。最后整理讨论结果，形成书面文字即报告。由公民议会产生的协商结果会被国家和政府采纳，使得协商成为有效的形式，增强了公民参与的积极性。

2. 选举协商日

协商日是美国公民参与两党竞选的一种方式。这一制度的设计初衷是为了克服选举中公民消极参与的问题，公民通过参与协商日对候选人的选举结果产生影响，其目标是实现民意对选举结果的塑造。协商日在中期选举的前一周举行。参加投票的地点是就近的会场。有意愿参与投票的人需登记好基本信息，再被分为若干小组。每个小组有固定的人数，一个小组由15位投票人组成。参与协商日投票的人都有一定的酬劳。参与投票的公民的任务是观看两党候选人竞选的电视辩论。每一小组的代表参加下一阶段的大会，小组代表举行会议，有固定时间发表自己的看法并提出问题；由于人数众多，参与者提出问题的数量也很多，会议决定每小组只能确定3个问题提交下一阶段的大会。由相关人员对所提交的问题进行分类。由于问题众多，大会采取抽签的方式确定要对政党代表提问的问题，这些问题的类别和主题不同，尽可能容纳所有类别。参与者倾听政党代表回答问题后，对该政党有了不同的看法，作为他们投票的依据。最后，参与者再回到各自小组，与其他成员讨论政党代表的回答，进一步作出判断。参与者直接参与了政党候选人的竞选，公民权利得到了发挥和利用，提高了政治参与的积极性。

3．立法听证会制度

听证会制度起源于英国，后来由英国传入美国，美国又把它移植到立法和行政中，作为增加立法和行政民主化、有关当局获取信息的主要方法。第二次世界大战后，立法听证会制度又传到日本和拉丁美洲。而在世界其他一些国家，采取立法听证会制度的较少。西方一些国家采取立法听证会制度的原因，一是因为随着科学技术的发展，议案呈现出越来越强的专业性和技术性，在立法之前请有关的专家参加听证，陈述他们对某项议案的观点，可以为立法者提供更为科学的咨询意见；二是随着社会关系的复杂化，形成了不同的利益集团，在制定有关法律的过程中，有关群体之间的利益往往是对立的，这就需要在听证会上听取不同利益集团的意见。

美国立法听证会的程序大致包括以下几方面的内容：

发出通知。通知的内容包括听证法案的性质、内容，听证会的时间、地点、程序，主持听证的机关以及有关的法律依据。

给利害关系人参与听证的机会。允许他们在有关法案的调查程序中参与意见，将拟定的法案及其立法理由交给利害关系人，听取其意见；当利害关系人涉及有关团体时，可以采取咨询和协商的方法征求他们的意见；举行会议，使利害人得以在会议上表达自己的意见，提出立法建议；由参加听证的各方陈述自己的意见，进行辩论，并提出证据支持自己的主张；当事人提出书面资料。

（3）证人发言并对证人提问。听证会涉及的有关人员有义务到国会及其委员会作证或提供证词，不出席或者不提供证词者，国会有权依法采取强制措施[①]。

4．公民陪审团制度

英国是现代意义上的陪审团制度的起源国，但就目前世界范围来看，陪审制度运用得最好的国家却是美国，美国在英国的基础上结合本国的实际情况发展了陪审制度，并将享有陪审团审判的权利写入了宪法修正案，将该项权利提升到了宪法高度，使得陪审制度成为美国最重要的诉讼制度之一。

美国的陪审团制度延续了英国的大、小陪审团，英国于1933年废除了大陪审团制度，其他国家也基本放弃了大陪审团制度，仅保留有小陪审团制度，而美国至今仍同时实行大、小陪审团制度。大陪审团的职能主要是审查证据来决定是否起诉犯罪嫌疑人，又称之为"起诉陪审团"，其职能相当于我国的人民检察院。该陪审团制度的行使可以实现程序的分流，使得一些不必要进入审判的案件在审判前就终结，节省了司法资源，也避免了无辜的人遭受讼累。小陪审团是指依照一定程序选出的一定数量的公众所组成的参加诉讼案件的庭审，并对诉讼案件的事实问题做出裁决的团体，又称"审判陪审团"。

首先，陪审团的组成人员具有广泛性。现今美国法律对陪审员的资格要求非常宽泛，基本没有什么限制，特别是不受地位、经济状况、性别、肤色的歧视，各行各业的普通公民均有机会成为陪审员。其次，一般而言，美国的小陪审团是由12人组成，陪审团人数的多数性使其不易腐败。最后，陪审团的裁判。美国宪法并没有规定陪审团的裁定规则是否要求一致同意，而美国联邦和州法院体系一般都要求，在刑事案件中，陪审团必须达成一致的正式判决。在民事案件中，则只要达到多数即可。无论是达成一致还是达到多

---

① 朱景文．西方国家的立法听证会制度 [J]．吉林人大，2000(5):42–43．

数，均是多数人的意见，相比法官个人的独判，体现出了民主性[①]。

三、中国在互联网环境下的协商实践

根据协商民主的理论内涵和实践特征可以看出协商民主实践的三个基本要求：拥有相对公开的、让平等的参与者畅所欲言的特定场所；参与者有时间直接参与协商和讨论，并能够在该特定场所面对面地对话和交流；在协商的过程中，参与者对不同意见予以尊重和包容，通过讨论和妥协来达成共识。而互联网空间的特点在一定程度上契合这些要求。借助互联网，公众可以对各种社会政治事件进行围观、发表评论，使得政府做出回应，并且通过网络进行问答和协商，形成线上和线下的互动。互联网环境中的平等性、直接性、开放性、互动性、便捷廉价性和虚拟现实性等特性，能够为协商民主实践的开展提供新的机遇和可能。

国外在网络协商方面已经做了相关实践。如2011年9月1日，美国白宫宣布白宫官网将开设一项"网络问政"的新功能，美国公民可在一个名为"我们人民"的白宫子网页上，根据自己关心的重要议题提交请愿书，参政问政。白宫请愿网平台为美国人提供了一个创造、分享和签名请愿的新途径，美国人可以通过这个平台传达自己对政府政策和行为的意见与建议。白宫创建请愿网后，曾两次做出有关回复的规定。2011年10月3日的规定为，在请愿发出后的30天内，达到150人签名的请愿可在白宫网站上进行搜索查找，这是第一道门槛；在请愿发出30天内达到2.5万人签名的请愿，"可得到白宫回复"，这是第二道门槛。2013年1月15日，又改为在请愿发出30天内达到10万人签名的请愿，"可得到白宫回复"。英国政府于1996年颁布了绿皮书，开始大规模地实施电子政府计划；1999年又颁布了关于政府现代化的白皮书，这是一个政府改革的长远蓝图，其目的就是发展电子政府，以创造一个更好

[①] 丁盼，姜琪．浅议美国陪审团制度——兼论对我国陪审制度的完善[J]．法制与经济，2013(8).41-44.

的政府服务于民众的电子环境,英国政府建立了首相网站,来吸纳公众的评论、意见和讨论。加拿大政府也于1994年制订了"利用信息技术创新政府服务的蓝皮书",力图成为世界上网络连接最为发达的国家。

中国的网络协商也是在自己的政治制度设计和机构上创建的。如网络两会、网络听证会、网络民意调查等。

1. 网络两会

从2006年起,中央电视台中文国际频道、央视国际网联手《人民日报》海外版、人民网、中国国际广播电台、国际在线网、中国新闻社、中新网等外宣媒体和网络媒体,充分发挥电视、广播、报纸、通讯社、网络等媒体各自优势,推出了"两会"民意征集互动"我有问题问总理",通过网络投票、征集留言,组织节目,解答问题,形成了一个"有提问、有回应、有延伸"的互动平台,"网络两会"的概念也由此形成。

"网络两会"是通过固定的两会官方网络平台,公众直接表达政治态度,发表意见建议,代表委员直接沟通大众的各种方式的总称。传统报刊、电视媒体对两会的报道是关于会议一对多的、自上而下的信息传达,而网络媒体则推动了一种多对多、集散式的民众对两会的直接反应。"网络两会"首先包含了网络媒体对会议的全程报道,这与传统的电视传媒、纸媒报道两会的方式基本相同,但"网络两会"突破了行政地域、行政级别的限制,网民通过两会官方网络平台,在已设定好的程序规则中自发形成各种意见,对政府形成一种民意导向[①]。

2006年,CCTV推出"我有问题问总理"活动,这是以电视媒体联合新华网、搜狐网、新浪网等网络平台推广的网民意见征集活动,在当年两会期间的"总理记者招待会"环节,对部分网友的建议做出回应。2007年CCTV成立"网民大会堂",设置"网民议会"板块网友留言。2009年3月,中新

---

① 严冬.网络民主视角下的政治参与研究——以"网上两会"(2009—2013年)为例[J].天津行政学院学报,2014(1):25-31.

社、人民网第一次提出了"E两会"的概念，分为"网友建议专区""代表回复专区""报告评议专区"三个板块，作为沟通网民与代表委员的官方平台。同年，人民网强国论坛策划"我有问题问总理"，收到提问超过14万条，在2015年参与人次更是超过了190万。

网络两会中的"E提案"也引起了较大的社会反响，全国政协提案委员会通过人民网强国论坛E政广场向网民公开征集E提案，作为参阅线索提交政协委员撰写提案时参考，要求反映当前社会生活中的难点、热点、焦点，对策建议具有针对性和可操作性，最好有实地调研材料支撑。2011年全国政协会议提案征集函中增加了由人民网产生的《"E提案"选编》，这是全国政协提案委首次面向网络征集提案与建议。2012年，全国政协提案委编撰的《全国政协提案线索》收录了"E政广场"134篇网友建议。既扩大民意参与途径，也拓宽委员的知情渠道。

网络两会类似西方的电子议会。在互联网高速发展的今天，许多国家非常注重利用互联网发展电子议会（Congress Online）。电子议会主要包括以下几个方面：一是提供在线信息，包括公民需要获得的大量与议会运作相关的最新信息和相关数据库，如议会信息、议员信息、政府信息、政党信息、工具及帮助信息等。二是提供在线参与的平台，包括在线互动平台和在线投票，在线互动平台主要是通过网络在线的方式进行议会、议员与公民之间双向沟通交流、讨论与协商、表达意见；在线投票主要是公民对议会颁布的立法草案或者政府的相关政策进行投票选举，或者以网络投票的方式进行民意调查。目前，西方国家的各层级议会普遍建立了自己的网站，加强了议会、议员与公民的联系与沟通。网络不仅极大地方便和加强了国会议员的日常工作，更为重要的是为选民提供了与议会和议员联系的新渠道，如通过电子邮件进行与议员的直接沟通，利用议会论坛进行议题讨论，利用网络视频旁听议会和参与相关的立法听证会。在美国，所有的国会议员、常设委员会、领导和办公机构都拥有了网站。英国议会的公共行政特别委员会也利用网络进行"公民参与政府的创新"在线咨询，通过网络发出通知，并在世界范围内征求公民对电子民主（e-Democracy）和电子治理（e-Governance）的反馈信息。

2. 网络听证会

听证会是民主协商实践中一种典型的形式。1996年《行政处罚法》的颁布使行政听证制度作为一项行政程序制度得以确立。行政听证制度的确立，保障了公众在行政机关作出影响其决定之前，有提供意见和证据的权利，体现了协商民主的精神。1997年颁布的《价格法》规定了价格听证制度。2000年的《立法法》规定了立法听证制度。随着听证实践和立法实践的不断发展，政府的事务越来越多地注入了召开听证会的要求。

2012年11月，《广州市社会医疗保险条例》立法网络听证会在《广州日报》大洋网进行直播，持续七天的网络听证在全国首开先河。共有18名陈述者就医保条例主要议题进行观点讨论，全程网络直播，市民可随时点击进行投票，自由地发表自己的观点和意见。

听证事项共三项，包括：一、具有本市户籍的城乡居民是否都应当强制参加社会医疗保险？如果部分人拒绝参加社会医疗保险应当如何处理？二、职工缴纳社会医疗保险费的最低缴费年限应规定为多少年较为合理？三、如何加强对社会医疗保险违法行为的监督管理？辩论议题共两项，包括：一、规定所有居民都应当参加社会医疗保险是否合理、可行？二、规定职工社会医疗保险基金和城乡居民社会医疗保险基金分别建账，统筹使用，统一核算是否合理？

2012年11月7日至11月14日，听证会主办方广州市人大法制委员会和常委会法制工作委员会通过广州日报、大洋网、广州市人大信息网和广州市人大常委会立法官方微博，发布公告向社会公开征集听证陈述人，共有118位市民积极踊跃报名。为更广泛地听取和收集民意，积极回应公民参与热情，听证会主办方将听证陈述人由原定的16名调整为18名，并力求使陈述人具有广泛的代表性，他们有居民、村民，有行政主管部门的代表、医疗保险专业委员会负责人、医生、药店管理者、律师、教师、公司职员、在校大学生，还有市人大代表、市政协委员、法律和社会保障方面的专家学者以及社会工作者等。

立法听证人是立法的决策者，是对法律规范、法律制度起决定作用的人。本次网上立法听证会的听证人包括市人大常委会组成人员、市人大法制委员会组成人员和市人大经济委员会负责人，共56人。听证人通过网络媒介充分了解了陈述人对听证事项、辩论议题的陈述和辩论意见，以及网友发表的意见和评论。14位听证人还在分析研究陈述人和网友的意见后，对陈述人提出了如何建立城乡统筹的医保制度、缴费年限上提是否经过精密测算、医保基金运行透明度以及如何加强监督管理等28个问题。

本次网络听证会吸引了众多网友的参与。参与听证会投票和发表评论的网友人次累计6170，立法听证会点击量累计为1135.39万。网友对听证事项、法规草案、听证方式等提出了很好的意见和建议。

会后，广州市人大常委会法制工作委员将根据《广州市人大常委会立法听证办法》提出本次立法听证会的听证报告书，印发市人大常委会会议和法制委会议作为立法决策的重要依据，还会在广州市人大信息网等媒体上公布。在制定《广州市社会医疗保险条例》时，广州市人大常委会法制工作委员会将会逐条研究网络听证会上陈述人发表的观点以及网友提出的意见，并将法规采纳情况向社会公布[1]。

厦门PX项目是福建省厦门市引进的该市有史以来投资最大的一个工业项目，由厦门翔鹭石化股份有限公司投资兴建，可年产对二甲苯80万吨，建成后每年为厦门财政贡献800亿元人民币。该项目2004年2月经国务院批准立项，2005年国家环保总局认为项目投资方出具的环评报告合格，同时认为该项目建设符合环保标准，2006年11月正式动工兴建。

该项目的建设用地为厦门市海沧区南部工业园区，建址距离厦门市中心市区不到10公里，该化工项目的污染物是否会污染环境，又是否会对当地居

---

[1] 广州市人大法制委员会. 广州市社会医疗保险条例网上立法听证会小结. http://news.ifeng.com/gundong/detail_2012_12/05/19853345_0.shtml，采集时间：2012-12-05.

民的健康造成影响,是当时市民普遍关心和担忧的问题,因此该项目一经公布就遭到了多方质疑。2006年年底,中科院赵玉芬院士等先后致信省、市两级政府,表达了对该项目的担忧,并与厦门大学教授袁东星等学者一道与地方政府积极沟通。2007年全国"两会"期间,105名全国政协委员联名提交了"关于厦门海沧PX项目迁址建议的提案",这份105名全国政协委员联名的提案中,有几十所著名高校的校长以及十多名院士签名。但这一提案并未得到当地政府的足够重视,该项目也并没有停工和迁址的计划。

2007年5月中旬,一条宣传项目危害的短信在厦门市民中间传播,这条短信在描述项目的巨大危害后号召厦门市民于2007年6月1号通过散步的方式上街请愿,以实际行动抵制该项目建设。这条短信马上以极大的速度传播,与此同时在厦门大学网络社区、小鱼网络社区等网络空间上,与厦门PX项目建设有关的帖子也吸引了大量关注。

2007年5月29日上午,厦门市政府在要求市民自觉维护社会稳定大局的同时,指出项目建设正在有序推进中。当日厦门市主要领导向福建省主要领导作了关于该问题的专项汇报。5月30日厦门市常务副市长在厦门市人民政府举行的新闻发布会上宣布厦门市政府决定缓建该项目,将组织更为严格的环保评估,但是没有给出环评范围以及日期。但尽管如此,部分市民并未取消原定于6月1日的请愿行为,引发了"散步事件"。2017年6月4日,在国务院新闻办公室召开的新闻发布会上,国家发改委有关负责人表示,厦门市已经暂时停止建设项目,将进一步听取广大群众和各方面专家的意见,项目进入区域规划环评阶段。

2007年6月,厦门市政府牵头组织厦门项目的环境评估工作,中国环境科学院承担了这一任务,环评组包括了两院院士在内的二十一名专家。2007年12月5日,厦门市政府公布了厦门海沧南部地区环境影响评价结果,并进入为期十天的公众参与阶段。12月8日,厦门网举行了名为"倾听民声 科学决策——厦门市重点区域(海沧南部地区)环评报告网络公众参与活动"的投票活动。2007年12月11日,厦门市公开摇号随机确定100名参加厦门公众参与座谈会的市民代表，并于12月13日和12月14日举行了两场大型的公众参与座谈会，在座谈会上，绝大多数的市民代表、人大代表以及政协委员都反对项目开工复建。

2007年12月16日，福建省政府会同厦门市政府召开专项会议，会后福建和厦门市主要负责人表示，尽管该项目对于推动当地经济社会发展具有重要意义，但是考虑到市民的建议，决定该项目停建迁址。就这样，历时近一年的反项目建设终于达到了民众所期望的结果。2009年1月20日，国家环保部正式批复翔鹭集团的PX和PTA两个项目。经历过事件后，厦门市已建议把这个项目迁移到福建省更适合、空间更大的地方，项目已确认落户于与厦门相隔近百公里的漳州古雷半岛。

在整个厦门PX事件的发展过程中，蕴含着丰富的协商民主的精神和价值，尤其是举行的两场公共参与座谈会，具有鲜明的公共协商的性质，是此次事件中的亮点。

厦门PX项目在2007年5月30日决定缓建后，厦门市委、市政府通过正常的渠道公开向社会广泛征求民众意见和建议，十分重视群众的意见和建议，组织专门人员进行接收、整理和汇总，并进行认真的研究和分析。同时，将这些意见和建议分批转给相关的环评机构。广泛的民意调查为之后的"公众座谈会"召开做了前期的民意测验，奠定了较充分的民意基础，体现出公众参与的广泛性。

2007年12月5日起，厦门市政府启动了持续十天的"公众参与"环节，座谈会的程序也追求公开、公正和合理，在官方网站设立网络公众参与投票，电视直播公开随机抽号产生座谈会代表和座谈会过程，并将座谈会结果公布在新闻媒体中，让每一位市民都有平等的权力参与公共决策的讨论。在座谈会的过程中，由于与会代表较多，会场纪律规定每位代表的发言时间应控制在3分钟之内，这也保证了发言的平等性。厦门大学袁东星教授作为专家受到了邀请，在发言中阐述了自己对环评报告的看法，从学术的角度对厦门项目进行论证，让与会代表受到了很大的启发和教育。

纵观厦门 PX 事件的全过程，民意和政府的互动随着 PX 项目的进展而得到了良好的体现。正是因为畅通的渠道，知情、透明的过程，最终让公众回归理性，让政府尊重民意。厦门市民和厦门地方政府通过 PX 事件共同协商，最终达成多赢结局，尽管在这个过程中经历了很多波折，但这一事件对于协商民主在地方的有效实践具有开创性的意义。

另外一个案例是云南的"躲猫猫"事件。2009 年 1 月 30 日，24 岁的云南省玉溪市北城镇男子李荞明因盗伐林木被刑拘，拘押在晋宁县公安局看守所。2 月 8 日下午，他受伤住院，4 天后在医院死亡，死因是"重度颅脑损伤"。晋宁县公安机关给出的解释是：当天李荞明受伤，是由于他在与同监室的狱友在看守所天井里玩"躲猫猫"游戏时，遭到狱友踢打并不小心撞到墙壁所致。对于李荞明因玩"躲猫猫"致死的说法，不仅其家人不能认同，网友也表达出强烈的质疑，表示想知道事件的真相。

2009 年 2 月 19 日，中共云南省委宣传部副部长伍皓在云南官方网站刊登了一份《参与调查"躲猫猫"舆论事件真相的公告》，面向社会征集网民和社会各界人士代表 4 名（后扩为 8 名），邀请他们参与组成"躲猫猫舆论事件真相调查委员会"。来自社会各界的报名异常踊跃，6 个小时的时间里共有 500 多人通过电话和网络报名。当晚，云南省委宣传部公布委员会名单，最终由 4 名政法界人士、3 名媒体记者和 8 名网友组成调查委员会，此次公开征集网民参与调查，在云南甚至全国都是从未有过的。2 月 20 日，调查委员会一行 15 人进入晋宁县看守所展开了为期一天的调查，随后在网络与传统媒体上公布了一份调查报告，称查看监控录像和会见当事人的要求都被拒绝，探寻真相还是要靠司法机关。

最终，"躲猫猫"事件被移交至昆明市检察院主办，由云南省检察院督办。经检察机关侦查，2 月 27 日，云南省政府新闻办召开新闻发布会，公布"躲猫猫"事件司法调查结果：死者李荞明在晋宁看守所，遭同监室牢头狱霸以"躲猫猫"为借口进行施虐和体罚导致死亡。并对涉及该事件的相关负责人做出免职、撤职等处理。

在"躲猫猫"事件中,云南省宣传部组建网民调查委员会的举动,可以说是具有里程碑意义的创举,使得民众与政府之间的协商合作成为可能。在面对网民的质疑时,政府积极地做出回应,展现出开明的形象和态度,邀请网民参与事件调查,既表明了对于查明事件真相的决心,也体现了对于网络民意的尊重。而网民的持续问责和监督,也加速了事件真相的揭露。

3. 网络民意调查

民意通常被认为是公共决策的基础,民意调查则是政府倾听民意、集中民智的有效手段。政府通过民意调查能够更多地了解民众的意见及偏好,民众的声音更容易被平等地计算,能够在最大范围内获得公众的真实想法[①]。

中国的民意调查滥觞于20世纪20年代,由于政治经济各方面条件所限,发展一直迟缓。新中国建立后,民意调查随着改革开放的步伐迅速发展起来。中国的民意调查发展可大致分为以下几个阶段:民意调查研究的开始及初步发展(1949—1989年)、民意调查研究的"收缩期"(1989—1992年)、市场化背景下的民意调查研究(1992—2005年)、新媒体与民意调查研究(2005年至今)[②]。随着互联网技术的发展,越来越多的人通过互联网关注政府决策甚至参与政府决策,政府部门亟待有效整合网络民意,网络民意调查也逐渐成为一种新兴的调查手段和趋势。

根据网络民意调查主体的不同,我国网络民意调查可分为三种类型。一是政府网络民调,政府在自己的网站围绕公共事务或者公共政策,开展民意调查,具有较强的官方色彩。二是媒体网络民意调查,政府授权新闻媒体或门户网站利用自身平台进行网络民意调查。在中国,许多网络民意调查是由媒体来担当,调查内容多为社会热点或重大问题,影响范围广,民众参与程度较高,这使得调查更容易成为公众话题,充满公共性。三是独立网络民调,

---

① 姜柏彤,胡志强. 基于政府网站的政府网络民意调查效果评价 [J]. 科技促进发展,2017(3):119-125.

② 王迪,童兵. 中国民意调查研究回顾 [J]. 当代传播,2013(2):34-37.

学术性或独立的民调机构实施的或受委托进行的民意调查,具有浓厚的民间色彩①。

根据中国软件测评中心进行的第十四届(2015年)中国政府网站绩效评估显示,从国家部委到区县,各个级别的政府网站基本建立了较为完善的调查征集类互动渠道。90%以上的各省、地市和区县级政府网站提供网上征集调查渠道,并围绕重大政策制定、社会公众关注热点重点开展意见征集或网上调查活动。但仍存在着征集活动调查少、征集调查结果采纳情况未公开等问题②。

2009年,甘肃省人大常委会法工委对《甘肃省实施〈中华人民共和国人民防空法〉办法》做了全面系统的评估,采用了专题调研、问卷调查、网上征求意见等方式。在甘肃人大网站上开辟了评估专栏,在网上进行了问卷调查,向社会公众了解《人防法实施办法》的实施情况和认知状况,访问量达2520人次③。2013年,广东省广州市人大常委会针对修订后施行已逾八年的《广州市大气污染防治规定》率先向市民发出网上参与立法后评估的邀请,旨在通过拓展向公众公开征集意见和建议的途径,进一步全面掌握法规实施效果。

为规范和保障公众参与立法后评估工作,广州市人大常委会专门出台了《广州市人大常委会立法后评估办法》,对立法后评估的公众参与进行了具体规定,并将网络调查明确为立法后评估征集公众意见的法定方式。评估办法的第十三条规定:"法制工委在制定评估指标和评分表以后,应当组织开展下列评估活动:(一)通过实地调研、召开座谈会和专家论证会、书面发函等方式,征集市人大常委会相关工作机构、法规的组织实施部门、其他相关政府部门和相关单位、区(县级市)人大常委会和政府、社会组织、市人大常委

---

① 刘力锐.论网络民意调查的政治作用[J].东北大学学报(社会科学版),2009,11(5):427-431.
② 2015年中国政府网站绩效评估总报告.2015-12-10.
③ 李高协,王锡明,张丽伟.甘肃省立法后评估的探索与思考——以甘肃省实施人防法办法评估为例[J].人大研究,2010(9):29-31.

会组成人员、市人大代表、行政相对人、专家学者和公众的意见；（二）通过网站、立法官方微博或者报纸公开征集公众意见。法制工委可以委托社会组织对法规的立法质量和实施效果进行民意调查。"由此可见，人大常委会法制工委在组织立法后评估工作中，通过网站、立法官方微博或者报纸公开征集公众意见是其法定职责，网络民意调查是人大常委会法制工委开展立法后评估活动的重要组成。同时，对评估过程中所反映的问题的处理，评估办法第二十二条规定："法制工委应当将公民、法人和其他组织在评估过程中反映的行政管理方面的具体问题整理汇总，及时移送法规的组织实施部门。"这就保障了所征求的意见能够得到及时的移送和处理[①]。

媒体网络民意调查方面，2008年2月，广州市人大开全国之先河，率先在网易网站上以网络调查问卷的方式开展了对《广州市城市管理综合执法条例(草案)》的立法民意调查。调查一开始就引起了广泛响应，不仅广州的网友积极参与，国内其他地方的网友甚至外国的网友也踊跃参加。据统计，仅网易相关专题及报道点击数就达十八万余次，网友发表评论达2000条，网友投票约21000人次。随后，广州市人大常委会法工委又在网易开展《广州市养犬管理条例》立法民意调查，市民可就是否禁养危险犬只、如何合理确定养犬管理费、是否限制每户最多养一犬等问题提出自己的意见和建议，为立法建言献策[②]。

在开展网络民意调查的过程中往往伴随着一定的协商讨论、互动交流，使得网络民意调查客观上成为立法协商、决策协商等协商民主形式的组成部分。

[①] 戴激涛，李锦滨. 网络调查：人大立法后评估促进公众参与的重要方式——对广州市人大邀请市民网上参与立法后评估的思考[J]. 人大研究，2013(9):34-36.

[②] 网易新闻. 广州市养犬管理条例民意调查. http://news.163.com/special/00012U17/dog08.html，采集时间：2017-01-30.

四、案例分析:"我爱北京"城管政务维基 ①

1. 创新 2.0 下的大趋势

新一代信息技术从电话、电子邮件到维基、云计算、大数据的演进,改变了知识生产创造的过程,推动了从信息社会到知识社会的演进。在知识社会的背景下,社会治理更强调开放的知识、公众参与多方写作,技术演进使得协商变为协作成为可能。

政府 2.0 便是诞生在创新 2.0 的背景下。在创新 2.0 的视野下,"政府 2.0 的关注焦点将是如何利用信息化更好地实现政府、企业、公众三者之间的协同互动,真正实现从电子政务向电子公务的转变,从政府管治转向社会治理及以公众为中心的服务导向"②。社会发展与科技进步不断推动公共服务改革的深化与创新,传统的公共管理模式已经无法适应社会的发展和公众的需求,政府职能服务化是近年来政府职能转变的大方向。政府不再仅仅强调"管理","服务"两字变得越来越重要。

公共服务面对的是极其错综复杂的问题,因此知识管理是保障公共服务质量的重要因素之一③。这仅靠政府的单一力量是无法解决的。政府形态应从条块分割、封闭的架构迈向开放、协同与合作的架构。政府与公众同时参与到社会治理中来,公民的智慧与力量渗透进公共决策中来,或是为政府的决策提供意见,或是主动地生产内容。在这样的模式下,很多复杂问题的解决会有一种新的视野。

而维基平台的推动、社交媒介的发展,使得用户可以更方便地获取信息、生产信息、发布观点等,BBS、微博等社交媒介的发展让每个人都可以为自己发声,这不但让群体智慧在平台层面上更容易汇聚,从而推动合作民主与公

---

① 汤禹成搜集了本案例的资料。
② 宋刚,张帅功,刘志,赵文漾,吴洁. 基于创新 2.0 的城管政务维基系统研究与实现 [J]. 电子政务,2014(4):100.
③ 高洁. 国内外政府知识管理理论研究进展 [J]. 情报资料工作,2007(1):26.

共治理，也无形中酝酿成一种自由表达的氛围，公众能够有意识地参与到政策制定、优化决策的过程中来。

2. 维基技术应用于政府管理

维基开放文档技术在政府管理中的应用，通过开放知识管理平台的建设，正推动着以维基政府为代表的创新 2.0 时代合作民主新形态，这是政府 2.0 的重要实践。随着 web2.0 技术的发展，维基这种基于知识管理的超文本系统被广泛运用。欧美等国家应用维基思维，使得政府在公共管理、公众参与推进上走得更远，是一种新型的公众参与和高效的政府知识管理的合作模式。

2012 年 7 月 16 日，北京城管政务维基投入运营，是中国国内第一个政务维基系统。北京城管政务维基是属于北京城管地图公共服务平台的一个子系统。在政务维基这个系统上，市民可以分享城市管理知识、提交相关提案，并直接参与政府文件的发起、起草、修改过程，从而真正实现了社会"自管理"与政府公共管理的相互融合。而且自运营以来，北京城管政务维基吸引各方专家、基层管理人员以及普通市民参与完成了《"智慧城管"顶层设计》和《城管执法记录仪使用管理规范》等文稿的编写，并搭建了城市管理在线知识库的雏形，对汇聚民众智慧共同管理城市进行了初步的探索。

3. 北京城管政务维基——聚合民众智慧的管理新模式

维基系统有其本身的架构特点："政务维基系统架构设计采用 B/S 网络化结构和基于组件化、面向对象的开放式模式，从局部到整体提高灵活性和可扩展性，改善性能速度和交互性体验效果。"[①] 系统的体系架构分为现有业务系统、知识库、城管信息中心、政务维基系统、用户群体五个组件。现有业务系统内含城管微博、市民城管通、决策分析系统、地图公共服务平台和 OA 系统等，这些系统和维基系统是相互联通的，它们向维基系统提供相关城市

---

① 宋刚，董小英，刘志，赵文漾，赵云丰.基于开放知识管理的政务维基系统设计及应用[J].办公自动化，2015（1）:45.

管理领域的知识支撑与注入。知识库是作为数据库而存在的，也是政务维基的数据核心，知识库通过信息加工和数据积累成为城市管理领域的百科全书知识库。城管信息中心里包含业务专家和信息人员，是政务维基的组织者和管理者。用户群体则是整个系统的活动主题，包括一线城管队员、城管机关信息系统管理人员、城管执法机关管理者、社会各界的志愿者和公众等。

图5-1 北京城管政务维基网主页

城管政务维基的页面简洁明白，主页面分成五个板块。分别是置顶文章、城管问计、城管百科、官方发布和用户动态等。问计两字其实是"WIKI"的谐音，表达了"问计于民"的意思。用户点击"城管地图"会分别进入北京城管地图公共服务平台。

一线队员和普通市民可以通过"我要发布"将自己对城市管理的所思、所想及自己对身边城管问题的洞见告诉北京城管，为身边的城市管理问题出谋划策。这些建议和发起编辑的文件很可能转变成北京城管的政策、方案。这个板块可以有效提升公众在城市管理中的主人翁意识，对于公共议题普通公民不再是一个旁观者，公众可以直接参与到城市管理中来。

"城管机关正在征集意见的文档"是各级城管部门编制中正在征集各界意见的文档，包括一线城管队员在内的所有城管系统工作人员和关心城管工作的志愿者都可以参与其中，共同编辑和完善这些文档。公民可以积极参与城管执法机关正在研究、准备出台的政策文件和各类工作方案的编制和修改，各级城管执法机关将认真吸纳这些意见和建议，以保障北京的城管执法工作将更具智慧。

"热点解读"板块由关注城市管理与执法工作的网友共同编辑和完善，分享城市管理、社会管理、城管执法及科技创新方面的维基知识库，将这里建设成为城市管理工作者、志愿者了解城市管理知识、分享城市管理知识、探索城市管理新知与科技前沿知识的平台，将这里建设成为最大、最活跃的城市管理在线知识库。"热点解读"下面又细分了几个子栏目，包括科技前沿、政策文件、科技城管、队伍建设、环境整治、行政执法、城市管理等方面内容。

政务维基系统的业务流程比较明晰：各级城管机关将有关城市管理的政策文件、工作方案、标准规范等放到政务维基平台上，供一线城管队员与普通市民提出建议或是对文本进行完善。公众可以就相关城市管理问题发起相关建议和文件编写，城管队员在政务维基平台上把平时在业务活动中积累的城管知识和经验分享出来。不同的文档再经过不同用户之间的讨论、修改、再修改，由维基的自组织功能、汇聚形成城管知识库；其他用户可以在城管知识库中有选择地学习、应用；而城管队员和普通市民在以后的业务活动或是生活体验中又可以形成新的城管知识。

"我爱北京"政务维基设计过程中注重业务模式创新及协作流程的设计。通过搭建开放与在线协作的平台，公开新的决策意图并开放初始文本，面向公众征集意见，并邀请相关利益关系人共同编制、修改和完善，在过程中探讨解决问题的手段和方法，提升了城市管理决策透明度，激发了公众参与城市管理决策管理过程的积极性。①

维基模式作为典型的创新 2.0 模式，则基于开放知识架构提供了更深入参与的可能。2014 年 10 月，一位名为 firefly 的网友在"我爱北京"政务维基系统上发布了"秸秆焚烧是重度雾霾的罪魁之一，需要加强执法管控"的提

---

① 王连峰、宋刚. 创新 2.0 视野下的合作民主：从协商到协作 ——以"我爱北京"政务维基为例 [J]. 电子政务，2015(4): 73-81.

案,当时正值京城雾霾橙色预警,也引发了很多置身茫茫雾霾之中的网友共鸣,另有网友通过上传京城雾霾照片、增添雾霾的危害描述信息来加强这种诉求,有些网友还引用相关报道谴责农民乱焚烧"素质低",要求加强对农民的处罚。这种激烈的讨论也引发了更多人的关注。有网友提出从经济学的角度看,焚烧秸秆应是追求自身利润最大化的农户,或者说是由于劳动力机会成本越来越高导致的其他秸秆处置方法成本过高情况下不得已的选择,并列举了秸秆焚烧原因的客观分析。资源处理领域的专家也参与进来,提出了秸秆处理的方案,并提出了加强政府治理资金向指导和扶持企业、政府购买服务方向倾斜的建议。城管执法部门的管理及一线人员也参与到提案的共同完善过程中,提出治理雾霾是一项综合工程,涉及部门多,除了环保、气象部门,还直接涉及交通、卫生、教育以及综合执法部门,将是一场"持久战",并提出了对秸秆焚烧污染的管理应形成农委、环保、公安、城管、卫生等多个部门的协调联动机制,给出了初步建议,并将提案题目修改为"我为治理雾霾出招:加强对秸秆焚烧的管理"。还有一线管理人员提出了加强属地宣传、引导和监管的建议。该提案经过了45次的编辑和完善,形成了一个秸秆焚烧处理的较为完整的方案①。在该方案的完成过程中,通过网络在线协作方式汇集了政府内部、市民以及农村研究、秸秆处理等领域专家,提案形成的过程反映了多元的诉求,公众讨论的不是已有提案的问题,他们通过合作共同推动完成了方案本身。在这个过程中,合作是实现目的手段,其中心不再是参与协商本身,而是不同组织、不同角色、不同具有专业知识的专家进行收集信息、评价信息以及完善具体的执行方案的过程。

4. 从协商到协作:"我爱北京"政务维基功能效果分析

北京城管公共服务平台自创建以来,在国内外多次获奖。欧洲 Living Lab 组织主席奥利维拉(Olibeira)博士认为:北京城管的"城管地图"公共服务平台是创新2.0模式在公共服务领域的典型案例,也是中国对创新2.0模式探

---

① 2017年5月12日对北京市城市管理行政执法局科技信息中心主任宋刚的访谈。

第五章
协商：中国网络协商的理念和实践

索做出的贡献①。除此之外，北京城管政务平台模式还获得亚太地区政府现代化年度大奖"未来政府奖"授予的"技术领导奖"，是继新加坡国内税务局、菲律宾马里基纳市、马来西亚行政现代化和管理规划中心、大韩民国行政安全部之后，第五个获得该奖的亚洲地区政府机构。

北京城管政务维基是互联网时代社会协同治理的一种形式，能够发挥规模协作效应。城管知识信息对社会各界人士与市民公众开放，纳入社会各界广泛的人力、智力资源，促进了社会协同共享、共建、共治，共同改善城市环境。而且协作的模式，不但可以降低公民与政府、政府各机构之间、城管各部门之间沟通的成本，而且降低了城市管理知识获取的门槛和成本，知识在恰当的时间及时地输送给相应的部门，行政成本随之被节约，公共服务效能也随之被提升。

北京城管政务维基促进了城市管理知识在全社会的分享，每一个知识条目都不是封闭的，邀请辖区内公民特别是利益攸关群体参与，不同工作现场的用户利用维基打破空间区隔以及时序差异从二级进行有效沟通和信息分享，专门的机构可以将自己负责的专业领域的信息与知识通过维基与其他机构进行分享，也可以在维基上获取自己专业领域外的知识信息，知识的阀门被打开从而在社会中自由流动。

同时，公众参与有序性和服务满意度也在使用维基系统的过程中获得了提升。因为在知识的获取以及每一次的编辑过程中，用户可以体验到明显的互动性与参与感，在阅读与编辑的过程中不但有对陌生信息的获取，还有对已知知识的更新换代，更有可能通过自己的学识与经验贡献知识、生产内容。在这样主动被动交织在一起的过程中，公众与政府的关系潜移默化地发生了改变，不再是管理与被管理的关系，而是慢慢走向合作，通过互联网协作让隐性的知识走向显性，或不断挖掘显性的知识，知识与民众的热情一同转化为可以被城市管理应用的形式。在这样双向合作的过程中，城市管理的效率与透明度提高，理解加强，社会矛盾应该也会被弱化。

---

① 2017年5月12日对北京市城市管理行政执法局科技信息中心主任宋刚的访谈。

协商更注重言语的沟通，协作更注重付诸行动；协商更注重信息的交互，协作则更注重信息的输出效率及决策效果；协商更注重各方观点的表达，协作更注重各方力量的整合；协商集中在依托信息技术取得一致意见，而协作更注重依托信息技术创造新价值[①]。我爱北京城管政务维基系统建立在创新2.0时代下政府2.0的新实践，让城管、公民、专家等社会各界人士的智慧与力量在维基系统下被集合起来，每个人都参与到社会治理的过程中去，这对激发群体智慧和社会凝聚力，提升公共管理效率和治理水平提供了很大的想象和探索空间，也有助于推动知识社会条件下的公共治理与服务创新。维基平台促进了政府和公众一起参与城市治理。

---

① 王连峰，宋刚. 创新2.0视野下的合作民主：从协商到协作——以"我爱北京"政务维基为例[J]. 电子政务，2015(4): 73-81.

第六章 服务：互联网与服务型政府的构建

20世纪80年代，中国就明确地提出了实行以职能转变为核心的机构改革。对政府来说，效率体现在政府服务水平的整体提升，这其中不仅包括服务程序的改进，而且更重要的包括服务的投入与产出的水平、服务的社会效益与经济效益的统一等。服务型政府是我国目前政府发展的方向和主要职能。学者将服务型政府视作对发展型政府的超越，相比经济增长，服务型政府强调服务民众的政府职能，将政府职能的重点放在"提供普惠型的基本公共服务"[①]。

互联网为服务型政府的构建提供了机遇。网络技术、大数据、云计算等新一代的信息技术将电子政务与服务型政府的发展结合在一起，进一步推动线上服务、信息发布与互动、数据共享等服务内容的建设，多渠道、多方位地向公众提供优质高效的服务。以用户为中心是互联网思维的核心，这也正好契合了服务型政府的核心精神。对政府而言，它的用户就是个体民众、企业、社会组织以及社会经济中的其他主体。互联网推动着政府把责任、能力和绩效有机地统一起来，构建一个能力有为、服务有效的政府。

一、服务型政府的理念和实践

2004年2月21日，温家宝总理在中共党校省部级领导干部"树立和落实科学发展观"专题研究结业式上正式提出"建设服务型政府"的口号。2006年10月，党的十六届六中全会通过《关于构建社会主义和谐社会若

---

① 郁建兴，高翔. 中国服务型政府建设的基本经验与未来[J]. 中国行政管理，2012，(8):22-27.

干问题的决定》，明确要求"建设服务型政府，强化社会管理和公共服务职能""服务型政府"正式写入党的指导性文件。服务型政府在中国提出和实践的过程中，通过确立服务型政府基本理念、构建基本公共服务体系和改革公共财政体制、创新公共服务供给机制等，我国服务型政府建设取得了重要的进展。

1. 服务型政府提出的背景和理念转变

围绕服务型政府的产生，学者们主要对其产生的理论背景和现实背景进行了探讨。在理论层面，多位学者都从多个来源来追溯服务型政府的理论基础，认为服务型政府是综合了各种理论基础而形成的。例如，服务型政府被认为是源于制度经济学契约理论的委托—代理理论、新公共管理理论、新公共服务理论和公共治理理论，这些构成服务型政府的理论基础[1]。也有观点认为，虽然西方没有服务型政府这个概念，但是西方对"公共服务"的多维探讨以及"公共服务"在西方的演变和深化与"服务型政府"具有密切的关联[2]。

在现实层面，众多因素推动了服务型政府在我国的出现，这些因素包括：WTO规则的挑战、社会主义市场经济的要求、社会主义民主政治的支撑、政府再造运动的展开以及我国存在的社会发展失衡问题等[3]。也有研究表明，服务型政府的出现是为了解决传统政府面临的困境，服务型政府的探索将有益于回答"如何保持稳定和变迁的平衡""如何保持效率和公平的平衡""如何保持技术和人文精神的平衡""如何保持规范化和创造性的平衡"和"如何保持理性和直观的平衡"这五大现实问题[4]。

---

[1] 陈潭，黄金. 服务型政府建设：理论范式与实践逻辑[J]. 学海，2011（2）:87-96.

[2] 张立荣，姜庆志. 国内外服务型政府和公共服务体系建设研究述评[J]. 政治学研究，2013（1）:104-115.

[3] 何水. 服务型政府建设的理论依据与现实背景[J]. 云南社会科学，2005（4）:1-4, 15.

[4] 郭金云，李翔宇. 整体政府：服务型政府建设的治理方向[J]. 上海行政学院学报，2014（1）:70-76.

学者普遍认为，中国政府提出建设"服务型政府"，实际上是执政党执政方式的转变[1]，是对传统政府模式的根本性改变[2]。在2009年对之前近十年国内服务型政府的研究进行归纳后，有研究认为，服务型政府意味着中国政府从"经济建设型政府"转向"公共服务型政府"，政府改革思路从机构改革走向政府转型，政府职能思路从管理走向治理[3]。也有观点认为，服务型政府的产生实际上是全球范围内应对自20世纪六七十年代起建立在官僚制基础之上的传统管制型政府遭受危机的一种方式[4]。实质上，服务型政府在中国共产党的历史上有其深厚的思想根源。毛泽东早在1944年就提出"为人民服务"的主张。1949年以后，为人民服务更是成为中国共产党的立党之本。建设服务型政府是在政府层面对"为人民服务"宗旨的最好实践。

2. 服务型政府的内涵

关于服务型政府的概念，目前还未有达成共识性的成果，学界对其论述各有不同，但是，从整体上来说，以下四个方面的特征在众多研究中被广泛提及。

（1）公民本位。"公民本位"是服务型政府的重要指导思想，"服务型政府提倡公民参与，并健全公民参与机制"，"服务型政府与公民之间存在平等、合作的新型互动关系"[5]。在服务型政府中，"以人为本"是最基本的价值取向[6]，民意在服务型政府中具有重要的意义，服务型政府的服务宗旨就是为民

---

[1] 谢庆奎. 服务型政府建设的基本途径：政府创新[J]. 北京大学学报（哲学社会科学版），2005（1）:126-132.

[2] 施雪华. "服务型政府"的基本涵义、理论基础和建构条件[J]. 社会科学，2010（2）:3-11，187.

[3] 燕继荣. 服务型政府的研究路向——近十年来国内服务型政府研究综述[J]. 学海，2009（1）:191-201.

[4] 詹国彬. 从管制型政府到服务型政府——中国行政改革的新取向[J]. 江西社会科学，2003（6）:144-146.

[5] 施雪华. "服务型政府"的基本涵义、理论基础和建构条件[J]. 社会科学，2010（2）:3-11，187.

[6] 何水. 服务型政府建设的理论依据与现实背景[J]. 云南社会科学，2005（4）:1-4，15.

兴利①。

（2）公共价值。公共性是服务型政府的又一重要特征。服务型政府在一些研究中也被称为公共服务型政府，进一步释义，"公共服务型政府是为市场主体和全社会服务的公共管理和公共服务机构"②。"服务型政府是公共价值的综合体"，"公共价值影响政府治理的内在逻辑，对政府行为的选择具有基础性的导向作用"③。"服务型政府是以公民本位为原则的现代政府"，"是坚持主权在民的民主政府"，这实际上意味着对政府认识的一种转变，"政府和国家的存在不再是理所当然的，而是公民通过深思熟虑的公共协商方式所创造的一种人为存在"④。

（3）有限政府：学界较为共识性地认为，服务型政府是有限政府。服务型政府不是公民需要的所有服务、所有公共物品的唯一提供者，不是万能政府，而是有限政府。政府不干预或者少干预私人事务，很多社会事务和公共事务，可以放手由民间去做⑤。政府的最佳主张是"适度"，适中规模、适当职能的政府是比较理性的，也是最有效的⑥。

（4）法治政府：服务型政府的基本要求就是依法行政，依法行政是建设服务型政府的法治路径选择，而服务型政府的建设反过来也会促进依法行政的实施和完善⑦。行政决策法治化与服务型政府建设在根本动力和价值追求上具有一致性，两者的根本动力在于公众有效的参与，两者的价值追求在于公众

---

① 吴玉宗.服务型政府：缘起和前景[J].社会科学研究，2004（3）:10-13.

② 迟福林，方栓喜.加快建设公共服务型政府的若干建议(24条)[J].经济研究参考，2004（13）:42-48.

③ 陈潭，黄金.服务型政府建设：理论范式与实践逻辑[J].学海，2011（2）:87-96.

④ 傅耕石.服务型政府：我国政府发展的理性选择——关于服务型政府的内涵与合理性的思考[J].社会科学战线，2007（3）:215-218.

⑤ 潇湘晨报.服务型政府应该是"有限政府". http://news.sina.com.cn/o/2010-09-20/015118136404s.shtml，2010-09-20.

⑥ 同上.

⑦ 曾慧华.依法行政——服务型政府法治构建的路径选择[J].四川行政学院学报，2016（6）:12-15.

权利的实现,行政决策法治化是推进服务型政府建设的关键①。

3. 构建服务型政府的途径和难点

如何有效地构建服务型政府呢?

从宏观而言,学者们强调了政府职能转变在构建服务型政府中的重要性。政府职能转变是服务型政府建设的必然要求和实现途径,职能转变应该从合理调整政府管理权限,采用恰当的政府管理方式等方面进行②。政府创新也被认为是服务型政府实现的基本途径之一,而政府创新主要包括政治改革、行政改革和执政党执政方式的转变等。围绕服务型政府,近年来我国的政府创新实践主要体现为政治与行政透明、行政服务、干部选拔和权力制约以及直接选举等四个方面③。此外,协同治理也是构建服务型政府可以采用的一种治理逻辑,能够最大限度维护和增进公共利益。具体来说,协同治理可以通过优化社会治理资源,创新社会管理体制,创造良性资本,发展基础民主政治等方式来进行④。

从微观而言,一些学者从政治学和行政学的范畴提出了一些操作性的建议。例如,政府的治理能力的提升对服务型政府至关重要,具体来说,包括政府回应性和应急处理能力的提升,政府透明化建设,政府责任建设,反腐倡廉建设和电子政务建设等⑤。其次,媒体技术是推动服务型政府构建的重要手段。例如,电视问政对于推进服务型政府构建,具有一定的意义和价值⑥。而随着互联

---

① 张华民. 行政决策法治化是推进服务型政府建设的关键——以二者根本动力和价值追求上的一致性为视角 [J]. 桂海论丛, 2009 (5):97–101.

② 刘雪华. 论服务型政府建设与政府职能转变 [J]. 政治学研究, 2008 (4):108–113.

③ 谢庆奎. 服务型政府建设的基本途径:政府创新 [J]. 北京大学学报(哲学社会科学版), 2005 (1):126–132.

④ 郑巧, 肖文涛. 协同治理:服务型政府的治道逻辑 [J]. 中国行政管理, 2008 (7):48–53.

⑤ 傅晋豫. 服务型政府建设的基本逻辑:理念、改革与治理 [J]. 决策探索(下半月), 2014 (1):22–24.

⑥ 杨一熠. 电视问政:推进服务型政府建设的有效途径——武汉市硚口区韩家墩路整改的个案分析 [J]. 经营与管理, 2016 (7):20–22.

网技术的发展，电子政府提供了一种新的理念，从业务流程再造、技术支持和政府文化等三个方面推动了服务型政府的进一步完善，并且指出构建服务型政府与电子政务建设始终相伴①。除此之外，包括公民参与机制的建立、流程再造、大部制改革的措施都被纳入了操作层面构建服务型政府的研究之中。

还有一些学者从目标控制和评估体系的角度来探讨服务型政府的构建，提出建设服务型政府的中长期战略目标的时间节点为2020年。在具体操作层面上建立服务型政府的目标可以细化为服务结果目标、服务能力目标和服务过程目标三个可操作、可比较、能评估的子目标，而构建社会主义公共政治体制和社会主义公共行政体制是服务型政府建设的战略要点②。还有研究从服务型政府评估的真实语义、评估基本功能、价值取向、评估主体、评估指标体系、经验模式等六方面对目前已有的服务型政府绩效评估方式进行了分析，借此推进服务型政府绩效评估的构建③。

在推进服务型政府建设的过程中，中国政府也面临了一些现实的困境。这些问题包括理论支撑薄弱，实践发展盲目；政治系统合力不足，行政改革孤掌难鸣；政府内部规划不足，地区发展参差不齐；基层政府能力不足，服务理念和能力严重欠缺；公众参与普遍不足，政府回应被动而有限；施政理念扭曲错位，职能转变严重滞后；评估体系不健全，政府改革动力不足；监督机制弱化乏力，问责难以常态化且权威性不足等④。

互联网为解决这些困境提供了机遇和平台。服务性思维主要包括两个方面的内涵。第一是服务意识的加强，树立互联网思维，遵循用户至上的理念。互联网时代，体验经济和分享经济成为主流，政府服务也要学习电商普及的用户体验和用户需求理念，以服务为重点，寓管理于服务中。第二是服务手

---

① 郭振中，董靖，杨瑾.电子政务与服务型政府建设[J].东北大学学报（社会科学版），2005（4）:285–288.

② 薄贵利.论服务型政府建设的战略目标与战略重点[J].国家行政学院学报，2012（4）:14–19.

③ 彭向刚，程波辉.服务型政府绩效评估问题研究述论[J].行政论坛，2012（1）:40–47.

④ 彭向刚，朱丽峰.论我国服务型政府建设面临的现实困境[J].学术研究，2011（11）:36–45, 159.

段的提高，政府通过大数据技术、服务和应用可以整合社会各方资源，依托互联网、物联网以及宽带移动通信来实现高效多元的协同治理模式，实现智慧政务服务[①]。互联网时代促成政府加快数字化转型。数字政府是在数字信息环境下，依托数字信息技术进行服务、决策和管理的政府，是真正体现了"以公民为中心"的服务型政府，在制度上对人民民主、政治参与和公民权利进行保障。数字政府也是一个平台型政府。在中国，《国民经济和社会发展第十三个五年规划纲要（草案）》提出："牢牢把握信息技术变革趋势，实施网络强国战略，加快建设数字中国，推动信息技术与经济社会发展深度融合，加快推动信息经济发展壮大。"数字政府的建设是网络强国战略的重要支撑。建设一个开放、透明、负责任的数字政府，可以大幅度提高行政效率，节约成本，改善公共数据的可用性和可获取性，为公民提供更好的服务，让互联网发展的成果惠及每个中国人。 数字政府超越电子政务。电子政务是把政府事务用数字的方式来进行运转，而数字政府是构建数字环境下的政府运作形态，是对以往政府运作方式的全面革新。在信息技术发展到大数据、云计算、物联网和智能终端的条件下，原先电子政务的思路如信息公开、活动交流、政务服务等已经远远不能满足时代的需求了。数字政府是借助于最新的数字技术，让政府和社会更好地互动，更进一步地挖掘信息，了解公众的需要和需求，引入更多的参与机制。

二、从电子政务到数字政府：互联网时代西方服务型政府的发展

20世纪90年代西方电子政务的兴起首先源于公共管理的革新。彼时，经济理性主义盛行一时[②]，公共服务的理念也因此受到影响，公共服务竞争性、

[①] 高奇琦，阙天舒，游鹏飞."互联网+"政治：大数据时代的国家治理[M].上海：上海人民出版社，2017:151.

[②] Katsonis, M.& Botros, A. Digital Government: A Primer and Professional Perspectives，*Australian Journal of Public Administration*，2015，74（1）：42–52．

私有化、政府外部采购、表现考核等概念逐渐出现①。同时在外部,信息通信技术(ICT)应用发展越发成熟,因此被政府采纳用以提高公共服务效率,包括降低成本和提升产出。这个阶段政府对于信息通信技术的应用,被学界业界广义地定义为"e-government"(电子政务),比如经合组织(OECD)就在2003年给出"e-government"的定义,即其满足三个维度的条件②:(1)使用网络进行信息传递或进行其他基于网络的活动,比如网上咨询;(2)在政府内部使用信息通信技术;(3)通过使用ICT具备改变公共管理的能力。这个时期政府使用最多的电子工具是网页和电子邮件。对比互联网发展历史,不难发现,这个时代正是Web1.0时代,互联网更多的是静态的应用。这个被蒂姆·伯纳斯·李(Tim Berners-Lee)称为"只读网页"的时代,政府对信息通信技术的应用,更多地承担的是信息的散播,而非和用户的互动以及用户创造内容③。

进入21世纪后,技术层面上的互联网有了质的飞跃,进入了后来被命名为"Web 2.0"的时代,用户能够使用网络工具对信息进行整合与分享,能够使用的工具包括博客、百科、RSS订阅、标签以及SNS,代表性的互联网产品包括Wikipedia、Flickr以及Youtube④。在此技术背景下,政府的观念也发生了变化。"合作""开放"和"公民参与"成为这一时期西方服务型政府的理念,而公民也通过被重新设计的网页来参与和重塑公共政策,或者获得公开信息⑤。

---

① Gahan, P.*The Politics of Partnership.' In M. Pittard and P. Weeks (eds.), Public Sector Employment in the Twenty-first Century*. Canberra: ANU, 2007: 229-254.

② OECD. *The E-government Imperative*. Paris: OECD Publishing, 2003: 13.

③ Aghaei, S., M. Nematbakhsh & H. Farsan. Evolution of the World Wide Web: From Web 1.0 to Web 4.0. *International Journal of Web and Semantic Technology*, 2012, 3(1): 1-10.

④ O'Reilly, T. (2008) What is Web 2.0? http://www.cbsnews.com/news/what-is-web-20/ 2010-06-30.

⑤ Victorian Government. (2010). Government 2.0 Action Plan. Melbourne: Department of Premier and Cabinet. 2010-12-30.

表 6-1　电子政府 VS 政府 2.0[①]

	电子政务	政府 2.0
管理状态	等级森严	灵活地网络化协同
服务传递	通用化的 服务提供者驱动 单一渠道	个人定制的 尊重选择 多渠道
具象表现	输入导向 闭合的	结果导向 公开透明
决策制定	公众作为旁观者	公众作为参与者 "云"

十年过去，社会层面和技术层面的双重变革又一次推动服务型政府理念的发展。社会层面，政府行政风格受到 2008 年爆发的全球经济危机波及，再次强调公共服务的高效率和低成本；与此同时，民众期待政府服务在速度和便利性上不断提升。而在技术层面，信息通信技术的革新也给政府网络理政的变化奠定了可能性。

经济合作与发展组织（OECD）在 2014 年发布的报告中认为数字政府（digital government）是政府创造公共价值的现代化策略的一个部分，数字政府不再局限于政府作为行动主体，而是囊括了一个政府生态系统，其中包括了政府部门、非政府组织、公司以及社区等。

除了技术，数字政府和前两种电子政府的方式的主要区别体现在整个政府的组织化管理和文化氛围的改变上。对比政府 2.0，数字政府有以下几个特点：（1）政府服务的发展和管理从用户中心转向用户驱动；（2）"默认信息化"政策，即政府将信息化作为政府服务的默认传递渠道；（3）支持公众使用移动设备来获取政府信息和服务；（4）使用更加合作化的和网络化的系统来策划新的政府活动；（5）通过技能学习、合作和创新来提升公共部门（包括政府，非政府组织等提供公共服务的组织）的能力；（6）采用灵活的方法来设计、采

[①] Deloitte,（2008），Change Your World or the World Will Change You. https://www2.deloitte.com/content/dam/Deloitte/mx/Documents/public-sector/mx(en-ca)Change_ur_world_29oct09.pdf, 2010-07-30.

购和发展 IT 系统,系统的构成要素是常见的并且可重复使用的,这种方法是可以重复和改变的;(7)在保证一定的安全和隐私条件下,尽可能公布政府的信息;(8)允许收集和分析政府服务信息的数据来公告政府的关注点和政策的发展①。

表 6-2 从电子政务到数字政府②

1990s	2000s	2010s
电子政府	政府 2.0	数字政府
新的公共管理	基于证据的公共政策	政府作为平台
市场的影响	策略部门的兴起	联合设计,联合产出
服务的竞争性	三重底线	市场来设计
服务的购买者和提供者相互分裂	创造公众价值	用户创造内容
向结果转变	联合的政府	创新和合作
大政府部门产生	共享的服务	项目调试

表 6-3 西方政府公共服务传递渠道③

线下服务	1. 柜台(面对面)服务
通讯服务	2. 电话(语音)呼叫中心
互联网服务	3. 门户网站
	4. 电子邮件
	5. 短信服务和其他信息服务
	6. 移动门户(移动网站)
	7. 移动应用
	8. 社交媒体
	9. 公共信息亭
	10. 基于公私合作的媒介

---

① Griffith C., A. Dormer, L. Jakubowski, T. Percival, S. Kaplan, K. Pounder and L. Armstrong. (2014). New Models for Digital Government. NSW: NICTA. 2016-04-10.

② Katsonis, M., Botros, A. Digital Government: A Primer and Professional Perspectives, *Australian Journal of Public Administration*, 2015, 74(1): 42-52.

③ 联合国经济和社会事务部,联合国 2014 年电子政务调查报告, p.91, https://publicadministration.un.org/zh/Research/UN-e-Government-Surveys,采集时间:2015-06-15.

第六章
服务：互联网与服务型政府的构建

笔者将以美国、英国和澳大利亚等三个西方发达国家为例，说明西方国家在数字政府实践上作出的努力和贡献。

美国数字政府的最大特色是其数据开放，包括三个层级的服务：信息层面（Information Layer）、平台层面（Platform Layer）和展示层面（Presentation Layer）。

信息层面主要内容是电子信息，包括了结构化的信息（也就是广义上的"数据"）和非结构化的信息。前者包括了普查结果和雇佣信息，比如美国统计局（United States Census Bureau）定期发布的美国人口、经济、教育等方面的普查数据和统计结果，以及美国劳动统计局（U.S. Bureau of Labor Statistics）定期发布普查数据和统计结果。后者包括政府报告、新闻发布和政府指导手册等[①]。

平台层面主要指的是运营以上这些信息的系统和过程：系统比如内容管理系统，过程比如网络应用接口（API）和申请处理过程，服务包括了信息服务背后的人力资源服务和财务服务，以及使用到的硬件比如移动设备[②]。比如美国使用移动渠道的方式之一是释放上百种 API 供私人领域开发商使用，以创造新的应用和服务。这些应用接口包括大量的政府数据集，比如家用和企业能源趋势、全球范围内的实时地震通知和从好奇者飞行器上发的天气状况等。为了促进新应用的产生，每个政府机构都公布了自己的应用网站，而且还公布了政府范围内的 API 目录，使得这些资源更容易找到和利用。前总统奥巴马的行政命令和数据公开政策将政府数据设置为对公众开放且计算机可读，这进一步支持了以上措施。联邦政府也制订了移动应用发展计划，帮助政府机构推出移动应用[③]。

展示层面主要指的是政府或者公司如何将政府信息以电子的方式传递给

---

① Obama, B. (2012). Digital government. Building a 21st century platform to better serve the American people., p.4 2013-07-12.

② Ibid.

③ 联合国经济和社会事务部，联合国 2014 年电子政务调查报告，p.102，https://publicadministration.un.org/zh/Research/UN-e-Government-Surveys，采集时间：2016-06-15.

个人,由于互联网和电子设备日新月异的变化,传递的方式包括但不局限于网页和移动设备。

英国奉行"默认信息化"原则,即所有的主要政府服务均通过网络渠道传递。为了实现这一原则,英国内阁专门设立了"政府电子服务部"(Government Digital Service,GDS)来策划和执行电子政务。同时,英国政府在 2012 年颁布了"英国政府电子策略"(UK Government Digital Strategy)[1],并在 2013 年进行了更新:该策略包含了 13 个信息化目标和 16 个相应的行动。在其中,目前完成度最高的是政府电子政务门户网站 GOV.UK 的设立。该网站的设立目的在于让用户更加方便地使用电子信息和政务服务。目前 GOV.UK 已经替代了 Directgov 和 Businesslink.gov.uk,成为政府主要的门户网站。这一革新得到了民众的认可,GDS 的调查显示,96% 的公众认为 GOV.UK 非常容易使用,相对的只有 75% 的人认为 Directgov 容易使用;该调查同时显示在 GOV.UK 上寻找信息时平均只需要 80 秒,而在 Directgov 上则需要 120 秒。

使用"默认信息化"的另一好处就是省钱,根据《数字效率报告 2012》(2012 Digital Efficiency Report),中央政府将政务服务搬到网络上将比使用电话进行服务的花费 $1/20$,比面对面服务的花费 $1/50$,这包含了政府和公民双方花费的节省[2]。

澳大利亚的电子政务实践一直以来都走在全球前列,在电子政务的普及和创新方面尤为突出。澳洲政府的门户网站建设完善,各级政府的各个部门均有自己的网站,且实现了网络连接以及数据共享[3]。又比如澳大利亚政府充

---

[1] UK Government Digital Strategy.https://www.gov.uk/government/publications/government-digital-strategy/government-digital-strategy,2016-02-28.

[2] Accenture(2014).Digital Government Pathways to Delivering Public Services for the Future. https://www.accenture.com/us-en/insight-digital-government-pathways-delivering-public-services-future,p.37,2016-07-12.

[3] McKinsey(2014),Digital by default: A guide to transforming government. http://www.mckinsey.com/industries/public-sector/our-insights/transforming-government-through-digitization,p.8 2016-07-12.

分利用现代移动互联技术，政府的移动办公室能够提供一系列政府支付服务和其他服务，不仅方便农村地区的人们和福利署（centrelink）进行交易，也方便了老年人、学生、求职者、残疾人和个体户。

与此同时，在缩小数字鸿沟的实践上澳洲政府也卓有成效。一个例子是阿瑟顿电子社区企业项目(简称"e-ACE")。这是澳大利亚第一个也是运营时间最长的数字化项目。除了教育、技能发展、健康幸福改善、医疗社区服务交付和就业机会发布等，该项目还关注全球通讯动态。由于地方信息以多种语言显示，所以居民通过e-ACE能轻松获取当地就业培训机会，也能和世界另一端的家人朋友联系。阿瑟顿花园的居民以低收入家庭、移民或者移民者后代为主，如果没有e-ACE项目提供技术支持，大多数居民根本不会有机会接触电脑[①]。

三、中国政府网络服务行为分析和评估

1999年发起的"政务上网工程"是我国电子政务建设全面开始的标志[②]。互联网的崛起使得中国的电子政务和服务型政府转型结合，为政府提供了更多样的服务民众的途径与方式。王立华等学者在其对农民采纳电子政务服务的研究中，将电子政务服务定义为"基于政府网站提供的各类服务"[③]。虽然政府网站是各级政府电子政务服务主要平台，但随着Web 2.0、社交媒体和移动端技术的不断发展，电子政务也在不断拓宽新型的渠道和服务内容，延伸出政务微博、云服务、移动支付等电子政务服务。

李克强总理在2016年两会中指出，要大力推行互联网与政务服务的结合，"实现部门间数据共享，让居民和企业少跑腿、好办事、不添堵；简除烦

---

① 联合国经济和社会事务部.联合国2014年电子政务调查报告.p.127, https://publicadministration.un.org/zh/Research/UN-e-Government-Surveys，采集时间：2016-06-15.

② 许静.电子政务视角下的服务型政府建设[J].电子测试，2013（12）:107-108.

③ 王立华，苗婷.农民对电子政务服务的采纳意愿及影响因素的实证分析——基于陕西省西安市农民的调查数据[J].当代经济科学，2012（6）:109-114，126.

苛，禁察非法，使人民群众有更平等的机会和更大的创造空间"。同年4月26日，国家发改委等十个部门推出《推进"互联网+政务服务"开展信息惠民试点的实施方案》，具体落实了互联网与政务服务相结合的便民服务。相比传统的政务服务，以电子服务和互联网平台为主体的电子政务服务具有更高的便民性和亲民性。比如，通过信息共享，电子政务服务可以整合不同部门的服务，为民众提供便捷的一站式服务。互联网高度的互动性则为政府和民众提供了更好更快的信息互动和反馈渠道。在对电子政务服务的效果评估中，有学者指出，电子政务服务的本质是"通过服务整合构建开放式政府"[1]，通过社会管理模式的进步来实现政府和社会的良性互动，达成"善治"目标。

在互联网发展的初期，政府通过门户网站为公众提供各种各样的服务。政府网站服务是一种比较主流的线上服务方式。从数量上看，我国拥有大量的政府网站。中国互联网信息中心CNNIC所发布的第39次《中国互联网络发展状况统计报告》称，我国全国范围内".gov.cn"的域名网站共有53546个[2]。从质量上看，根据国务院办公厅发布的《2016年第四次全国政府网站抽查情况的通报》，所抽查的7535个国务院部门和地方政府网站中，总体合格率达到91%[3]。根据郑中华等学者对我国政府网站的分析，我国的政府网站已经形成了比较明确的层级体系。中华人民共和国中央人民政府门户网站为顶层。各副省级以上地方政府门户网站，以及国务院部委及直属机构网站为第二层。各地市政府门户网站，以及副省级以上地方政府部门网站为第三层。县级政府网站，地市级政府部门网站为第四层[4]。以商务部网站为例，部委网站建设起统一的网站管理平台，方便用户在线上进行申请递交、结果获取等业务。县级政府网站也不断完善其互动服务，提供表格下载、申报审批、投诉举报

---

[1] 孟庆国.政府2.0——电子政务服务创新的趋势[J].电子政务，2012（11）：2-7.
[2] 中国互联网信息中心.中国互联网络发展状况统计报告，2017年1月发布.
[3] 关于2016年第四次全国政府网站抽查情况的通报.http://www.gov.cn/zhengce/content/2017-02/07/content_5165876.htm.2017-02-07.
[4] 郑中华，宋迎法，杜书丽.县级电子政务建设的现状分析及路径选择——以河南省林州市为例[J].中国矿业大学学报（社会科学版），2009（4）：47-50.

等服务。

随着互联网的发展，各种社交媒体平台和互联网应用的发展也为政府的网络服务提供了新的平台。例如，政务微博和微信是政府电子政务服务发展的重要平台，也是电子政务和服务型政府结合的产物。根据《2016年人民日报政务指数微博影响力报告》的数据，新浪微博平台认证的政务微博在2016年已经达到164522个。2016年，政务微博共发布超过7469万条，总阅读量则超过2605亿次。政务微博是微博上经过认证的党政机构微博和党政领导干部微博[①]。目前，我国各类型的部门包括政府机关、公安部门、司法部门等，在政务微博平台上发布与市民生活密切相关的服务性信息。在突发事件中，政务微博也发挥着重要作用。通过第一时间发布权威信息，正确有效的政务微博发布可以起到镇定民众情绪、消除流言、引导社会舆论等积极作用。

微信是继微博之后又一重要的社交平台。许多地方政府开设了微信公众号。其中，"上海发布"微信公众号是政府微信公众号运行的模范。在界面运营上，"上海发布"从市民的角度出发，前台包括"市政大厅""微信矩阵"和"我爱上海"三个子栏目。其中"市政大厅"中包含公交、路况、天气等18项信息查询功能，"微信矩阵"提供上海各区县、委办局和重要机构等超过70个微信公众号链接，方便市民通过"上海发布"寻找其他官方微信号。此外，"上海发布"还设置了10个数字选择分类查询，为市民提供详尽的教育、医疗、住房等信息查询。相比政务微博的交互功能，政务微信公众号可以通过个性化的界面设置，为市民提供丰富而便捷的信息查询。"上海发布"引入"上海便民信息数据库"，使得用户可以通过回复"主菜单"关键词，或者通过自定义菜单等方式，根据指引信息进行相应操作，获取有关"交通""社保""教育""住房"等多种民生信息。在"市政大厅"栏目下有"上海发布"微信最新上线的办事查询类服务功能，目前已经涵盖了查询电子监控、交通违法记分、交通卡余额，网上预约出入境办证、公积金查询、结婚登记预约，

---

① 2016年人民日报·政务指数微博影响力报告发布. http://yuqing.people.com.cn/n1/2017/0119/c209043-29036185.html.2017-01-19，采集时间：2017-07-03.

养老保险和医疗保险查询、路况查询、空气质量、上海天气、公交实时到站等多项服务。

第三方支付平台也被政府用来为公众提供政务服务。云南省的非税收入缴款平台联动财政、银行和单位，提供实时在线开票和在线代收缴款，实现资金收缴管理的网络化。杭州则与支付宝合作，在支付宝上提供超过25项政务服务。2016年6月21日，广东省地税局正式发布消息称，潮州市地税局在其指导支持下，经过近两个月的试运营，已率先全国开通推出"支付宝缴税"服务，该服务与金税三期系统数据对接。潮州市地税局与支付宝合作，开发了金税三期系统与支付宝对接的平台，使纳税人得以在金税三期系统里通过第三方平台缴纳税款。税款可以从金税三期系统导入支付宝缴税平台，纳税人缴税信息也可实时进入金税三期系统。该局推出的"支付宝缴税"服务实现了与金税三期系统数据、广东地税互联网接口、广东省地税局防火墙、广东省地税局短信平台的成功对接，并严格执行国家税务总局关于加强移动互联网应用安全管理的要求，顺利通过第三方安全评估，真正意义上实现安全、快捷的"互联网+缴纳税款"。同时，为解决移动支付缴纳税款的入库问题，潮州市地税局在中国人民银行潮州市中心支行的大力支持下，成功解决了"支付宝缴税"的税款入库问题，实现快捷缴税、安全入库，有效地打通了服务纳税人的"最后一公里"。2016年，中山大学联合支付宝发布《"互联网+政务"报告：移动政务的现状与未来》，报告显示，全国已有347个城市在支付宝平台上提供政务服务，服务包含交通、税务、社保等56项服务，超过1亿市民曾使用依托于支付宝平台的政务服务[①]。

除了缴税等硬性服务外，云存储和云计算也被运用于电子政务服务中。2014年12月，上海市嘉定区推出"文化嘉定云"公共文化数字化服务平台。文化嘉定云包含网页、手机APP、微信公众号和微博四大平台，为嘉定居民提供相近的文化场所（如剧院、图书馆等）和文化活动相关的信息，并支持

---

① 中山大学联合支付宝发布最强"互联网+政务"报告．http://news.xinhuanet.com/fortune/2016-06/14/c_129061603.htm. 2016-06-14，采集时间：2017-07-03.

线上购买演出门票、预订文化场所空间等服务，实现了信息公布、门票预订的一体化服务。类似的文化线上服务不仅方便居民购票，也促进了文化服务的标准化和系统化，提升了社区的公共文化服务水平。

许多地方政府还开发了手机APP应用软件来进行政府服务和治理。在2014年初，山西交警部门推出监管交通违法的"110随手拍"手机应用（APP），市民可将遇到的"路边上的违法"直接反馈至交警部门。山西省的城市快速路网体系不够完善，交通节点多，拥堵形势比较严峻。近几年来，机动车保有量呈现井喷式增长，而城市路网建设优化相对缓慢，地铁、市政等占道施工也处于高密度的阵痛期，市区主干道长期处于饱和运行状态，而山西没有采取限购限号限行措施，交通拥堵不断加剧的风险越来越大，整体交通状况十分脆弱，迫切要求在城市智慧交通发展和管理方面，既要有中长期科学发展的战略思维，又要选准重点突破的战术动作，因此山西交警部门开发出"随手拍"APP手机应用软件，是在大数据互联网时代下对交通压力的一种回应和应对办法。

打开手机里事先下载好的"110随手拍"和GPS定位，操作界面出现"交通违法拍摄"一栏，点击进入地图主干道定位，按提示依次拍摄"车前近景""车前全景"及"车后全景"点击上传经防伪水印覆盖，交通违法举报即告完成。在执行交通违法拍照之前，举报者需实名注册，交警部门承诺，对举报者的个人信息严格保密。公众上传交通违法行为图，须如实填写身份证号和联系方式，提交的图片须客观真实、未经处理且不少于3张，同时须注明车牌号、违法时间、地点等信息。后台运行上，网站安排了3—4人实时筛选图片，筛除车牌不清等不符上传规则的图片并将通过筛选的图片实时反馈给交警大队，如证据充分，违法行为信息也将在公安交警网公示一周并通知责任人。在实施的过程中，引起了网民的热议：大部分网友表示支持，认为这有利于治理避开警察和电子眼的违法车辆。据经验，很多车都是离交叉口远点进行加塞，这样探头拍不到。而通过手机拍照则能弥补这样的不足。

"人人当交警"实现了"指尖上的监督"，这是"执法权"的一种下放，在交通管理方面，让公民真正参与到公共事物管理中去。这不仅有助于树立公民的交通规则意识，减少交通违规事件的发生，也有利于减少警力投入，节约成本，提高交通部门的行政效率。在第一批随手拍违法名单公示后，媒体关注度很高，之后很多网友都表示小区门口不能再随便停车了，否则不知道哪天就会被拍下来。山西省的随手拍也为其他地方提供了管理创新的借鉴。并一直从2014年延续到2016年。

2010年7月南昌试行"随手拍"活动；2011年3月，西安市交警部门发布公告，号召市民拍录有损西安文明交通的行为，同时向社会曝光；2014年1月，深圳交警微信平台推出了全国首创的"随手拍举报交通违法"应用，鼓励市民举报交通违法行为；3个月后，扬州在微信平台推出了"交通随手拍"；兰州市试行了"随手拍"微信举报交通违法活动，并于2015年1月5日起在甘肃省全省范围内推广；2014年5月，10位车主代表成为杭州交警部门的文明行车监督员，手拿行车记录仪记录交通违法行为，这个队伍未来还将扩大至百人规模；2015年5月，成都市民随手拍交通违法，交警将审核录入。

"随手拍"软件的开发，在行政上是一种创新，这在有利于公民积极参与社会公共生活，节约行政管理成本的同时，也促进了公民与行政部门的双向互动，增强负反馈，纠正误差，让二者的关系更为紧密，从而传递社会信息，使整个社运系统的运作保持一种负熵的状态。而在现今数字技术、网络技术和移动通信技术不断升级的时代，互联网、手机以及其他网络衍生品的出现不仅改变了人们的生活，也在很大程度上改变了社会体制形态。大众传播媒介的发达，不但改变了政治活动的方式，也改变了政治传播的过程。政府部门不仅依赖政治团体而且利用传播媒介，作为表达政见，沟通民意和争取民众支持的工具。而这种"随手拍"软件的开发与应用，是公民与政府直接进行信息交流互动的一种方式，信息在传播过程中，可以减小甚至消除不确定性，公民也能更好地了解政府工作，增强对交警部门的理解与信任，同时也有利于政府通过新的技术手段，对社会进行更有效的治理。

笔者考察了2014—2015年中国省级政府门户网站、政务微博微信的服务情况，包括服务的深度，即政府网站、官微在线服务的数量和服务的宽度，即每个政府网站或官微提供的服务项目占所有同类平台服务项目的比重，发现有以下几个特点。

表面来看，服务的深度与宽度均很可观。截至2015年12月，全国31个省、自治区、直辖市（除港、澳、台），已全部建设了省级政府网站和政务微博，其中21个省份建立了政务微信，这些网上政务服务平台建设日益趋于完备，在便民服务中起到越来越重要的作用。研究显示，政府网站提供的政务服务深度值及宽度值均很高。政府网站通常设有"便民导航""办事指南""站内搜索系统""公共信息在线查询"和"在线帮助"等频道。其中，"在线办事"主要集中在"婚姻服务""社会保障""户籍管理""社会救助""法律咨询""兵役服务""出入境服务""纳税服务""文化教育领域"等，其功能设置涵盖民众日常基本需求。在具体服务上，"在线办事"提供"在线说明""规章表格下载""在线咨询""在线预约""在线办理""在线信息查询"等。以"在线查询"为例，个人、企业的信息查询在部分省市已经十分完善，能够通过个人账户在门户网站中在线查询个人社保、纳税、财产等方面的信息。再如，部分省市政务网站的服务已经深入到居民日常生活的方方面面，北京市人民政府网站"首都之窗"进一步提供了教育、医疗、食品、药品、交通等方面的参考价格，如不同规格、品牌食盐的价格等，内容细致，门类齐全，清晰明了。

但在体验这些服务的具体过程中，却出现了许多问题。这具体表现在：

1. 政务信息集中，生活信息缺乏。有些省份政府门户网站中信息公开占到三分之一，集中于政务信息的公开，大到政府公告，小到部门工作，分类较为细致。多数省份的政府门户网站还包括招商引资项目信息的介绍，不仅列出了相关的项目与链接，还有各辖区的概况与法规信息，有利于全国各地的投资者前来投资。但同时，便民利民信息显得不足，例如欠缺"社会救助""法律咨询""兵役服务"和"出入服务"等板块，一些关于百姓日常生活的信息尤其不足。在线咨询服务只在每个服务的菜单中出现，而没有一个在线咨询的大平台承担公众的疑问。公众只能根据自己的问题，按照网站的分类找到对应服务之后进行咨询，这样大大增加了咨询的难度。这实际上反映出政府门户网站侧重于信息"公告板""黑板报""广播站"的作用，依旧将门户网站当作传统媒体，而并非和公众交往的信息平台。在政府向公众沟通以及公众之间的相互沟通上，仍有待加强。

2. 政策传达精准，服务意识欠佳。由于政府门户网站的信息来源是党委、政府以及政府各职能部门，信息权威真实，再加上侧重于对政策、文件的公布、传达，很少有针对性地做出解读、解释，因而信息传达及时、准确、全面，很少有遗漏。例如，有省级政府门户网站编辑实行"7天×24小时"值班制度，规定工作人员不断丰富要闻、政务信息公开。但"毕竟一项政策不仅仅应该只是公布，还需要告诉老百姓到底是什么，以后应该有解读，让百姓理解得更透彻"。政务服务网的服务水平与社会公众需求还存在较大差距，服务水平有待加强，问题主要表现为服务内容参差不齐、某些重点服务不太好用。例如，在线咨询大多数时候不能很好地解决问题，往往只是以较为官方的用语将相应咨询转归"有关部门"，随后便杳无音讯。再如，网站的"办事指南"缺少承诺时限、收费标准与依据，以及办理地址和办公时间等关键信息的整合；一些公众常用的重点服务项目，如户籍的办理指南和咨询，无法在政务服务网获知；部分便民公共服务仅仅提供名称、地址、电话等基本信息，尚未达到"在线办事"的真正功能。

3. 行政部门齐聚，协同联动性弱。为方便民众，省级政府门户网站上一般都会链接各职能部门的网站，在形式上体现出多机构协同治理。而且，对于公众疑问，有政府网站会告知公众登录相关部门的网站或告知电话。但从实际效果来看，各级网络政务系统之间协同度差，各级门户网站之间以及和官方微博、官方微信之间在内容生产上各自独立，没有明确的分工与合作，"政政互动"不够，甚至出现政务信息公开偏颇和问题处理存在责任推诿等现象，导致集群效应未能形成，联动效应难以发挥。这对网民而言，缺乏一个信息全面、便于使用的综合平台；对网络政务管理者而言，则缺乏统一的内容生产标准。

4. "政府本位"突出，忽略用户体验。功能设置方面，政府门户网站的宣传功能相对突出，偏重于信息公开和查询，在线办事功能相对薄弱。第一，网站界面设计不友好，一方面网站信息繁杂，单个网页内容过多，信息未经过合理分类，为公民的使用增加了难度；另一方面，多数门户网站未开发用户分类功能，用户难以在繁杂信息中找到自己需要的信息和服务。第二，搜索引擎功能较差，信息检索不便，部分政府网站的搜索引擎不支持模糊查询功能，网民在缺少指导的情况下进行信息查询存在较大困难。搜索功能等需要以用户为导向的原则贯彻不充分，内容的分类不够系统，反馈回应机制薄弱、回复率低、回应慢，互动栏目中对公众的要求、限制多，导致用户体验较差。第三，网站的信息整合水平较差，信息分类未能根据公民的使用习惯进行设置，"一站式"政务大厅的建立已经比较普遍，但对服务的分类不尽合理，如仅根据政府单位分管的业务进行服务分类，这一做法明显对公民的信息查询和线上办事形成了障碍。目前线上办事多数作为实地办事的先导环节，难以直接代替线下办事。网站在线上办事板块多数提供办事指南、政策文件查询和申请、预约服务，这些规定和流程通常在简洁性和具体性方面存在问题，网民对文件的理解常常出现困难，而线上人工服务功能较为薄弱，难以对此类状况进行有效解决。政府网站在政务服务方面存在形式大于内容的问题，实用性有待提高。

5. 信息推送成熟，互动功能缺失。目前政务微博和微信在信息推送服务方面趋于成熟，主要存在的问题是政务信息和生活娱乐信息的内容比例和信息表现形式的丰富性两个方面，亦即推送信息的娱乐化程度是否适当。娱乐化程度过低，则难以吸引公民关注；娱乐化程度过高，则会导致政务服务目的偏离。如何在网络平台上塑造出公正、和善、幽默、有活力的服务型政府形象，是政务微博和微信需要继续思考的问题。微信由于高普及度、移动端便携性和高私密度等特性在政务服务方面具有突出优势，尤其适合进行个人服务的开发。以"上海发布"为例，目前已经可以实现道路交通、出入境办证、旅游信息、个税查询、社会保障、环境信息、婚姻服务等部分功能，这些功能多集中在信息、办事流程查询和在线预约方面，可以有效提升线下办事效率。目前各个省级政务微信的建设水平参差不齐，有些省份尚未建立省级政务微信平台；已建立的政务微信中，部分仅实现了信息推送功能，尚未设置数字和关键词回复功能；而建立服务界面进行服务整合的政务微信更为稀少。

四、案例分析：武汉交警微信服务平台[①]

1. 背景

建设服务型政府是中国政府改革转型的重要目标，为公众提供优质、高效、廉价的公共产品和公共服务一直是服务型政府追求的目标。微信作为政府提供电子化公共服务的新型平台，正好为中国建设服务型政府提供了基本的平台。

2015年3月，第十二届全国人民代表大会中，国务院总理李克强在政府工作报告中提出制订"互联网+"行动计划："制订'互联网+'行动计划，推动移动互联网、云计算、大数据、物联网等与现在制造业结合，促进电子商务、工业互联网和互联网金融健康发展。""互联网+政务"，简单来说，就是将交通管理、指尖办事、信息服务、内部办公、政务公开和应急预警结合在一起。其中交通管理服务成了"互联网+政务"和智慧政务探索的试验田。交通条线由于每天接触广大的公众，汇集了大量的数据，在大数据云计算的技术支撑下，能够结合信息技术的最新发展，为公众提供优质的服务。

2. 微信平台构建过程

2015年3月13日，湖北省与腾讯公司达成合作协议。湖北成为全国第一个与腾讯签订"互联网+"备忘录的省份。这个探索的过程分为三个阶段：（1）探索起航：2014年5月，武汉交警微信缴罚服务上线；2014年8月，武汉通行APP充值服务上线；2014年12月，武汉市水务集团微信上线；2015年

[①] 樊雨轩参与了资料收集。

2月，湖北首家微信全流程智慧医院上线。（2）全面启动：2015年3月，湖北省签订腾讯合作备忘录；2015年4月，微信城市服务上线；2015年6月，手Q城市服务上线；2015年6月，武汉交警微信全面开通18项车驾管服务。（3）智慧湖北：2015年6月，全省多个地市意向合作；2015年8月，全省交警微信合作达成，未来，形成湖北"互联网+"版图……①

为"武汉交警"提供技术支持的腾讯·大楚网是腾讯公司与湖北日报传媒集团于2008年联合打造，向湖北超过3000万腾讯用户提供资讯、互动、政务民生等服务的服务运营平台，致力于创造"更懂湖北更懂你"的城市生活体验。通过腾讯·大楚网与武汉市政府各部门的通力合作，武汉城市服务已在腾讯三大平台上线，在交管、医疗、气象、缴费、公共交通、教育和工商等多方面服务武汉市民，践行智慧城市。发布平台主要有：腾讯新闻客户端民生页卡、手机QQ城市服务和微信城市服务。

从内部背景看，"武汉交警"是武汉市交通管理局在继网站、微博之后的又一次平台创新，它的成功依托于武汉市交管部门强大的信息化建设基础。"武汉交警"微信是继"武汉交警"政府网站、政务微博以及政务APP之后武汉交管部门积极应用社交媒体服务公众的一次新的尝试。

2012年12月，"武汉交管网"在网站首页醒目设立了"网上办事"和"快速通道"两个服务专区，车辆违法查询、违法自助处理、考试预约等19项交管业务被推上网络，这是武汉交管部门首次"试水"网上业务。交管局紧接着推出以互联网为平台，自助性强、操作简便、联网地区广的交通违法处理"易站终端机"，从处理本市业务扩大至省内外、市内外所有适合简易程序的交通违法。2013年，交管局对"易站通"升级，开发出与之配套的"易站通"手机客户端，提供"掌上服务"。同年又开通"武汉交警"微信服务号，将掌上业务集成到一个服务号。

经过多年的电子政务建设，在内部，武汉市交管部门已经建成了完整的

---

① 方畅.从"使用与满足"理论看湖北地区"互联网+政务"的发展现状[J].采写编，2015（6）：76-78.

信息数据库和业务处理系统，可以实现各类交管信息数据的实时采集、分析处理和共享。在外部，武汉市交管部门已经建设了政府网站、政务微博和政务 APP 等多种公共服务平台。

这些信息化建设的积累为"武汉交警"微信服务的推出奠定了坚实的基础，扫清了技术上的障碍，使得微信服务低成本、高效率、易获取的优势得以充分发挥。

从本质上来看微信只是为政府部门的在线公共服务提供了一个新的平台和渠道，其服务内容的提供和服务质量的保障必须要依托于政府部门自身的信息化建设基础，缺少了这一前提，政务微信的服务功能是无法完全实现的。

在微信之前，武汉交管局广为人知的是其政务微博，2011年，有人认为"交通疏管进入微博时代"[1]。但微博平台的特征导致它不适合作为政务服务而更倾向于信息发布和舆情监测。同时，微信的崛起也是政府调整方向的重要原因。服务型政务微信与政务微博相比具有以下特点：政务微信依托圈子关系网络社交属性较强、私密性较好；政务微信的信息到达率更高、互动性更强；政务微信的信息效益较高、可控性更强。这都是微信在提供政务服务方面的优势[2]。微信公众平台分为订阅号和服务号，后者十分适合企业或政府进行二次开发、提供服务。

"武汉交警"政务微信平台的定位为"便民服务类"。该微信平台主要有四大功能，即交通信息的发布、查询、互动、政务办理。既能满足日常政务服务的需求，又是危机应对处理的得力助手。

经过不断改进，现在的武汉交警微信包括18种微信车驾管业务功能，60万驾驶员密切关注武汉交警微信，5万司机通过手机缴纳交通违法罚款，70%快速处理交通事故由微信平台处理。以正在敬礼的卡通交警形象并配以"武汉

---

[1] 小明,李佳,郑小平.武汉：交管疏堵进入微博时代[J].道路交通管理，2011（9）：32-33.

[2] 王少辉,高业庭.基于微信平台的电子化公共服务模式创新研究——以"武汉交警"政务微信为例[J].电子政务，2014（8）：53-60.

交警"的幼圆体文字构成，体现出亲民形象，也反映了该政务微信的服务属性。

关注即提示"要求使用地理位置"的信息，确认后即可自动提供给用户所在位置的服务；之后会推送含三条信息的图文，帮助新关注用户快速了解该公号自助服务的使用方法。

"武汉交警"微信平台主要有三个功能：

信息发布：由于"武汉交警"属性为服务号，主要功能为提供在线服务，在推送信息上有"发言权限制"，每月可推送4次，每次推送图文数量五篇以上，推送内容以交通服务为主。

信息查询："武汉交警"建立了较为完善的关键词回复体系，交互性较好，无法识别的关键词会弹出引导回复提示框，按照引导提示的关键词回复后可以得到相应问题解答，操作简洁，但没有专员进行回复。另外在底部标签中有专门的"信息查询"栏，详情见下。

政务办理：属性为服务号的"武汉交警"的在线服务功能相对完善，主要通过底层标签超链接功能实现。"武汉交警"的功能涵盖业务办理、信息查询和快捷通道三个大类，共有功能按钮或超链接办事模块38个，涵盖交通管理的方方面面。其中，一级标签（3个）：（1）业务办理，包含二级服务模块14个；（2）信息查询，包含二级服务模块19个；（3）快捷通道，包含二级服务模块5个。所提供的所有功能模块梳理后如表6-4所示：

表6-4 "武汉交警"功能类型及内容

功能类型	具体内容
业务办理	服务直通车、车驾管业务、违法处理、快撤快赔（事故报警）、快撤快赔（模拟学习）、随手拍举报交通违法、套牌车报案、微信挪车、驾考真题模拟考试、车辆年检预约、在线学习、交通设施故障上报、渍水上报、应急救援
信息查询	车牌遗失查询、车辆违法查询、桥隧限行查询、车辆年审查询、违法代码查询、电动车真伪查询、路况地图、交管动态、交通通告、微博动态、办事指南、事故进度查询、收费标准、办事网点、大型活动出行指南、一周交通出行指南、驾驶证审验日期、路况快照（暂未开通）、事故高发地
快捷通道	学习减分、快速绑定、精彩互动、精彩交通、渍水上报

另外,"武汉交警"微信公众平台作为武汉市电子政务的一部分,同样承担着危机应对的责任。2015年夏天中国出现的洪涝就是一次检验政府危机应对统筹协调能力的重大事件。武汉2015年先后遭受了六轮强降雨的袭击,市内道路的积水给人们的日常出行带来极大的困难。对此,武汉市公安局交通管理局联合腾讯推出"武汉市道路应急反应(渍水)系统",市民通过微信城市服务入口或关注"武汉交警"的微信服务号后,不但可以快速查询积水路段,如果发现新的积水路段,市民还能实时在服务号内上报。这些通过"武汉交警"平台收集的信息将会被实时推送到消防、水务、城管、应急办等部门,大大提高了救灾部门之间的信息互通、应急处理效率。

3. 微信服务平台效果

根据"腾讯研究院/腾讯开放平台与行业运营中心"披露的数据,在"武汉交警"刚上线的2013年,武汉交警关注人数就已突破50万,武汉269万持有驾照的人口中,有五分之一是微信公众号"武汉交警"的"粉丝"。微信日均实用查询功能使用30万次。95%的驾驶员使用微信缴纳罚款,平均每人节省40分钟,全年为武汉驾驶员窗口缴罚节省时间长达14万小时,节省警力300人/年。2016年底,武汉市交警微信用户突破百万,全年为武汉驾驶员窗口缴罚节省更多时间,节省警力人数也大幅度增加[①]。

2015年2月,"武汉交警"被评为"全国政务新媒体优秀公众账号",成为湖北省的唯一代表。在每周一更新的湖北政务微信排行榜上,"武汉交警"更是经常以刷屏形式存在,单篇阅读排行榜前十名里能占据九席。

截至2016年10月31日,"武汉交警"预估活跃粉丝有457699人[②],在2016年10月24日(最近一次发布信息的时间)新榜网的政务微信日榜上排

[①] 胡远珍,郭云麒. 湖北省政务微信发展现状及对策研究——以"武汉发布""青春湖北""武汉交警"为例 [J/OL]. 武汉交通职业学院学报,2016,18(1):23-30.

[②] 新榜 http：//www.newrank.cn/public/info/detail.html，account=wuhanjiaojing，采集时间：2016-10-24.

名第三，仅次于"共产党员"和"上海发布"[①]。

综合来看，武汉交警微信服务平台产生了三大效果：

第一，对公众而言，"武汉交警"提供了实实在在的便捷。"武汉交警"之所以受到广泛的欢迎，首先是因为它给百姓带来了切实的方便。

仅以查询交通违法行为为例，过去车主要想查询处理交通违法信息，需登录官方网站或各交通大队窗口、警务站自助机器查询后，使用指定的银行卡缴费，缴费渠道虽然多，但仍受限。而现在，"武汉交警"的普及使群众不再受制于地点、办公时间、出行路况、天气和个人安排等诸多因素影响，足不出户即可办理业务，并降低公安机关窗口业务压力，可分流大量的机动车和驾驶证业务，解放警力，提高服务质量。

除便捷外，"武汉交警"注重细节和主动。除提供常规违法查询外，该平台还提供违法信息移动推送服务，做到"有图有真相、即时送达、点对点服务"。微信机器人还会主动提醒车辆年审、机动车检验到期等9类信息[②]。

整体上看，"武汉交警"依托微信平台特性，搭建了自己的后台服务系统，在不用下载新APP的前提下即可在政务微信页面内部进行各项操作。"武汉交警"在新用户关注之初就提供了"新手操作指南"，易学习，实用性较强。

基于微信平台的电子化公共服务模式的优势表现在，微信公众平台的服务便捷性、微信信息发布的精准性、微信支付功能的即时性以及微信互动的私密性等方面。同时，由于是基于地理位置或职能提供信息服务，政务微信能有效实现以公众为中心的服务流程，让服务管理更具有针对性和人文性[③]。

第二，对政府部门来说，在线服务可有效节约成本，提高了行政效率。

政务微信提供的在线服务除了能够有效地帮助民众提高办事效率，节约

[①] 新榜 http：//www.newrank.cn/public/info/list.html?period=day&type=data&category=zw###，采集时间：2016-10-24.

[②] 微信武汉交警上线 可查交通违法实时路况，http://wh122.cjn.cn/html/zuixinlukuang/20131216/66.html，采集时间：2013-12-16.

[③] 李财富，薛张伟.社会管理视阈下的政务微信探析[J/OL].四川理工学院学报（社会科学版），2014，29（4）:1-7.

排队等待等所需消耗的时间成本之外,还可以帮助政府机关服务窗口节约大量的人力和财务成本。

"武汉交警"所提供的服务涵盖交通管理的方方面面,这些办事模块可以有效替代政府办事窗口,可分流大量的机动车和驾驶证业务,解放警力,节约运营成本,提高服务质量。此外,武汉交警还通过设置关键词回复,自助服务等方式,减轻了咨询压力,此外,还可以降低公安机关信息服务成本,同时也使信息服务更加快捷方便,提高了整体平台的服务效率。

第三,改善了政府和公众之间的关系。

"武汉交警"的出现在一定程度上反映了政府部分思维方式的转变。"几乎所有开车的人都有智能手机。如果将智能交通网络与智能手机相连接,就能为车主提供个性化服务。"身为"武汉交警"的建立者,湖北省武汉市公安局交警支队科研处处长石永辉在谈及开通初衷时说道[①]。在网络时代,便民服务需要从客户体验的角度思考问题。政府扮演着服务者的角色,而不再是从前的管理者、控制者,公众则从被管制者转变成为被服务者,成为用户。

"武汉交警"作为一个电子政务平台,可以为其他地区、部门的流程改造提供很多借鉴。武汉交管部门与腾讯公司合作,根据部门特点对微信公众平台进行二次开发,让其更好地符合地方和部门服务职能所需。虽然从服务内容来看"武汉交警"微信平台并没有根本性的创新,所提供的绝大多数服务项目在传统的政府网站、政务APP中都已出现过,但其用户数量却远远超过后者。这主要得益于微信平台提供的公共服务可以让用户的获取成本更低,使用更加方便快捷。但更关键的是,它紧贴用户需求,追求少而精的优质服务。

武汉交管部门目前可以向社会公众提供的公共服务很多,但是在"武汉交警"微信服务平台建设过程中并没有追求大而全的服务模式,而是通过对用户需求的细致分析,精心挑选了当前公众最需要的并且可以通过微信平台

---

① 石永辉. 以智能交通管理化解城市拥堵. http://jt.cpd.com.cn/n462011/c2472490/content.html, 采集时间:2015-01-13。

完全实现的若干服务项目进行了深度开发。结果证明，虽然"武汉交警"微信服务平台在同类政务微信中，功能并不是最多的，但是用户数量和使用效果却远远优于同类政务微信。

"武汉交警"微信服务平台这种少而精的建设模式从用户需求出发以保证服务质量、提升用户体验为根本目标最终赢得了公众的认可，也大大提升了武汉交管部门公共服务的绩效。

另外，"武汉交警"微信公众平台在开发过程中正是广泛利用了已有的信息化设施，把政务微信开发建设与传统媒体、政府部门网站、政务微博及其他政务应用有机结合、相互互动、综合协调，发挥政府信息平台的整体优势。并在运行过程中相互关联，例如在"信息查询"一栏中附有"微博动态"一项。

电子政务作为一个完整的系统，有其内在的结构和运行逻辑。它以计算机和互联网技术为基础，而绝不是硬件设备的堆砌。从某种程度上讲，它是公共行政思维方式和行为方式的变革。因此对电子政务的规划和发展要站在一定的广度和高度上来进行，必须进行细致的规划和周密的安排，各个部门和层级协调配合[1]。武汉交警微信服务平台是在国家推进电子政务和"互联网+"的背景下产生和发展的，是中国智慧城市建设的一次探索。

---

[1] 王少辉，高业庭. 基于微信平台的电子化公共服务模式创新研究——以"武汉交警"政务微信为例 [J]. 电子政务，2014（8）：53-60.

结论　允执厥中：互联网时代的群众路线

"人心惟危，道心惟微；惟精惟一，允执厥中。"[①] 人心是中国传统政治的一大主题。所谓"天命转移"，就是说人心所向的问题。《尚书》云："皇天无亲，惟德是辅；民心无常，惟惠是怀。"[②] 荀子云："君者，舟也。庶人者，水也。水能载舟，亦能覆舟。"[③] 孟子说："得天下有道：得其民，斯得天下矣；得其民有道：得其心，斯得民矣。"[④] 治国之道归根结底就是驾驭民心，是否赢得民心也是验证权力正当性的重要依据。

然而人心易变，人心也是最难驾驭的东西。"长恨人心不如水，等闲平地起波澜。"所谓治国安邦，安邦的根本在于安心。孔子曾言："有国有家者，不患寡而患不均，不患贫而患不安。盖均无贫，和无寡，安无倾。"[⑤] 吾心安处是吾乡。只有让人心安定的地方，才是真正安居乐业的沃土。治国之道，在于让民心安定。

如何让民心安定？中国传统政治给出了民本的路径。贾谊在《新书·大政》中明确指出："闻之于政也，民无不为本也"；"夫民者，万世之本也，不可欺"。具体地说，就是"国以为本，君以为本，吏以为本。故国以民为安危，君以民为威侮，吏以民为贵贱。此之谓民无不为本也"。正因为民是一切之"本"，所以"天有常福，必与有德；天有常灾，必与夺民时。故夫民者，至贱而不可简也，至愚而不可欺也"。并强调指出，判断君主的"愚""智"

[①]《尚书·大禹谟》。
[②]《尚书·蔡仲之命》。
[③]《荀子·王制》。
[④]《孟子·离娄上》。
[⑤]《论语·季氏》。

与否，标准不是别的，就在于观察其对待普通民众的态度，"凡居于上位者，简士苦民是谓愚，敬士安民是谓智"。程颢、程颐还主张，"为政之道，以顺民心为本，以厚民生为本，以安而不扰为本"①。

在中国传统政治中，执政的理想在于能够建立起保证人心安定、人民安居乐业的社会秩序。人心不安，是因为缺乏确定性。到了晚清，中国经历"三千年未有之大变局"。许多确定性都被打破了。中国的政治、经济和文化均经历了现代化的转型，而且目前还处在这种转型之中。现代政治的目标在于建构一套体系，使得权力和公共利益得到正当分配，人民的基本权利得到保障。古代政治讲的是统治，现代政治注重治理。

好的治理叫善治。善治是使公共利益最大化的公共管理过程。善治的本质特征，就在于它是政府与公民对公共生活的合作管理，是政治国家与市民社会的一种新颖关系，是两者的最佳状态②。这种最佳状态能够在制度上保障人民生活实践的确定性，真正能使人心安定，人民安居乐业。善治是达成"国泰民安"的现代路径。

互联网对中国现代政治的建设来说，是一大挑战，更是一次重大的机遇。互联网重塑了信息传播方式、影响了人际交往和人际关系，塑造了网络社会的基本结构。互联网对执政党在组织和认同两个方面都形成了挑战。中国共产党处变应变，在执政理念、执政机制和执政方式上都做出了调整。首先，保障互联网平台上数据、信息和基础设施的安全，在保障安全的前提下利用网络技术更好地促进信息公开和数据开放，并且能够回应网络民意并根据舆情来优化治理和应对危机。网络协商是在互联网平台上政府和公众更深层次的互动，互联网还促进了服务型政府的转型和构建，从而更好地体现"为人民服务"的宗旨。

有学者调查了中国民众对民主的理解，有 68.3% 的民众认为执政党认真

---

① 程颢，程颐. 河南程氏文集卷五代吕公著应诏上神宗皇帝书，见二程集. 北京：中华书局，2004:531.

② 俞可平. 治理和善治：一种新的政治分析框架 [J]. 南京社会科学，2001（9）:40.

考虑普通老百姓的意见和建议①。史天健和卢杰发现，大多数人认可"监护人话语"（guardianship discourse）而不认可"自由民主话语"（liberal democratic discourse），前者认为有必要选出"关心人民需求、决策时考虑人民利益、代表人民和社会制定适当政策的高水平政治家"，后者则强调可以确保人民参与政治、选择领导人的权利的程序性安排②。贝淡宁认为：简单地说，民主意味着为民服务的政府（民享政府，由精英负责），所以，如果中国政府"为人民服务"，它就是民主的③。民主的关键在于，政府能在多大程度上回应人民的需求，为人民服务。在中国人民民主的理念中，执政党和政府应该回应老百姓的需求，是照顾老百姓福祉的大家长。互联网提升了民生，更好地促进了中国政府向服务型政府的转型。

在此笔者想到了中国共产党的一大优良传统——群众路线。邓小平将中国共产党定位在"五四"以来唯一一个联系群众的政党位置上④。群众路线是党的一大法宝。在当时广大的根据地，中国共产党所面对的民众知识水平相对较低，没有很好的条件阅读报刊。在这种情况下，中国共产党提出了群众路线的工作方针。1946年初，中共中央机关报《解放日报》曾发表社论《努力发动解放区群众》。社论认为，上年秋冬以来，各解放区发动群众的工作有相当收获。特别是华北、华中广大新区，群众针对汉奸、特务的控诉清算运动先后展开。然而，解放区的群众运动"无论从规模或深度来看，都还落后于客观形势的需要与群众的要求"。社论特别指出："要真正放手发动群众，唯有脚踏实地，从群众的当前的最迫切的要求出发，耐心地克服群众中的各种疑虑，启发群众的斗争情绪，提高群众的觉悟程度，帮助群众对政策的了解，培养群众积极分子，经过民主方式成立和巩固群众自己的组织，用群众力量来解决群众自己的问题，有计划有步骤地开展运动。群众是否发动起来的标

---

① Je Lu.Democratic conceptions and regime support among Chinese citizens. Asian Barometer Working Paper Series，2012（66）：72.

② [加]贝淡宁.贤能政治[M].吴万伟，译.中信出版社，2016:128.

③ [加]贝淡宁：贤能政治[M]吴万伟，译，中信出版社，2016:121.

④ 坚持四项基本原则邓小平文选（1975—1982）[M].人民出版社，1983.

准，不单看群众得到多少经济利益，而主要的要看群众在争取这些利益的过程中，是否已经产生了主人翁的自觉，是否相信自己组织起来的力量，是否产生了大批的积极分子和群众自己的领袖。"①

群众路线强调的是主动深入群众中去，而不是坐等群众前来参与。第一，所谓"从群众中来"就是要求领导干部与"群众打成一片，不是高踞于群众之上，而是深入于群众之中"，一刻也不脱离群众。第二，深入群众是为了培植群众观点。为此，毛泽东要求领导干部经常下基层，并在下基层时实行"三同"，即与人民群众同吃、同住、同劳动，以拉近与群众的距离。第三，深入群众要倾听群众的呼声，了解民意。毛泽东指出，"主要的一点是要和群众做朋友，而不是去做侦探，使人家讨厌。群众不讲真话，是因为他们不知道你的来意究竟是否于他们有利。要在谈话过程中和做朋友的过程中，给他们一些时间摸索你的心，逐渐地让他们能够了解你的真意，把你当作好朋友看，然后才能调查出真情况来"。第四，调查研究也是向人民群众吸取民智的过程。毛泽东告诫各级领导干部，"群众是真正的英雄，而我们自己则往往是幼稚可笑的，不了解这一点，就不能得到起码的知识"②。

群众路线从政党的角度重新塑造了人民的概念。群众不是那些任由执政者摆布的芸芸众生，而是执政党所依赖的执政基础。群众的观点也不是任意塑造的，而是实实在在影响执政者决策的重要因素。孙隆基认为：刘邦顶多是做做姿势，而中国共产党却受到外来的马列主义义理的影响，这个义理使人从本能上同情被压迫者，因此就第一次在如此大的规模上触发了文化"深层结构"中的"人心"这个机栝，而且还很可能在中国历史上是首次将"亲民"从结构上的可能性划为群众性的事实（也可能是最后的和唯一的一次）③。群众路线也是共产党生命力的源泉，既适应革命时代动员人民的要求，也适应教育普及条件下人民政治参与的要求④。共产党不仅有先锋队的意识，还要保

---

① 努力发动解放区群众.解放日报[N].1946-01-09.
② 王绍光.超越"代议制"的民主四轮驱动[J].社会观察，2012（8）：20-24.
③ [美]孙隆基.中国文化的深层结构[M].广西师范大学出版社，2004:306.
④ 潘维.中国共产党的民本"新路"[J].人民论坛·学术前沿，2012.

持同群众相联系,"从群众中来,到群众中去",因此党员在这个意义上又可以说是一种代表制,代表了社会的精英部分。要下行上达、上行下达,一方面作为意识形态的表达机制,另一方面作为组织群众、动员群众的骨干力量,当然包括军队①。群众路线最关键的因素是官员(政策制定者与执行者)"甘心做众人的仆人",即成为群众的"公仆",为人民服务。

在过去几十年的实践中,群众路线已发展出三类机制。第一类是了解民情、汲取民智的机制,包括调研、抓点、蹲点、以点带面等。第二类是培植群众观点的机制,包括访贫问苦、"三同"(同吃、同住、同劳动)、下放等。第三类是配套机制,目的是迫使各级干部牢记群众路线、践行群众路线,包括定期进行批评与自我批评、不定期展开活动。这三类机制同时发力时,群众路线便能得到切实的贯彻②。在这个意义上,美国学者布兰德利·沃马克把以群众路线为特色的中国体制称之为"准民主体制"(Quasi-democratic system)③。

互联网已成为亿万群众新的沟通方式,互联网为群众路线提供了新的机遇。网络使得民意更丰富多层次地呈现,使得政府必须回应民众的意见。更重要的是,大数据云计算等新的信息技术使得民众的需求能够及时地输送到政府那里,政府处理回应需求的过程也在互联网上受到监督。群众路线可以在互联网这个平台上展开。在网络上收集群众多元性的想法和需求;与群众在网络上进行互动和协商;在网络上公开政策调整的信息,并对群众想法集中处理后反馈给他们。这三个阶段循环往复,不断逼近和满足群众真正的需求。在群众路线中,人民群众不仅仅是被观察对象,也是调查的积极参与者。以上举措最终实现互联网时代的群众路线。

当代后马克思主义政治理论家拉克劳(Ernesto Laclau)在《论民粹主义的理性》一书中指出,"人民"或"群众",不是一个纯粹的、具有"同质性

---

① 王绍光.理想政治秩序:中西古今的探求[M].生活·读书·新知三联书店,2012:312.
② 郑科扬.以整风精神开展批评和自我批评[J],群众,2013(16):26-28.
③ Brandy Womack.The Party and the People:Revolutionary and post-revolutionary politics in China and Vietnam.World Politics,1987,39(4):479-507.

自然"的整体,而是有着各种多元的断裂点[①]。互联网上的群众声音更是思想和利益的多元表达。在多元表达的生态环境中,如何进行网络治理以维持基本稳定的局面呢?中国传统的中庸智慧也许能够为我们提供借鉴资源。"不偏之谓中,不易之谓庸。中者天下之正道,庸者天下之定理。"[②]"允执厥中"的前提是保持一定的多元性。正如喻国明指出的:"舆论场作为一个有机体,其内在的多元成分是关联在一起、无法拆解的。"[③]互联网可贵之处也正是呈现了群众的多元性,在多元的观点利益表达之中,秉持"极高明而道中庸",既强调原则又尊重多样性的共处。恰如其分,不走极端,最终达到"和"的状态,即整个体系的和谐与平衡。

本书的完成是因缘和合的结果。在此笔者要感谢林尚立、李良荣、郑长忠、郑磊等老师在本书撰写过程中的教诲和帮助。2014年起,有许多同道和同学先后加入网络理政的研究小组,为本书的撰写贡献智慧和能力。他们是张华、贺莉、程浩然、魏以宁、王姝然、付博文、江飘平、钟怡、丁岑星、吴格尔和宋坷汶。感谢华夏出版社的马颖老师为本书编辑付出的心力。

酝酿本书的时候正值爱儿沈抱一出生,本书的写作过程也伴随着抱一的成长以及太太王蒙蒙为家庭无私的付出。谨以此书献给他们。

[①] Ernesto Laclau. On Populist Reason. London: Verso, 2005:122.
[②] 朱熹. 四书章句集注 [M]. 北京:中华书局,2011.
[③] 喻国明. 关于网络舆论场供给侧改革的思考. 出自张志安等:新媒体与舆论 [M]. 北京:中国传媒大学出版社,2016.

文献汇总

中文期刊

白皓.网络空间安全治理的中国主张——以主权原则为视角[J].信息安全与通信保密,2017(4):30-38

薄贵利.论服务型政府建设的战略目标与战略重点[J].国家行政学院学报,2012(4):14-19

毕洪海.瑞典信息公开原则的诞生与演进[J].环球法律评论,2016(3):94-112

蔡航.美国的政府信息公开法及其借鉴[J].法治论丛,2003(4):9-13

曹劲松.政府机构微博与官民交流创新[J].现代传播-中国传媒大学学报,2011(5):59-63

曹阳,樊弋滋,彭兰.网络集群的自组织特征——以"南京梧桐树事件"的微博维权为个案[J].南京邮电大学学报(社会科学),2011(3):1-10+34

曾繁旭,黄广生.网络意见领袖社区的构成、联动及其政策影响:以微博为例[J].开放时代,2012(4):115-131

曾慧华.依法行政——服务型政府法治构建的路径选择[J].四川行政学院学报,2016(6):12-15

陈家刚.协商民主研究在东西方的兴起与发展[J].毛泽东邓小平理论研究,2008(7):71-78

陈景云.回应性视角下网络问政的缺失与完善[J].前沿,2015(6):40-43

陈静，袁勤俭.国内外政务微博研究述评[J].情报科学，2014（6）:156-161

陈剩勇，杜洁.互联网公共论坛与协商民主：现状、问题和对策[J].学术界，2005（5）:35-47

陈潭，黄金.服务型政府建设：理论范式与实践逻辑[J].学海，2011（2）:87-96

程同顺，邝利芬.温岭民主恳谈的意义及局限[J].重庆社会主义学院学报，2014，17（2）:82-87

迟福林，方栓喜.加快建设公共服务型政府的若干建议(24条)[J].经济研究参考，2004（13）:42-48

戴激涛，李锦滨.网络调查：人大立法后评估促进公众参与的重要方式——对广州市人大邀请市民网上参与立法后评估的思考[J].人大研究,2013（9）:34-36

丁柏铨.略论"舆论倒逼"，[J].新闻记者，2013（4）:3-9

丁盼，姜琪.浅议美国陪审团制度——兼论对我国陪审制度的完善[J].法制与经济，2013（8）：41-44

董天策，陈映.传统媒体与网络媒体的议程互动[J].西南民族大学学报，2006（7）:134-138

方畅.从"使用与满足"理论看湖北地区"互联网+政务"的发展现状[J].《采写编》，2015（6）:76-78

周健.日本信息公开法与行政信息公开制度[J].法律文献信息与研究，2001（2）:1-4

吴微.日本信息公开法的制定及其特色[J].行政法学研究，2000（3）:97-100+45

宋长军.日本信息公开法的制定及特点[J].外国法译评，2000（1）:58-62

傅耕石.服务型政府：我国政府发展的理性选择——关于服务型政府的内涵与合理性的思考[J].社会科学战线，2007（3）：215-218

傅晋豫.服务型政府建设的基本逻辑：理念、改革与治理[J].决策探索

（下半月），2014（1）:22-24

高洁.国内外政府知识管理理论研究进展[J].情报资料工作，2007（1）:26

高奇琦，陈建林.中美网络主权观念的认知差异及竞合关系[J].国际论坛2016（5）:1-7, 79

顾丽梅.网络与政府治理——网络参与与政府治理角色变迁之反思[J].浙江社会科学，2011（1）:29-35

郭金云，李翔宇.整体政府：服务型政府建设的治理方向[J].上海行政学院学报，2014（1）:70-76

郭三强，郭燕锦.大数据环境下的数据安全研究[J].科技广场，2013（2）:28-31

郭振中，董靖，杨瑾.电子政务与服务型政府建设[J].东北大学学报（社会科学版），2005（4）:285-288

韩福国，张开平.社会治理的"协商"领域与"民主"机制——当下中国基层协商民主的制度特征、实践结构和理论批判[J].浙江社会科学，2015（10）:48-61

何俊志.民主工具的开发与执政能力的提升——解读温岭"民主恳谈会"的一种新视角[J].公共管理学报，2007，4（3）:102-109

何水.服务型政府建设的理论依据与现实背景[J].云南社会科学，2005（4）:1-4, 15

何祖坤.关注政府回应[J].中国行政管理，2000（7）:9-10

姜柏彤，胡志强.基于政府网站的政府网络民意调查效果评价[J].科技促进发展，2017（3）.119-125

姜方炳."网络暴力"：概念、根源及其应对——基于风险社会的分析视角[J].浙江学刊 2011（6）:181-187

郎友兴.商议式民主与中国的地方经验：浙江省温岭市的"民主恳谈会"[J].当代中国政治研究报告，2005（1）:33-38

李高协，王锡明，张丽伟.甘肃省立法后评估的探索与思考——以甘肃省

实施人防法办法评估为例[J].人大研究，2010（9）:29-31

李鸿渊.论网络主权与新的国家安全观[J].行政与法，2008（8）:115-117

李静.我国食品安全监管的制度困境——以三鹿奶粉事件为例[J].中国行政管理，2009（10）: 30-33.

李强.从"整体型社会聚合体"到"碎片化"的利益群体——改革开放30年与我国社会群体特征的变化中国[J].社会经济发展战略，2008（5）:15-17

李伟权.简论政府公共决策回应机制建设[J].学术论坛，2002（4）:39-42

梁艺.政府信息公开中"内部管理信息"的判定[J].行政法学研究，2015（1）:117-128

刘春湘，姜耀辉.话语理论视角下政府应对网络群体性事件的善治之道[J].情报杂志，2011（12）:13-17

刘海房，莫世鸿，范冰冰.开放数据最新进展及趋势[J].情报杂志，2016（9）:163-167

刘九洲，付金华.以媒体为支点的三个舆论场整合探讨[J].新闻界，2007（1）:36-37

刘力锐.论网络民意调查的政治作用[J].东北大学学报（社会科学版），2009，11（5）:427-431

刘力锐.论我国网络民意的特征与政府回应[J].求实，2009（6）:66-69

刘雪华.论服务型政府建设与政府职能转变[J].政治学研究，2008（4）:108-113

刘中望.媒介新技术：互联网与当代生活方式[J].湘潭大学学报（哲学社会科学），2010，34（1）:95-98

刘祖云.社会转型与社会分层——20世纪末中国社会的阶层分化[J].华中师范大学学报（人文社会科学版），1999，38（4）:1-9

柳圣爱.韩国网络实名制的发展与式微[J].行政管理改革，2013（4）:57-61

陆学艺.当代中国十大社会阶层分析[J].学习与实践，2002（3）:55-63

罗亮.网络群体性事件：概念、特征及其治理[J].行政与法，2010，（9）:

45-48

罗兴佐.中国国家与社会关系研究述评[J].学术界,2006(4):259-262

孟庆国.政府2.0——电子政务服务创新的趋势[J].电子政务,2012(11):2-7

倪明胜.政治博客的民主维度考量[J].天津行政学院学报,2009,11(1):29-35

潘维.中国共产党的民本"新路"[J].人民论坛·学术前沿,2012(4):66-71

彭向刚,程波辉.服务型政府绩效评估问题研究述论[J].行政论坛,2012(1):40-47

彭向刚,朱丽峰.论我国服务型政府建设面临的现实困境[J].学术研究,2011(11):36-45,159

任剑涛.现代建国与政治清议传统的复苏[J].探索与争鸣,2015(4):44-50

任孟山.从魏则西、雷洋事件看社交媒体时代舆论新生态[J].传媒,2016(5)(下):37-38

山文岑.政府信息公开视角下保密法的缺陷及其完善[J].青海社会科学,2011(4):79-83.

施雪华."服务型政府"的基本涵义、理论基础和建构条件[J].社会科学,2010(2):3-11,187

宋长军.日本信息公开法的制定及特点[J].外国法译评,2000(1):58-62

宋刚,董小英,刘志,赵文漾,赵云丰.基于开放知识管理的政务维基系统设计及应用[J].办公自动化,2015(1):40-48

宋刚,张帅功,刘志,赵文漾,吴洁.基于创新2.0的城管政务维基系统研究与实现[J].电子政务,2014(4):98-103

童兵.官方民间舆论场异同剖析[J].人民论坛,2012(13):34-36

汪青云,刘玥琪.突发事件环境下政务微博的政府形象修复策略探究[J].新闻知识,2012(12):12-14

王辰瑶.从替代到融合——新媒体与传统媒体关系研究的回顾与走向[J].浙江传媒学院学报,2009(5):1-2

王迪,童兵.中国民意调查研究回顾[J].当代传播,2013(2):34-37

王国华,罗枭,方付建.网络问政平台运行绩效影响因素研究——基于人民网地方领导留言板的分析[J].管理现代化,2011(5):36-38

王金水.公民网络政治参与与政治稳定[J].中国行政管理,2011(5):74-77

王立华,苗婷.农民对电子政务服务的采纳意愿及影响因素的实证分析——基于陕西省西安市农民的调查数据[J].当代经济科学,2012(6):109-114,126

王连峰,宋刚.创新2.0视野下的合作民主:从协商到协作——以"我爱北京"政务维基为例[J].电子政务,2015(4):73-81

王奇生.论国民党改组后的社会构成与基层组织[J].近代史研究,2000(2):40-80

王少辉,高业庭.基于微信平台的电子化公共服务模式创新研究——以"武汉交警"政务微信为例[J].电子政务,2014,(8):53-60

王绍光.超越"代议制"的民主四轮驱动[J].社会观察,2012(8):20-24

王世伟.论信息安全、网络安全、网络空间安全[J].中国图书馆学报,2015(2):72-84

吴绍山.网络实名制:自由与秩序的对垒[J].理论与改革,2010(5):133-136

吴微.日本信息公开法的制定及其特色[J].行政法学研究,2000(3):97-100,45

吴玉宗.服务型政府:缘起和前景[J].社会科学研究,2004(3):10-13

小明,李佳,郑小平.武汉:交管疏堵进入微博时代[J].道路交通管理,2011(9):32-33

谢金林.网络舆论的政府治理:理念、策略与行动[J].理论探讨,2010(2):8-12

谭立鹏,刘峰.新时期网络舆论生态构建的探索[J].新闻世界,2009（11）:137-138

谢庆奎.服务型政府建设的基本途径:政府创新[J].北京大学学报（哲学社会科学版）,2005（1）:126-132

信息社会发展研究课题组,全球信息社会发展报告2015[J].电子政务,2015（6）:2-19

徐徐.试析"网络问政"所折射的政府、媒体、公众关系[J].新闻记者,2009（10）:79-81

徐漪,沈建峰.大数据环境下个人信息泄露的防范与管控——基于徐玉玉被骗身亡事件的审视[J].产业与科技论坛,2017,16（4）:207-209

许静.电子政务视角下的服务型政府建设[J].电子测试,2013（12）:107-108

薛松.政治参与视角下的网络群体性事件分析[J].公安研究,2011（4）:20-22+51

严冬.网络民主视角下的政治参与研究——以"网上两会"(2009—2013年)为例[J].天津行政学院学报,2014（1）:25-31

燕继荣.服务型政府的研究路向——近十年来国内服务型政府研究综述[J].学海,2009（1）:191-201

杨登峰.论过程性信息的本质——以上海市系列政府信息公开案为例[J].法学家,2013（3）:40-50,176

杨立华,程诚,刘宏福.政府回应与网络群体性事件的解决——多案例的比较分析[J].北京师范大学学报（社会科学）,2017（2）:110-124

杨一熠.电视问政:推进服务型政府建设的有效途径——武汉市硚口区韩家墩路整改的个案分析[J].经营与管理,2016（7）:20-22

于施洋,王建冬,童楠楠.国内外政务大数据应用发展述评:方向与问题[J].电子政务,2016（1）:2-10

余娟娟.浅谈"云安全"技术[J].计算机安全,2011（9）:39-44

俞可平.治理和善治：一种新的政治分析框架[J].南京社会科学,2001（9）:40

俞可平.治理和善治引论[J].马克思主义与现实,1999（50）:37-41

俞熙娜,沈爱国."非典"事件对新闻改革的影响[J].当代传播,2003（6）:6-7

郁建兴,高翔.中国服务型政府建设的基本经验与未来[J].中国行政管理,2012（8）:22-27

詹国彬.从管制型政府到服务型政府——中国行政改革的新取向[J].江西社会科学,2003（6）:144-146

湛中乐,苏宇.论政府信息公开排除范围的界定[J].行政法学研究,2009（4）:36-44

王锡锌.政府信息公开语境中的"国家秘密"探讨[J].政治与法律,2009（3）:2-11

张成福.责任政府论[J].中国人民大学学报,2000,14（2）:75-82

张涵,王忠.国外政府开放数据的比较研究[J].情报杂志,2015（08）:142-146,151

张华,仝志辉,刘俊卿."选择性回应":网络条件下的政策参与——基于留言型网络问政的个案研究[J].公共行政评论,2013（3）:101-126,168-169

张华民.行政决策法治化是推进服务型政府建设的关键——以二者根本动力和价值追求上的一致性为视角[J].桂海论丛,2009（5）:97-101

张立荣,姜庆志.国内外服务型政府和公共服务体系建设研究述评[J].政治学研究,2013（1）:104-115

张梦溪.传统媒体与新媒体在突发性事件传播中议程设置互动分析——以"问题疫苗"事件为例[J].新闻研究导刊,2016（8）:91-92

赵园.明清之际士人的"清议"批评[J].开放时代,1999（2）:66-71

郑巧,肖文涛.协同治理:服务型政府的治道逻辑[J].中国行政管理,2008（7）:48-53

郑涛. 政府信息公开中非正常申请行为研究 [J]. 电子政务, 2016（8）:102-110

郑中华, 宋迎法, 杜书丽. 县级电子政务建设的现状分析及路径选择——以河南省林州市为例 [J]. 中国矿业大学学报(社会科学版), 2009（4）:47-50

周汉华. 美国政府信息公开制度 [J]. 环球法律评论, 2002, 24（3）:274-287

周诗妮. 微博辟谣：公共突发事件中网络谣言治理的新模式——以日本"3·11"地震事件为例 [J]. 东南传播, 2011（4）:9-11

周洋. 网络群体性事件中政府危机传播管理研究 [J]. 新闻前哨, 2010（9）:39-42

周永坤. 网络实名制立法评析 [J]. 暨南学报, 2013（2）: 1-7

朱虹. 基于公共产品理论的网络基础设施产权问题研究 [J]. 情报科学, 2006（1）:119-123

朱景文. 西方国家的立法听证会制度 [J]. 吉林人大, 2000（5）:42-43

周健. 日本信息公开法与行政信息公开制度 [J]. 法律文献信息与研究, 2001（2）:1-4

李静. 我国食品安全监管的制度困境——以三鹿奶粉事件为例 [J]. 中国行政管理, 2009（10）:30-33

山文岑. 政府信息公开视角下保密法的缺陷及其完善 [J]. 青海社会科学, 2011,（10）:79-83

中文著作

[法] 卢梭. 社会契约论 [M]. 何兆武, 译. 商务印书馆, 1996

[法] 让·博丹. 主权论 [M]. 北京：北京大学出版社, 2008

[荷] 格劳修斯. 战争与和平法 [M]. 何勤华, 译. 上海：上海人民出版社, 2005

[加] 贝淡宁：贤能政治 [M]. 吴万伟, 译. 中信出版社, 2016

［美］罗伯特·A.达尔.民主及其批评者[M].曹海军，佟德志，译.长春：吉林人民出版社，2006

［美］孙隆基.中国文化的深层结构[M].广西师范大学出版社，2004

［美］提莫斯·库姆斯.危机传播与沟通[M].台湾：台湾风云论坛出版社，2003

陈永发.中国共产革命七十年（上册）[M].台北：联经出版公司，2009

陈云.关于干部工作的若干问题 1940（11）[A].陈云文选（1926—1949）[M].人民出版社，1984

邓小平.邓小平文选（第一卷）[M].上海人民出版社，1989

方汉奇主编.中国新闻事业通史（1卷）[M].北京：中国人民大学出版社，1992

高奇琦，阙天舒，游鹏飞."互联网+"政治：大数据时代的国家治理[M].上海：上海人民出版社，2017

戈公振.中国报学史[M].北京：中国传媒大学出版社，2016

格罗弗·斯塔林.公共部门管理[M].中国人民大学出版社，2012

黄纯艳.下情上达的唐宋登闻鼓制度[A].载邓小南主编：政绩考察与信息渠道：以宋代为中心[M].北京：北京大学出版社，2008：221-223

黄瑚.中国新闻事业发展史[M].上海：复旦大学出版社，2007：8

黄仁宇.中国大历史[M].北京：三联书店，2007：325

毛泽东选集（一卷本）[M].人民出版社，1991

新中国成立以来毛泽东文稿（1册）[M].中共中央文献出版社，1992：11-12

新中国成立以来重要文献选编（2册）[M].中央文献出版社，1992：1-5

金观涛，刘青峰.开放中的变迁：再论中国社会超稳定结构[M].北京：法律出版社，2011：340-341

金观涛，刘青峰.兴盛与危机：论中国社会超稳定结构[M].北京：法律出版社，2011：71

林尚立，赵宇峰.中国协商民主的逻辑[M].上海：上海人民出版社，2016

林尚立.党内民主[M].上海：上海社会科学院出版社，2002:110

林尚立.中国共产党与国家建设[M].天津：天津人民出版社，2009

林尚立：建构民主——中国的理论、战略与议程[M].上海：复旦大学出版社，2012

刘建军，周建勇，严海兵.创新与修复——政治发展的中国逻辑1921—2011[M].北京：中国大百科全书出版社，2011.

钱穆.国史大纲上册（修订本）[M].北京：商务印书馆，1996

钱穆.中国历代政治得失[M].上海：北京：九州出版社，2012

秦晖.传统十论[M].复旦大学出版社，2008

塞缪尔·亨廷顿.变革社会中的秩序[M].北京：华夏出版社，1988

孙立平.现代化与社会转型[M].北京：北京大学出版社，2005

唐小兵.现代中国的公共舆论[M].北京：社会科学文献出版社，2012

王奇生.党员、党权与党争[M].上海：上海书店出版社，2009

王绍光.理想政治秩序：中西古今的探求[M].生活·读书·新知三联书店，2012

王绍光.民主四讲[M].生活·读书·新知三联书店，2014

王石番.民意理论与实务[M].台北：黎明文化专业公司，1995

吴承学.中国古代文体形态研究[M].北京：北京大学出版社，2013

俞可平.治理与善治[M].社会科学文献出版社，2000

张创新.中国政治制度史[M].清华大学出版社，2009

张志安等：新媒体与舆论[M].北京：中国传媒大学出版社，2016

赵诚.甲骨文与商代文化[M].沈阳：辽宁人民出版社，2000

赵汀阳.惠此中国[M].北京：中信出版社，2016

郑永年.技术赋权：中国的互联网、国家与社会[M].邱道隆，译.东方出版社，2014

中共中央宣传部办公厅、中央档案馆编研部.中国共产党宣传工作文献选

编（1937—1949）[M]. 北京：学习出版社，1996

朱熹·四书章句集注 [M]. 北京：中华书局，2011

学位论文

付游. 日本信息公开法的特征及对中国的启示 [D]. 东北大学，2010

卢剑峰. 行政决策法治化研究 [D]. 兰州大学，2010

陈一凡. 中国政府信息公开制度的困境与完善 [D]. 新疆大学，2016

陈小兰. 政务微信研究 [D]. 四川师范大学，2015

冯云辰. 政府信息公开制度形式化问题研究 [D]. 华东政法大学，2016.

付游. 日本信息公开法的特征及对中国的启示 [D]. 东北大学，2010

郭婧. 政务微博与政务微信的比较研究 [D]. 西南政法大学，2015

韩荔. 中国政府信息公开制度研究 [D]. 南京航空航天大学，2015

何帆. 中西协商民主实践之比较：以浙江温岭民主恳谈会和丹麦共识会议为例 [D]. 浙江大学，2013

李婧雅. 服务型政府视角下网络问政研究 [D]. 广西大学，2015

卢剑峰. 行政决策法治化研究 [D]. 兰州大学，2010

鲁珺瑛：网络色情的传播与控制 [D]. 湖北：华中科技大学，2004

陈一凡. 中国政府信息公开制度的困境与完善 [D]. 新疆大学，2016

王弋. 网络实名制涉及的主要法律问题研究 [D]. 博士论文，北京：中国政法大学，2011

王勇. 政府信息公开论 [D]. 中国政法大学，2005

王岳. 美国政府数据开放政策研究 [D]. 辽宁大学，2015

武艳. 行政过程性信息的不公开原则研究 [D]. 华东政法大学，2016

张晓明. 公民社会视角下的政府信息公开制度研究 [D]. 东华大学，2012

张正亚. 英国政府信息公开研究 [D]. 安徽大学，2015

赵晗. 中国地方政府回应机制建构研究 [D]. 吉林大学，2011

赵辉.美国政府信息公开制度的历史考察[D].湖南师范大学,2011
田青.论美国联邦政府信息公开制度[D].中国政法大学,2009
朱友刚.服务型政府视角下的政府信息公开研究[D].山东大学,2012

中文会议论文

薄澄宇.国际政治领域的网络安全[A]."决策论坛——科学决策的理论与方法学术研讨会"论文集(上)[C].2015:24-25

典籍

《管子·形势解》

《汉书·食货志》

《贾谊:过秦论》

《吕氏春秋·适威》

《吕氏春秋·顺民》

《吕氏春秋·务本》

《孟子·公孙丑》

《孟子·尽心章句下》

《孟子·梁惠王下》

《秦晖:传统十论》

《尚书·皋陶谟》

《尚书·康诰》

《尚书·舜典》

《尚书·无逸》

《尚书·五子之歌》

《诗经·大雅·文王》

《荀子·大略》

《荀子·王制》

媒体文章、白皮书、政府报告

2015年中国政府网站绩效评估总报告[R]. 2015-12-10

第38次中国互联网络发展状况统计报告，CNNIC，2016-08-03

复旦大学与"提升政府治理能力大数据应用技术国家工程实验室"[R].2017中国地方政府数据开放平台报告，2017-05-27

任勇.以政党治理优化国家治理的中国经验[N].人民日报，2017-05-23

社会心态蓝皮书：中国社会心态研究报告（2016）[R].中国社会科学院发布，2016-12-12

文化部发通知 网游用户实名注册[N].信息时报，2016-12-07（A24）

俞可平.协商民主：当代西方民主理论和实践的最新发展[N].学习时报，2006(11): 06

王远：网络主权：一个不容回避的议题[N].人民日报，2004-06-23（23）

赵晨：网络空间已成为国际反恐新阵地[N].光明日报，2017-06-14（14）

中国互联网络信息中心[R].中国互联网络发展状况统计报告.2017年1月22日发布

中国互联网状况白皮书[R].中国国务院新闻办公室于2010年6月8日发布

中国区块链技术和应用发展白皮书（2016）[R].2016年10月18日发布

网络文章

7月20日至7月26日网络安全情况. http://www.moe.edu.cn/s78/A12/szs_lef/moe_1427/moe_1431/201508/t20150812_199801.html，采集时间：2016-08-22

俄新法规定公民数据只能存于境内服务器.http://news.ifeng.com/

a/20150901/44566623_0.shtml，采集时间：2016-10-13

国务院印发促进大数据发展行动纲要.新华网，http://news.xinhuanet.com/finance/2015-09/05/c_1116464516.htm，采集时间：2016-10-16

李克强：各级政府官员要不断提高感知群众冷暖应变社会舆情的能力，http://www.gov.cn/xinwen/2016-09/14/content_5108490.htm，采集时间：2016-10-16

李克强谈切实加强政府自身建设.人民网，http://politics.people.com.cn/n/2015/0305/c1024-26641844.html，采集时间：2017-01-02

史上最严的隐私条例出台，2018年开始执行.http://blog.talkingdata.net/?p=4250，2016-10-18，采集时间：2016-12-16

2015年十大国外互联网政策.http://www.tisi.org/Article/lists/id/4375.html，2016-10-11，采集时间：2016-10-13

俄新法规定公民数据只能存于境内服务器.http://news.ifeng.com/a/20150901/44566623_0.shtml，采集时间：2016-10-13

欧盟是如通过立法来保护个人数据隐私的.http://www.tmtpost.com/1497640.html，采集时间：2016-10-13

日本国会通过网络安全基本法应对网络攻击.http://news.xinhuanet.com/world/2014-11/06/c_1113144002.htm，采集时间：2016-10-06

实施推广"一号一窗一网"打造信息惠民服务升级版.新华网，http://news.xinhuanet.com/info/2016-04-27/c_135316873.htm，采集时间：2016-04-27

2016年人民日报·政务指数微博影响力报告发布.http://yuqing.people.com.cn/n1/2017/0119/c209043-29036185.html，采集时间：2017-01-19

abby2016年十大数据泄露事件：社交网络成泄露重灾区.大洋网，http://life.21cn.com/zaojiao/shopping/a/2016/1212/09/31774497.shtml，采集时间：2016-12-12

联合国经济和社会事务部，联合国2014年电子政务调查报告.https://publicadministration.un.org/zh/Research/UN-e-Government-Surveys，采集时间：

2015-06-09

艾瑞咨询:"2015年中国二次元用户报告——价值观篇". http://www.199it.com/archives/390053.html,采集时间:2015-09-30

安晶.黑客组织曝光"漏洞之母":美国国安局被指入侵全球银行系统界面新闻. http://www.jiemian.com/article/1249981.html,采集时间:2017-04-15

崔进.云计算安全问题多?东软云安全有妙招,公众号"东软云安全",2016-04-30. https://sanwen8.cn/p/1baM3Uy.html,采集时间:2017-04-15

关于2016年四次全国政府网站抽查情况的通报. http://www.gov.cn/zhengce/content/2017-02/07/content_5165876.htm,采集时间:2017-02-07

关于全面推进政务公开工作的意见 http://www.rmzxb.com.cn/c/2016-02-17/701137.shtml,采集时间:2017-05-30

广州市人大法制委员会.广州市社会医疗保险条例网上立法听证会小结. http://news.ifeng.com/gundong/detail_2012_12/05/19853345_0.shtml. 采集时间:2012-12-05

金宰贤.韩国网络实名制的惨痛教训. http://blog.renren.com/share/221330016/10753739475,采集时间:2017-01-02

李萌.网络安全漏洞及防范对策. http://www.xchen.com.cn/gllw/wlaqlw/694913.html,采集时间:2016-12-02

毛泽东.论联合政府,1945. http://www.gov.cn/test/2008-06/03/content_1003570.htm,采集时间:2017-02-03

美媒.互联网不能成为"低级趣味的天堂".联合早报网, http://www.360doc.cn/article/758192_23177185.html,采集时间:2010-04-15

秦英.互联网与个人社会关系网络. http://blog.sina.com.cn/s/blog_5101b-9050100cpk4.html,采集时间:2009-03-09

邱小庆.物联网安全威胁剧增,如何拓展移动化能力. http://news.yesky.com/hotnews/390/248046390.shtml,采集时间:2017-07-02

盛洪.天命与民权. http://www.aisixiang.com/data/42207.html,2011-07-14

石永辉.以智能交通管理化解城市拥堵中国警官网.http://jt.cpd.com.cn/n462011/c2472490/content.html,采集时间：2015-01-13

谈剑峰.聚焦信息安全，为互联网经济发展保驾护航.http://www.sh136.cn/article/201701/61422.html,采集时间：2017-01-19

网络安全国际合作已成大势所趋.http://theory.people.com.cn/n1/2015/1217/c401419-27939758.html,采集时间：2015-12-17

网易新闻.广州市养犬管理条例民意调查.http://news.163.com/special/00012U17/dog08.html,采集时间：2017-01-30

微信武汉交警上线 可查交通违法实时路况.http://wh122.cjn.cn/html/zuixinlukuang/20131216/66.html,采集时间：2013-12-16

吴雨.网络支付实名制，推进难点在哪里.新华社每日电讯.http://news.xinhuanet.com/mrdx/2016-06/30/c_135477100.htm,采集时间：2016-06-30

习近平.第二届世界互联网大会开幕式上的讲话.http://news.xinhuanet.com/world/2015-12/16/c_1117481089.htm,采集时间：2015-12-16

习近平.在网络安全和信息化工作座谈会上的讲话.http://news.xinhuanet.com/2016-04/25/c_1118731175.htm,采集时间：2016-04-25

潇湘晨报.服务型政府应该是"有限政府".http://news.sina.com.cn/o/2010-09-20/015118136404s.shtml,采集时间：2010-09-20

新榜,http://www.newrank.cn/public/info/detail.html?account=wuhanjiaojing,采集时间：2016-10-24

姚财福.韩国颁布反恐法，加大情报机构信息收集权限.http://mp.weixin.qq.com/s?__biz=MzA4MjAyNzk0NQ==&mid=2649464691&idx=1&sn=cacb3679d-fe600ddf95fe98001c18c47,采集时间：2016-04-02

中国网站安全报告（2015）.https://wenku.baidu.com/view/cedc1dd9af-45b307e97197a8.html,采集时间：2016-02-29

中华人民共和国国家安全法.http://news.mod.gov.cn/headlines/2015-07/01/content_4592594.htm,采集时间：2017-01-02

中山大学联合支付宝发布最强"互联网+政务"报告. http://news. xinhuanet.com/fortune/2016-06/14/c_129061603.htm,采集时间:2016-06-14

英文会议论文集

Cui, K., Zheng, X., Zeng, D. D., Zhang, Z., Luo, C., & He, S. (2013, June).An empirical study of information diffusion in micro-blogging systems during emergency events.In International Conference on Web-Age Information Management (p. 140-151).Springer, Berlin, Heidelberg.

Hassid, J. and Brass, J. N..2011, Scandals, Media, and Government Responsiveness in China and Kenya, In APSA 2011, Annual Meeting Paper.

Joseph Man Chan.Administrative Boundaries and Media Marketization:A Comparative Analysis of the Newspaper, TV and Internet Markets in China. in Chin-Chuan Lee, ed., Chinese Media, Global Contexts(London and New York:RoutledgeCurzon, 2003)

Palen, L. & Liu, S. B. (2007, April). Citizen communications in crisis: anticipating a future of ICT-supported public participation. In Proceedings of the SIGCHI conference on Human factors in computing systems (pp. 727-736). ACM.

英文著作

James Coleman. Foundations of Social Theory[M]. Cambridge: Harvard University Press, 1990.

Jon Elster.DeliberativeDemocracy[M]. Cambridge: Cambridge University Press, 1998.

Bernard C. Hennessy, Public opinion[M]. Wadsworth Publisher. 1965.

David Miller. Is Deliberative Democracy Unfair to Disadvantaged Groups?

Democracy as Public Deliberation: New Perspectives, Edited by Maurizio Passer-inD'entrèves. Manchester: Manchester University Press, 2002.

E. Noelle-Neumann. The Spiral of silence: Public Opinion-our social skin. Chicago: University of Chicago Press.

Griffith C., A. Dormer, L. Jakubowski, T. Percival, S. Kaplan, K. Pounder and L. Armstrong. New Models for Digital Government. NSW: NICTA. (2014).

Holzer M, Callahan K. Government at work : best practices and model programs. Sage, 1998.

OECD. The E-government Imperative. Paris: OECD Publishing. (2003).

P. F. Lazarsfeld, B. R. Berelson and H. Gaudet.The People's Choice. New York: Columbia University, 1948.

英文期刊

Aghaei, S., M. Nematbakhsh& H. Farsan.Evolution of the World Wide Web: From Web 1.0 to Web 4.0. International Journal of Web and Semantic Technology, 2012, 3 (1): p.1-10.

Diaz &Herranz, Cheong, M., & Lee, V. C. A microblogging-based approach to terrorism informatics: Exploration and chronicling civilian sentiment and response to terrorism events via Twitter. Information Systems Frontiers,2011, 13 (1): 45-59.

Distelhorst, G., and Hou, Y. Ingroup Bias in Official Behavior: A National Field Experiment in China, International Quarterly Journal of Political Science, 2014, 9 (2).

Gahan, P. "The Politics of Partnership." In M. Pittard and P. Weeks (eds.), Public Sector Employment in the Twenty-first Century. Canberra: ANU. 2007: 229-254.

Garrett K.. Protest in An information Society: A Review of Literature on Social Movements and New ICTs. Information, Communication & Society, 2006, 9（2）: 202-224.

Habermas, J.. Political Communication in Media Society: Does Democracy Still Enjoy an Epistemic Dimension? The Impact of Normative Theory on Empirical Research[J]. Communication Theory, 2006, 16(4):411-426.

Jaeger, P. T., Shneiderman, B., Fleischmann, K. R., Preece, J., Qu, Y., & Wu, P. F. Community response grids: E-government, social networks, and effective emergency management. Telecommunications Policy,2007，31（10）: 592-604.

Katsonis, M., Botros, A.,Digital Government: A Primer and Professional Perspectives，Australian Journal of Public Administration,2015，74（1）: 42-52.

Zetter K.. Security Manual reveals the opsec advice ISIS givesrecruits. Wired, Nov. 19, 2015.

Mulder K. The dynamics of public opinion On nuclear power-interpreting an experiment in the Netherlands. Technological Forecasting and Social Change. 2012, 7(8):1513-1524.

Tapia, A. H., & Moore, K. Good enough is good enough: Overcoming disaster response organizations'slow social media data adoption. Computer Supported Cooperative Work（CSCW），2014（23）: 483-515.

Price, V. LilachNir, & Joseph N. Cappella. Normative and Informational Influences inin Online Political Discussions. Communication Theory,（2006）16: 47－74

Vitak, J. et al. It's complicated: Facebook users'political participation in the 2008 election. Cyber Psychology, behavior, and social networking,2011，14（3）: 107-114.

Yates, D., and Scott Paquette. Emergency knowledge management and social media technologies: A case study of the 2010 Haitian earthquake. International journal of information management, 2011, 31（1）: 6-13.

英文网络、媒体文章

Agreement on Commission's EU data protection reform will boost Digital Single Market. http://europa.eu/rapid/press-release_IP-15-6321_en.htm, 2016-10-06.

EU Data Protection Directive (Directive 95/46/EC). http://whatis.techtarget.com/definition/EU-Data-Protection-Directive-Directive-95-46-EC，2008-01.

French National Digital Security Strategy. https://www.enisa.europa.eu/topics/national-cyber-security-strategies/ncss-map/France_Cyber_Security_Strategy.pdf，2016-07-18.

National Cyber Security Strategy 2015-2017. https://www.enisa.europa.eu/topics/national-cyber-security-strategies/ncss-map/NCSS_IE.pdf，2016-08-14.

New Russian law bans citizens' personal data being held on foreign servers. https://www.rt.com/politics/170604-russia-personal-data-servers/, Russia Today 2014-07-05.

S.754 - Cybersecurity Information Sharing Act of 2015. https://www.congress.gov/bill/114th-congress/senate-bill/754，2015-10-28.

The DoD Cyber Strategy，http://www.defense.gov/Portals/1/features/2015/0415_cyber-strategy/Final_2015_DoD_CYBER_STRATEGY_for_web.pdf，2016-07-10.

The European Agenda on Security. http://ec.europa.eu/dgs/home-affairs/e-library/documents/basic-documents/docs/eu_agenda_on_security_en.pdf，2015-04-28.

Accenture（2014），Digital Government Pathways to Delivering Public Services for the Future. https://www.accenture.com/us-en/insight-digital-government-pathways-delivering-public-services-future，2016-7-12.

B. McConnell and J. Huba. The 1% Rule: Charting Citizen Participation. https://favsub.com/bookmarks/edit/2602-church-of-the-customer-blog-the-1-rule-charting-citizen-participation, 2016-05-04.

Deloitte.（2008）, Change Your World or the World Will Change You. https://www2.deloitte.com/content/dam/Deloitte/mx/Documents/public-sector/mx(en-ca)Change_ur_world_29oct09.pdf, 2016-05-06.

McKinsey（2014）, Digital by default: A guide to transforming government. http://www.mckinsey.com/industries/public-sector/our-insights/transforming-government-through-digitization, 2016-07-12.

Mihoko Matsubara. Japan's New Cybersecurity Strategy: Security Without Thwarting Economic Growth. http://blogs.cfr.org/cyber/2015/11/02/japans-new-cybersecurity-strategy-security-without-thwarting-economic-growth/, 2016-10-12.

O'Reilly, T.（2008）What is Web 2.0? http://www.cbsnews.com/news/what-is-web-20/, 2010-06-30.

Obama, B. (2012). Digital government. Building a 21st century platform to better serve the American people. p.4, 2013-7-12 https://obamawhitehouse.archives.gov/the-press-office/2012/05/23/presidential-memorandum-building-21st-century-digital-government.

Sayuri Umeda. Japan: Cybersecurity Basic Act Adopted. http://www.loc.gov/law/foreign-news/topic/information-technology/, 2016-10-10.